CHRISTOPH RIEDEL

SUBJEKT UND INDIVIDUUM

GRUNDZÜGE

Band 75

CHRISTOPH RIEDEL

SUBJEKT UND INDIVIDUUM

Zur Geschichte des philosophischen Ich-Begriffes

WISSENSCHAFTLICHE BUCHGESELLSCHAFT
DARMSTADT

CIP-Titelaufnahme der Deutschen Bibliothek

Riedel, Christoph:
Subjekt und Individuum: zur Geschichte des philosophischen Ich-Begriffs / Christoph Riedel. –
Darmstadt: Wiss. Buchges., 1989
(Grundzüge; Bd. 75)
ISBN 3-534-06670-7
NE: GT

Bestellnummer 6670-7

Satz: Setzerei Gutowski, Weiterstadt
Druck und Einband: Wissenschaftliche Buchgesellschaft, Darmstadt
Printed in Germany
Schrift: Linotype Garamond, 10/11

ISSN 0533-344X
ISBN 3-534-06670-7

INHALT

VORWORT

> Von Anfang an war ich unfähig, das große Grundgesetz, das ich in der Natur las, unmittelbar auf mein Leben zu übertragen – übertragbar war es mir immer nur in die Schrift, im Alleinsein. Nur im Alleinsein bekamen mir die Dinge eine Bedeutung, und den anderen vermittelten sich nur diese im Alleinsein entdeckten Zeichen.
>
> Peter Handke,
> Die Abwesenheit,
> Frankfurt 1987, 180–181.

Bei der vorliegenden Darstellung handelt es sich um Grundzüge. Das Grundlegende am Ich-Gedanken, nicht seine Verzweigungen in allen Details ist aufzuzeigen. Das aber bedeutet Beschränkung im Sinne der Rückführung auf die Ebene der Prinzipien und Strukturen der geschichtlichen Entwicklung, in der das Spannungsgefüge von Subjekt und Individuum entfaltet wurde. Doch auch Beschränkung in der Auswahl der vorzustellenden Denksysteme war nötig. Zugleich bestand die Aufgabe des Philosophierens, also der Nachzeichnung der Gedankenführung, die zu den hier vorgelegten theoretischen Entwürfen führte. Wie sich der Verfasser selbst auf die verschiedenen Fragestellungen einzulassen hatte, so wird dies auch der Nachlesende für sich zu leisten haben. Daß er dabei auf die systematischen Vorentscheidungen, das Interesse des Verfassers trifft, läßt sich, weil es ja um Philosophie geht, nicht vermeiden. Das macht die Aufgabe des Verstehens mühsam: zugleich aber wird das Interesse des eigenen Fragens angeregt, zumal wir uns als bewußte Individuen der Welt zu stellen haben. Weil die Reflexion der Subjektivität unser Weltverhältnis betrifft, wirkt sie aufklärerisch.

Leider mußten interessante Dimensionen am Begriff des Ich ausgelassen werden. So unterblieb die Darstellung der Beziehung des Ich-Gedankens zu den jeweilig epochalen Kultur- und Zivilisationsformen. Ebenso wurde das politische Moment ausgeblendet, das gerade im Blick auf die Verstehensweisen der Subjektivität bedeutsam wäre, die sich gegen die Selbsterhaltung des Individuums richten. Auch auf eine ausführliche Darstellung psychologischer Theorien über das Ich wurde verzichtet. Die Darstellung darf deshalb keinen Anspruch auf Vollständigkeit erheben. Dennoch: es war die Absicht des Verfassers, die prinzipienkritische Linie der Entwicklung des Ich-Gedankens in der Geschichte der Philosophie nachzuziehen. Und dieser Absicht, die nach Meinung des Verfassers im System der transzendentalphilosophischen Reflexion nachhaltig sich ausdrückt, sollen Auswahl und Darstellung dieser Grundzüge dienen. Er erfuhr während der Erarbeitung im Konkreten, wie wirksam die Selbstaufklärung gerade über den Begriff des Ich für das kritische Bewußtsein, das heute sehr gefordert ist, sein kann.

Danken möchte ich Beate, deren Auseinandersetzung mit der Lage des – unter beruflicher und biographischer Belastung – Schreibenden mir häufig unbewußtes Maß war. Deshalb widme ich ihr dieses Buch.

Ingolstadt, im Februar 1988 Christoph Riedel

1. DIE AUFGEKLÄRTE VERNUNFT UND DER ICH-GEDANKE

Eine philosophische Darstellung kann sich einem ihr gestellten Thema auf verschiedene Arten nähern: Einmal bietet sich der Weg *historischer Selbstvergewisserung* an. Welche Geschichte entwikkelte eine Idee oder ein Begriff im Laufe philosophischen Denkens? Als Voraussetzung solchen Fragens aber entdeckt sich leicht der andere Weg, die *systematische Reflexion* der Idee und des Begriffes. Sie erst gibt der historischen Frage Richtung. Der Fragende – erst recht, wenn er es philosophisch tut – muß wissen, was und wonach er fragt. In der Reflexion setzt der Reflektierende einen bewußten Akt, der das reflektierende Ich und den Inhalt des Reflexionsvollzuges umgreift. Reflexion, die auf das reflektierende Ich verzichtet, löst sich selbst auf. Sie kann sich nicht als Reflexion behaupten, schon gar nicht als solche vergewissern. Damit verfällt der Inhalt der Reflexion. Historische Besinnung wird unmöglich.

Solche Überlegungen an der Schwelle zu einer philosophischen Darstellung thematisieren bereits, welche Bedeutung dem Ich-Gedanken im Rahmen der systematischen Philosophie zukommt. Er gehört wesentlich zum Akt des Philosophierens. Die Geschichte des philosophischen Ich-Begriffes kann daher nicht rein objektiv-historisch geschrieben werden. Diese Geschichte betrifft die Philosophie selbst: Denn zum einen gestaltet jene sich als Reflexionsvollzug, der sich der Prinzipien und – auf deren Grundlage – der historischen Bedingungen der Entwicklung des Ich-Gedankens bewußt wird. Dadurch entsteht das Zeitbild der Grundfrage nach den Bedingungen des Aktes, in welchem gerade philosophisches Erkennen und Wissen sich vollzieht. Zum anderen nimmt die Reflexion des Ich-Problems in der Philosophie den Reflektierenden als Ich mit in den Gang der Reflexion auf. Sie ist die Selbstvergewisserung des Ich der Reflexion hinsichtlich seiner Ideengeschichte und der diese zur Entfaltung bringenden systematischen Prinzipien.[1] Mit dem Ich-Pro-

[1] Windelband z.B. macht den Zusammenhang von Individuum und philosophischer Reflexion für die Entstehung der Philosophie bei den Griechen verantwortlich: „Das selbständige Nachdenken der Individuen dehnte

blem verbindet sich also die Frage nach dem Subjekt des philosophischen Aktes, das sich selbst reflektierend der eigenen Wissens- und Handlungsbedingungen bewußt wird. Zugleich entfaltet es die objektiven Bilder seiner Akte im Kontext konkreter Geschichte, die es individuell handelnd mitgestaltet. „Geschichtlich ist diese einmalig individuelle Reihe dadurch, daß alle vorhergehenden Setzungen in der jeweils gegenwärtig erfolgenden integriert werden.“[2]

Die im folgenden anzustrengende Untersuchung versteht sich insofern als ein Beitrag zur systematischen Rekonstruktion von Aufklärungsgeschichte, als das reflektierende Ich seiner als Subjekt individueller, aber dennoch universell zu verantwortender Akte bewußt wird. Zugleich rekonstruiert das Ich die Prinzipien des einfordernden Verantwortungsrahmens, in dem es sich als gesetzt vorfindet. Das Subjekt weiß sich im Blick auf die Objektivität seiner Akte als Individuum in einer universellen Ordnung. Damit ist keine Spaltung des realen Ich in Subjekt und Individuum benannt. Wohl aber kommt eine Disjunktion am Ich-Begriff in Blick, die sich systematisch in der Konstitution des Aktes, in dem das Ich sich als Bewußtsein seiner Existenz als eines bestimmten Ich reflektiert, aufmachen läßt. Es geht demnach nicht darum, die soziographischen oder kulturtheoretischen Bedingungen für epochale Gestaltungen des Ich-Begriffs zu ermitteln. Dargestellt wird vielmehr, wie sich das Ich in prinzipieller, philosophischer Selbsterhellung rekonstruiert. Dies vermag es gemäß der Disjunktion seiner Erkenntnisformen in eher formaler Sichtweise: Es untersucht die Prinzipien der Selbstreflexion, in welcher die Objekterkenntnis sich vermittelt. Kurz: Der Subjekt-Akt wird analysiert und dessen prinzipielles Bild nachkonstruiert. Insofern diese Reflexion auf den Realvollzug des Aktes selbst trifft, stellen sich ihr die Probleme des Übergangs von der formalen Prinzipienerkenntnis zu den Bedingungen der materialen Verwirklichung des lebendigen Ich. Hier darf die philosophische Darstellung des Ich-Begriffes nicht voreilig zur Anthropologie übergehen, indem sie eine – häufig unzureichende – Gesamtschau des empirischen Wissens über die Materialisierungsformen

sich von den Fragen des praktischen Lebens, unterstützt durch die Wogungen der religiösen Phantasie, auf die Erkenntnis der Natur aus und gewann erst jene Freiheit von äußeren Zwecken, jene Beschränkung des Wissens in sich selbst, welche das Wesen der Wissenschaft ausmacht.“ W. Windelband, Lehrbuch der Geschichte der Philosophie, Tübingen [17]1980, 23.

[2] R. Lauth, Die Konstitution der Zeit im Bewußtsein, Hamburg 1981, 94.

des Ich als Individuum leistet. Was Lauth über die spezifisch philosophische Geschichtsbetrachtung sagt, gilt auch für die Arbeit am materialen Ich-Gedanken allgemein: „Man hat im Laufe der Philosophie die Philosophie der Geschichte stets viel zu hoch angesetzt. Man wollte sogleich eine Interpretation unserer speziellen Geschichte, ohne sich zuvor um eine grundsätzliche Philosophie von Geschichte überhaupt bemüht zu haben."[3] Philosophisch kann das Ich als Individuum deshalb nur auf prinzipieller Grundlage bedacht werden. Es wird die Geschichte der Individuation zu untersuchen sein, ähnlich wie die des Subjektaktes zu rekonstruieren ist.

Damit steht diese Darstellung unter einer wichtigen Bedingung der Aufklärungsgeschichte: „der ständigen Ausdehnung über die Peripherie des Wissens entspricht eine immer bewußtere und entschiedenere Rückwendung zu seinem eigentlichen und eigentümlichen Zentrum. Man sucht die Vielheit, um an ihr und durch sie dieser Einheit gewiß zu werden; man gibt sich der Breite des Wissens hin in dem Gefühl und in der sicheren Voraussicht, daß diese Breite den Geist nicht schwächt und auflöst, sondern ihn in sich selbst zurückführt und in sich ‚konzentriert'."[4] In der Aufklärung erscheint also angesichts der Erkenntniserweiterung eine zentrierende Bewegung, die auf ihr strukturierendes Prinzip hinzielt. Erkenntnis schlägt sich als Theoriezusammenhang nieder, der in einer grundsätzlichen Beziehung zum Subjekt der Erkenntnis oder zum individuellen Forschungszusammenhang steht. Darauf hebt neuerdings wieder die Theorie der Wissenschaftsgeschichte von Th. Kuhn ab. Kuhn zeigt, daß Wissenschaft sich nicht in linear-kausaler Teleologie entwickelt, sondern daß die Entstehung neuer Theorien sich abhängig vom Forschungssubjekt, das durchaus auch eine Gruppe sein kann, vollzieht. Immer spielt die Anerkennung eines wissenschaftlichen Paradigmas durch eine Forschergemeinschaft oder den Einzelforscher eine entscheidende Rolle für dessen Geltung. Forschergemeinschaft und wissenschaftliches Paradigma charakterisieren sich nach Kuhn wechselseitig: „Ein Paradigma ist das, was den Mitgliedern einer wissenschaftlichen Gemeinschaft gemeinsam ist, und umgekehrt besteht eine wissenschaftliche Gemeinschaft aus Menschen, die ein Paradigma teilen."[5]

[3] R. Lauth, Die Konstitution der Zeit im Bewußtsein, 86.

[4] E. Cassirer, Die Philosophie der Aufklärung, Tübingen ²1973, 4.

[5] Th. Kuhn, Die Struktur wissenschaftlicher Revolutionen, Frankfurt a. M. ⁴1979, 187.

Durch das Festhalten bzw. die spezielle Weiterentwicklung eines Paradigmas seitens des Forschers ist die Situation der „normalen Wissenschaft" gekennzeichnet. Erst wenn sich ein „Paradigmenwechsel" anbahnt, der immer die Konstruktion einer neuen Theorie bedeutet, ereignet sich eine wissenschaftliche Revolution. Diese wird nicht durch die langsame Problematisierung eines Paradigmas durch „Normal-Wissenschaftler" herbeigeführt, sondern durch die Arbeit „außerordentlicher" Wissenschaftler, die aus intuitiven Gründen[6] zu neuen Theorien gelangen. Danach sehen sich die Forschergemeinschaften vor die „Wahl konkurrierender Paradigmata"[7] gestellt.

Deutlich tritt hier die Rolle des Subjekts im Forschungsprozeß hervor. Das Subjekt ist die dynamische Komponente der wissenschaftlichen Entwicklung, die sich nicht in einem Kausalnexus sachlicher Einförmigkeit vollzieht. Vielmehr ist deren „Gesetz" die Differenziertheit der Theoriebildung und die Aufmerksamkeit gegenüber Anomalien in der Theoriebildung der tragenden Subjekte des Forschungsprozesses. W. Stegmüller brachte die praktische Bedeutung der wissenschaftlichen Subjekte in eine „Metapher": „Bei der Frage des wissenschaftlichen Fortschrittes behält nicht die theoretische Vernunft, sondern die praktische Vernunft die Oberhand." Die Realität der Forschung ist eine, „in der die Lebenszeit aller am ‚Spiel Wissenschaft' Beteiligten kurz, die verfügbare Gesamtzeit begrenzt und die einzusetzenden Mittel knapp sind. Dies bedeutet keineswegs, daß die Ratio vor dem Druck der Umstände kapitulieren muß, sondern bloß, daß gerade in Zeiten wissenschaftlicher Umwälzungen das Theoretisieren dem Deliberieren und Handeln verhaftet bleibt und daß die Frage des Fort-

[6] Vgl. das „Galilei-Beispiel" bei Th. Kuhn, Die Struktur wissenschaftlicher Revolutionen, 131–137. Kuhn macht das „persönliche Genie" (131) Galileis, der „als Ergebnis dieser Krisen [der beginnenden mathematisierten Naturbetrachtung, C. R.] und auch noch anderer geistigen Veränderungen ... den schwingenden Stein anders" (135) sah, für dessen Entdeckung der Pendel-Gesetze verantwortlich. „Die von ihnen [den aristotelischen Voraussetzungen der Physik, C. R.] geleitete normale Wissenschaft hätte nicht die von Galilei entdeckten Gesetze finden können" (135). Vgl. auch: ebd., 104 f. (Vorbereitung wissenschaftlicher Revolutionen durch Untergruppen der Forschergemeinschaft), auch: ebd., 203–209 („Stillschweigendes Wissen und Intuition").

[7] Th. Kuhn, Die Struktur wissenschaftlicher Revolutionen, 122.

schritts weitgehend eine Frage von richtigen Entscheidungen und Handlungen ist".[8]

Der kurze Exkurs in die gegenwärtige Wissenschaftstheorie bestätigt die Tendenz der Aufklärungsgeschichte, die die Frage nach der Erkenntnis auf ein Subjekt hin zentriert. Die quantitative Erweiterung des Sachwissens zieht die qualitative Rechtfertigung des Erkannten als wahren Wissens nach sich, welche allererst die richtige Verfügung über das Wissen ermöglicht. „Rationale Ordnung und rationale Beherrschung des Gegebenen ist ohne eine strenge Vereinheitlichung nicht möglich. Eine Mannigfaltigkeit ‚erkennen' heißt ihre Glieder in ein derartiges Verhältnis zueinander setzen, daß wir sie, von einem bestimmten Anfangspunkt ausgehend, nach einer konstanten und allgemeinen Regel durchlaufen können."[9] In dieser Beurteilung der zentrierenden Tendenz der Aufklärung durch Cassirer drückt sich das Bedürfnis nach einer definierten und gesicherten Methodik der wissenschaftlichen Erkenntnis aus. Modern gesprochen: die wissenschaftstheoretische Methodologie ist unverzichtbarer Bestandteil der objektiven und in ihrer Geltung beurteilbaren Forschung. Andererseits ist sich die aufgeklärte Wissenschaft bewußt, daß Erkenntnis und Urteil „Operationen des Geistes"[10] sind. Folglich gilt es – und das ist als typologisches Merkmal von Aufklärung zu nehmen – die Genesis von Urteilen und die Struktur des Geistes (Einheit der theoretischen und praktischen Verstandes- und Vernunftakte)[11] zu reflektieren. Das Interesse am Subjekt des Wissens selbst wird zum Bestandteil der Forschung, die, wenn sie sich philosophisch versteht, zu genetisch-konstruierender Reflexion übergeht. Das bedeutet, auf monokausale Deterministik zu verzichten und die lineare Fortschrittsteleologie durch eine Reflexionsform zu ersetzen, die es ermöglicht, Erkennen und Handeln zum einen „als Wahl in einem offenen Horizont von Möglichkeiten"[12] zu verstehen. Zum andern weiß solche Reflexion, daß die

[8] W. Stegmüller, Neue Wege der Wissenschaftsphilosophie, Berlin/Heidelberg/New York 1980, 102.

[9] E. Cassirer, Die Philosophie der Aufklärung, 29f.

[10] E. Cassirer, Die Philosophie der Aufklärung, 34.

[11] Vgl. dazu meine Artikel in: Wörterbuch des Christentums (ed. V. Drehsen u. a.), Gütersloh/Zürich 1988, 1319–1321, zu den Begriffen Vernunft und Verstand.

[12] R. Spaemann, R. Löw, Die Frage Wozu? Geschichte und Wiederentdeckung des teleologischen Denkens, München/Zürich 1981, 282.

Prinzipien der Geschichte freien Handelns bestimmt und in diesem Sinn geschlossen sind: „Das Denken muß vom Begründenden weg auf das Begründete und zurück geführt werden. Führen alle entfalteten Momente in ihrer erschöpfenden Bestimmung nur noch aufeinander zurück, nicht mehr aber auf neue Momente gleichen Ranges, so schließt sich die Entfaltung in sich. Der Nachweis des allseitigen Rückschlusses ist zugleich der Erweis, daß die Momente richtig und vollständig entfaltet sind."[13] Nur in der Totalität der Prinzipien ist es dem handelnden Subjekt möglich, sich selbst in eine Entscheidungsbeziehung zu den faktischen Möglichkeiten zu setzen, die dieses als vergangene Entscheidungen in seinen gegenwärtigen Entscheidungsakten mitbestimmen. In der konkreten Entscheidung, die immer eine Synthese aus den Dispositionen des Vergangenen und dem gegenwärtigen Möglichen ist, wird das Subjekt demnach nicht im einfachen Grund-Folge-Verhältnis durch seine Vorgeschichte determiniert, sondern vollzieht sich in der Gegenwart der Entscheidung vermöge der hintergründigen Prinzipientotalität als Identität im Übergang. Diese Dialektik des Subjekts zwischen seiner apriorischen Konstitution und seiner faktischen Selbstbestimmung im Kontext der Möglichkeiten verweist auf die Freiheit, die praktisch vollzogen das reflektierende Subjekt als handelndes Individuum erscheinen läßt. Handelt das Individuum aus Freiheit, differenziert sich der Fortgang der Geschichte und ist nicht apriorisch-absolut oder kausal-deterministisch ableitbar. Wie die fortschreitende Erkenntnis sich nach Kuhn nicht einlinig erweitert, so findet sich ebenfalls kein Prinzip für die Handlungsgeschichte der Individuen, das ein eindeutiges teleologisches Entwicklungsgesetz formulieren ließe. Zwar haben die historischen Fakten „ihre jeweils bestimmte Stelle innerhalb einer einsinnigen Progression, durch die ihre und der anderen Fakten Existenzbezogenheit einmalig und unumkehrbar ist".[14] Aber diese Einsinnigkeit ergibt sich erst dem nachträglichen Urteil über den Zusammenhang und die Verschränktheit der Freiheitsmomente. Auf deren Grundlage freilich läßt sich ein Handlungsentwurf erstellen, dessen Verwirklichung den individuell Handelnden überlassen bleibt.

Soeben konnte ein zweites typologisches Merkmal von Aufklärung rekonstruiert werden: die praktische Freiheit des Subjekts.

[13] R. Lauth, Begriff, Begründung und Rechtfertigung der Philosophie, München/Salzburg 1967, 115.

[14] R. Lauth, Die Konstitution der Zeit im Bewußtsein, 88.

Bislang erschien das Ich allein in theoretischer Hinsicht als Zentrum der Reflexion, die auf Wissensfortschritt und Geltungserhebung ausgeht. Ich nenne künftig jeden derartigen Aspekt des Ich *Subjekt*. Jedes Subjekt vollzieht sich aber auch als Individuum, das im Kontext seiner Handlungsgeschichte existiert. Deshalb mußte theoretische Aufklärung auch praktische Handlungsmodelle und deren Verwirklichung hervorbringen. W. Oelmüller schreibt diesen Doppelaspekt denn auch im Aufklärungsbegriff fest: „Aufklärung bedeutet ... Kritik der Vernunft und Kritik dessen, was sich im Namen der Vernunft glaubt rechtfertigen zu können; Analyse des jeweils erreichten Standes von konkreten Freiheiten und Unfreiheiten sowie Erkenntnis und Verwirklichung der freiheitsfordernden Entscheidungen und Prozesse, die unter den vorgefundenen Umständen möglich sind.“ [15]

Wo es um die real-praktische Setzung des Ich geht, spreche ich im folgenden von *Individuum*.

Damit ist der Rahmen der vorliegenden Darstellung gewonnen: Der Ich-Gedanke erscheint immer dann philosophisch relevant, wenn sich Aufklärung vollzieht. Aufklärung charakterisiert eine Bewegung, in der sich die Reflexion auf sich selbst besinnt, wodurch sie sich als zentrierender Akt, als Ich eben, setzt und so die Konfrontation mit dem „Nicht-Ich“ (Fichte) bewältigen muß. Die Struktur des Ich-Aktes gewinnt durch die Auseinandersetzung neue verdeutlichte Konturen, welche philosphisch erhellt praktisch, und das heißt: mit Geltungsanspruch für den Vollzug der Reflexion zu thematisieren sind. Wo Geltung erhoben wird, werden denk- und handlungsbestimmende Normen formuliert, die das Bild der epochalen Wirklichkeit, die Geschichte also, formen. Wenn der Ich-Gedanke philosophisch erörtert wird, dann findet eine Zeit zu ihrer erkenntnistheoretischen, ideologiekritischen, normentheoretischen Aufklärung. In ihr bildet das Ich seinen Begriff als Subjekt und wird sich als handelnd im Kommerzium der Individuen des Mitvollzuges der Geschichte bewußt. Nach derart aufgeklärtem Bewußtsein wird zu suchen sein, wenn der philosophische Ich-Gedanke zu erhellen ist.

[15] W. Oelmüller, Was ist heute Aufklärung?, Düsseldorf 1972, 35. Vgl. auch: Ders., Die unbefriedigte Aufklärung. Beiträge zu einer Theorie der Moderne von Lessing, Kant und Hegel, Frankfurt a. M. 1979, besonders die Einleitung zur Neuausgabe I–XLV.

2. AUF DEM WEG ZUR REFLEXIVITÄT – ANSÄTZE ZUM ICH-BEGRIFF IN DER ANTIKEN PHILOSOPHIE

Wir wissen jetzt, wonach und wo zu suchen ist. Es geht darum, die Zeiten aufzufinden, in denen das weltverfallene naive Subjekt sich ins Bewußtsein bringt, indem es das Bewußtsein als solches rekonstruiert und so zur Anschauung seiner selbst kommt. Der Preis dafür ist, daß die geschlossene Weltansicht in die Spaltung der Reflexion auseinandertritt, also disjunktiv wird und die gedankliche Synthese der vereinzelten Bezugsmomente einfordert. Das Projekt der Aufklärung also ist zu entdecken.

Blickt man auf den Anfang europäischen Philosophierens, so zeigen sich in den ersten Näherungen zu rationalem Überdenken der Realität auf deren Bleibendes und Ursprüngliches hin Spuren aufklärenden Interesses. Wo Naturgeschick nicht einfach hingenommen wird, wo mythische Sicherheit[1] und Kausalität zugunsten der Welterklärung von ihrem Ursprungsprinzip (arche) her verabschiedet wird, bahnt sich der „Gegensatz zwischen Erfahrung und Nachdenken" an. „Nur durch das Denken also ... wird die Wahrheit gefunden, die Sinne für sich allein geben Lug und Trug."[2] Die erwachende Bereitschaft zum Ausbrechen aus der den Einzelnen in die Gemeinschaft bergenden Totalität des Mythischen[3] vernichtet den

[1] E. Cassirer, Philosophie der symbolischen Formen, Zweiter Teil, Das mythische Denken, Darmstadt ⁷1977, 51–56. M. Eliade, Das Heilige und das Profane. Vom Wesen des Religiösen, Frankfurt a. M. 1984.

[2] W. Windelband, Lehrbuch der Geschichte der Philosophie, 50. Eher materialistisch gewendet sieht E. Bloch in seinen Leipziger Vorlesungen zur Philosophiegeschichte den Anfang griechischen Denkens: „Man muß hingreifen, um zu erkennen, was ist. ... Hingreifen, anfassen muß man vielmehr. Und das ist eine solide materialistische Sache." Freilich konstatiert dann auch Bloch: „Ersichtlich ist Wahrnehmung allein nicht zureichend; sie muß auch bedacht werden." Ausgangspunkt des Denkens aber bleibt die Wahrnehmung. E. Bloch, Antike Philosophie. Leipziger Vorlesungen zur Geschichte der Philosophie, Band 1, Frankfurt a. M. 1985, 82.

[3] K. Hübner, Die Wahrheit des Mythos, München 1985, 118–123. Hübner betont die Rolle der Sippe als Sozialisationsraum des mythisch

mythischen Kontext zunächst nicht. Der Bruch zwischen Mythos und Logos demonstriert allenfalls, wie rasch die Reflexion selbst zum Mythos wird, wenn sie sich nicht ihre Prinzipien bewußt hält. „Der Mythos selbst ist ein Stück hochkarätiger Arbeit des Logos."[4] Damit ist der Mythos aber auch den Prinzipien der Vernunft unterworfen, wenn man unter Mythos nicht nur eine literarische Gattung der Erzählung verstehen will.

Festzuhalten ist: im Mythos spiegelt sich die Arbeit der Vernunft wieder. Sie vermag die „Logik" des Mythischen denn auch ans Licht zu bringen. Der Mythos nämlich ist ein „Erkenntnis- und Strukturierungsmodus der Welt", der „auf sich selbst, seine innere Struktur und auf die Welt, der er angehört",[5] verweist. Im Mythos begegnet der Vernunft nicht Irrationalität im Sinne von unorientierter Phantasie, die das strukturierende Subjekt außer acht läßt. Lévi-Strauss stellte bei seiner Analyse vieler Mythologien fest, „daß ein Mythos niemals etwas ohne genaues Motiv aussagt",[6] so daß in Mythen Weltdeutung vorliegt, für die die Gesellschaften, durch welche sie geschaffen oder weitergegeben wurden, Geltungsanspruch erheben. Im Blick auf die Identitätsleistung für die mythi-

orientierten Menschen in Griechenland. „Ohne Geschlecht [Sippe] zu sein heißt, das numinose Kydos [Ruhm] und Olbos [Reichtum] entbehren, in denen die von den Göttern verliehene Identität der Sippe besteht, also überhaupt keine Identität zu haben; wer aber ohne Identität ist, lebt auch ohne Bindung und Gesetz" (122). Auf die Verflechtung von Mythos und Ahnenkult, ein zentrales Beispiel für die Identitätsleistung des Mythos, geht ein: E. Durkheim, Die elementaren Formen des religiösen Lebens, Frankfurt a. M. ³1984, 335–348. Grundsätzlich erörtert Durkheim den Zusammenhang zwischen der Stereotypie der Gruppe und der Struktur des Mythos: a. a. O., 23–26. Auch M. Eliade weist auf den Zusammenhang von Kollektiv und Mythos hin, durch den eine Sippe sich Geschichte in dem Sinn gibt, daß sie ihr Gründungsgeschehen an einzelnen Gestalten der Urzeit festmacht. Hier zeigt sich die auch im Mythos vorhandene Ahnung vom Einzelnen: M. Eliade, Kosmos und Geschichte. Der Mythos der ewigen Wiederkehr, Frankfurt a. M. 1984 (1949), 57–60. Ders., Das Heilige und das Profane. Vom Wesen des Religiösen, 85–92.

[4] H. Blumenberg, Arbeit am Mythos, Frankfurt a. M. 1979, 18. Zur Auseinandersetzung zwischen Philosophie und Mythologie: C. Riedel, „Mythophilie" statt Philosophie?, Franz. Stud. 65 (1983), 103–109.

[5] A. Green, Der Mythos: Ein kollektives Übergangsobjekt. Kritischer Ansatz und psychoanalytische Perspektiven, in: Cl. Lévi-Strauss u. a., Mythos ohne Illusion, Frankfurt a. M. 1984, 106.

[6] Cl. Lévi-Strauss, Mythos und Bedeutung, Frankfurt a. M. 1980, 149.

sche Gemeinschaft drückt sich in den Weltdeutungen über die soziale Funktion hinaus die Auseinandersetzung von Menschen mit ihrer Umwelt aus, die in der Spannung zwischen Regelmäßigkeit und Unberechenbarkeit erfahren wird. In der mythischen Tradition schlägt sich das Welt-Bild eines sozialen Verbandes nieder und erreicht darin die Stufe symbolischer Abstraktion. „Die mythische Welt ist nicht insofern ‚konkret', als sie nur mit sinnlich-gegenständlichen Inhalten zu tun hat und alle bloß ‚abstrakten' Momente, alles was lediglich Bedeutung und Zeichen ist, von sich ausschließt und abstößt – sondern sie ist es dadurch, daß in ihr die beiden Momente, das Dingmoment und das Bedeutungsmoment, unterschiedslos ineinander aufgehen, daß sie hier in eine unmittelbare Einheit zusammengewachsen, konkresziert' sind."[7]

Dabei differenziert sich der Gebrauch des Mythos in den verschiedenen Kulturen. Zunächst bezieht sich die mythische Erzählung auf einen Ritus, in dem Identifikation mit dem mythischen Geschehen gesucht wird. „Man wird wahrhaft Mensch nur, indem man sich der Lehre der Mythen angleicht, also indem man die Götter nachahmt."[8] Durch die kultische Realisierung des mythischen Erzählgehaltes *aktiviert* man die die Wirklichkeit bestimmende Kraft des mythischen Geschehens oder einer mythischen Figur. Anders herum *interpretiert* der Mythos den Ritus. „Diese mythischen Erklärungen drücken die Idee aus, die sich der Eingeborene vom Ritus macht, aber nicht den Ritus selber."[9] In der Distanz, die die Mytho-

[7] E. Cassirer, Philosophie der symbolischen Formen, Zweiter Teil, Das mythische Denken, 32.

[8] M. Eliade, Das Heilige und das Profane, 89.

[9] E. Durkheim, Die elementaren Formen des religiösen Lebens, 535. Vgl. auch: Cl. Lévi-Strauss, Mythologica IV. Der nackte Mensch 2, Frankfurt a.M. 1976, 783–800. Lévi-Strauss unterscheidet „explizite Mythen", die komplexe, organisierte Erzählungen sind, und „implizite Mythen", die lediglich fragmentarisch und notizenartig sind: „statt daß ein Leitfaden sie zusammenhält, bleibt eine jede mit dieser oder jener Phase des Rituals verbunden; sie liefert seine [des Mythos, C. R.] Erläuterung, und nur bei rituellen Handlungen werden diese mythischen Vorstellungen evoziert" (ebd., 785). Ist in dieser Phase die mythische Vorstellung noch rituell bestimmt, so tritt der Mythos dem Ritual mit zunehmender Ausdrücklichkeit gegenüber. Dabei kommt Lévi-Strauss zu einem wichtigen Ergebnis: „Alles in Allem ist der Gegensatz zwischen dem Ritus und dem Mythos derjenige zwischen Leben und Denken und das Ritual stellt eine in die Knechtschaft des Lebens einwilligende Entartung des Denkens dar" (ebd., 793). Im My-

logie zur kultischen Praxis eröffnet, drückt sich seine zunehmende Abstraktheit aus. Hochentwickelte Mythologien enthalten die Frage nach den Grundlagen der Verfassung des gesellschaftlichen Kosmos, in dem der einzelne, der sich dem Mythos aussetzt, lebt. Dadurch beginnt sich bei aller Totalitätsbezogenheit des Mythos eine analysierende Weltsicht durchzusetzen – eine Tendenz, die sich in den sich selbst deutenden Mythen der Griechen[10] bis zum Kunstmythos Platons oder gar der romantischen Forderung nach einer „Neuen Mythologie"[11] fortwährend verstärkt. Der Mythos ist also eine „wahrhaft geistige Form",[12] die eine eigene Weise der Welt-Deutung liefert. Cassirer betont, „daß das mythische Denken die sinnlichen Eindrücke gemäß seiner eigenen Strukturformen umbildet, und daß es in dieser Umbildung über ganz bestimmte eigenartige ‚Kategorien' verfügt, nach denen sich die Zuweisung der verschiedenen Objekte zu den einzelnen Grundklassen vollzieht".[13]

thos zeigt sich demnach die Verselbständigung der Reflexionsarbeit gegenüber der ursprünglichen rituellen Orientierung.

[10] Cl. Lévi-Strauss, Mythos und Bedeutung, 182f. Der Übergang von der erzählten zur niedergeschriebenen Mythologie, wie sie in der griechischen Antike vorliegt, stellt einen qualitativ neuen Status der Mythenentwicklung dar, dergestalt, „daß die Griechen die strukturale Analyse ihrer Mythen schon selber vorgenommen haben: Die an den wilden Mythen vollzogene Analysearbeit ist den griechischen Mythen unmittelbar anzumerken. Man könnte sogar sagen, daß die Mythen selbst ihre eigene strukturale Analyse vornehmen: Schon die Namen der Helden und Götter beispielsweise drücken den strukturalen Gehalt der Mythen aus" (ebd., 182). Auch: J. P. Vernant, Der reflektierte Mythos, in: Cl. Lévi-Strauss u. a., Mythos ohne Illusion, 7–11.

[11] Vgl. dazu die sehr eingehenden Ausführungen bei M. Frank, Der kommende Gott. Vorlesungen über die Neue Mythologie, 1. Teil, Frankfurt a. M. 1982, vor allem 188–216. Nach Frank entstand das romantische Bedürfnis nach einer „Neuen Mythologie" auf „der Grundlage einer Kritik der analytischen Konzeption von Vernunft" (ebd., 188), ohne sich aus eben der analytischen Verstrickung lösen zu können, da der neue Mythos „ohne transzendentes Fundament" (ebd., 210) redet. Gerade das aber war das Motiv, gegen die analytische Vernunft den vernünftigen Mythos zu fordern, daß er „symbolisch vermittelt einen Bezug schafft zu einem Bereich der Begründung und der Rechtfertigung, den der abstrakt analytische Vernunftgebrauch schon durch sein Wesen verfehlt" (ebd., 151).

[12] E. Cassirer, Philosophie der symbolischen Formen, Zweiter Teil, 281.

[13] E. Cassirer, Wesen und Wirkung des Symbolbegriffs, Darmstadt 1977, 22.

Man hat sich bewußtzumachen, daß in diesem Fluidum der philosophische Gedanke sich erhebt, dessen analytisches Interesse die mythische Deutung der Umwelt zum abstrakten Kosmosgedanken der vorsokratischen Reflexion weitertreibt. Auf der Suche nach den Prinzipien des Kosmos fanden sich nicht nur physische Archai. Es drängte sich das Vermögen, das dem Kosmos seine Archai zuordnet, in den Blickpunkt der Reflexion. „Die mythische Einheit von Ideellem und Materiellem",[14] die mythische Arche, die „eine ganzheitliche Gestalt"[15] ist, wird problematisch, gerät in den Zugriff der Dialektik, wodurch eine neue Beziehung gesetzt wird: der Kosmos tritt dem menschlichen Geist (nous) gegenüber. „Die Dialektik stellt sich ein, wenn die Vision, die der Grieche von der Welt hat, mildere Züge annimmt. Der rauhe Hintergrund des Rätsels, die Grausamkeit des Gottes gegen den Menschen schwächen sich langsam ab, ein lediglich menschlicher Agonismus tritt an ihre Stelle."[16] Mit dem „menschlichen Agonismus" aber beginnt die philosophische Entwicklung des Ich-Gedankens.

2.1 Die Geburt des Subjekts

Es bleibt Frage, ob die Entwicklung des philosophischen Denkens, das hinter die erfahrene und im Mythos gedeutete Oberfläche der Lebenswirklichkeit auf die Prinzipien (Archai) zurückgeht, die Entstehung des Ich-Gedankens verursachte, oder ob das philosophische Denken objektiver Reflex des sich als Persönlichkeit zunehmend besser begreifenden Menschen ist. Ideengeschichtlich zeigt sich bereits im Bereich der griechischen Mythologie – vor allem seit den Homerischen Epen – das Erwachen des ichlichen Bewußtseins. Im mythischen Geschehen verändert sich die Götterwelt.[17] Die

[14] K. Hübner, Die Wahrheit des Mythos, 110.

[15] K. Hübner, Die Wahrheit des Mythos, 140.

[16] G. Colli, Die Geburt der Philosophie, Frankfurt a. M. 1981, 73.

[17] K. Hübner, Die Wahrheit des Mythos, 199f. Hübner erkennt im griechischen Mythos und der Tragödie die Auseinandersetzung zwischen den chtonischen Urmächten, die „auf der einen Seite Beschützer von Urrechten, segenspendend, ja Quell des Lebens, aber auf der anderen Seite … auch grausam und wild wie die Natur" (ebd., 201–202) sind, und den „Olympiern", die die Rechte des griechischen Polis-Staates verkörpern. Blumenberg verdeutlicht dies für die Sophistik: „Es ist Zeus selbst, der den Menschen durch seinen Boten zwei neue Fähigkeiten zum Geschenk

anonymen Naturkräfte, denen der Mensch ausgeliefert war, wenn er ihnen nicht magisch Herr werden konnte, werden von den Gottheiten abgelöst, mit denen der Mensch sich ein Kommerzium schafft, das sich in der Spannung von Leistung und Gegenleistung bewegt. Dabei erwachsen den Göttern definierte Zuständigkeitsbereiche, die zugleich den Lebensraum des Menschen überschaubar ordnen. Das neue Verständnis der Götter bedingt ein verändertes Selbstverständnis des Menschen. „In der Vielheit seiner Göttergestalten schaut der Mensch nicht lediglich die äußere Mannigfaltigkeit der Naturgegenstände und der Naturkräfte an; sondern er erblickt in ihr sich selbst, in der konkreten Mannigfaltigkeit und Besonderung seiner Funktionen."[18] Er weiß sich weniger der Natur und seinem naturhaften Schicksal ausgeliefert, sondern entdeckt in der Ordnung des Kosmos sich selbst als eigenständiges Glied. Gestalten wie Prometheus wirken innovatorisch dadurch, daß sie die ursprünglich von den Göttern zugewiesenen Lebensgaben, wie das Feuer, in menschliche Verfügung bringen – und das nicht ohne Widerstand: „Diogenes von Sinope, der ohnehin tragische Verblendung zur Dummheit erklärt haben soll, gibt Zeus recht, Prometheus für den Feuerraub bestraft zu haben."[19] Derartige Gestalten also signalisieren einen neuen Prozeß am Mythos selbst. Der Mensch macht sich dadurch unabhängig von der Natur, daß er die Entdekkung ihrer inneren Ordnung dazu benützt, um ihr für sich eine Lebensordnung abzuringen, Kultur eben. Daß aktive Menschen im Prometheus-Mythos und in dessen dramatischen Bearbeitungen bei Aischylos[20] noch nicht vorkommen, macht Cassirers Interpretation der griechischen Heroen plausibel. „Die Gestalten derartiger Heilbringer sind der erste mythisch-konkrete Ausdruck für das erwachende und fortschreitende Selbstbewußtsein der Kultur."[21]

Wie weitgehend die „Arbeit am Mythos" die Geschichte des Ich-Bewußtseins wiederspiegelt, geht aus einer anderen Bemerkung Blumenbergs zum Prometheus-Mythos hervor. Der Grund für die

macht, aidos und dike, Rücksicht und Rechtsempfinden. Sie befähigen zum vereinten Leben in Städten und Staaten" (H. Blumenberg, Arbeit am Mythos, 364).

[18] E. Cassirer, Die Philosophie der symbolischen Formen, Zweiter Teil, 243.

[19] H. Blumenberg, Arbeit am Mythos, 367.

[20] Vgl. dazu: K. Hübner, Die Wahrheit des Mythos, 199–205.

[21] E. Cassirer, Philosophie der symbolischen Formen, Zweiter Teil, 244.

Kritik des Diogenes an Prometheus entpuppt sich als Kulturkritik. „Aber nicht weil er damit der mythischen Eifersucht des Gottes entgegengetreten war, sondern weil seine Gabe an die Menschen ihre natürlichen Kräfte erschlaffen ließ. Nicht weil sie hilflos waren, bedurften sie des Feuers, sondern weil sie es zum Überfluß bekamen, gewöhnten sie sich an die künstliche Hilflosigkeit der Kultur."[22] Deswegen zweifelt der spätere Denker den Fortschritt auf dem Weg zum Ich-Bewußtsein an, wenn er die Kulturabhängigkeit des einzelnen von der Gesellschaft in Frage stellt und die „existentielle Geistesgegenwart zum Prinzip"[23] erhebt. Dennoch ist sich Diogenes – das zeigt das Selbstbewußtsein der Alexander-Episode[24] – der Selbstmächtigkeit des Subjektes voll bewußt: „Dem Schicksal, sagte er, stelle ich den Mut, dem Gesetz die Natur, der Leidenschaft die Vernunft entgegen."[25] Ihm erschien die Zentrierung auf das Ich in der Mythologie noch nicht radikal genug. Denn immer noch bedurfte es der Objektivation in das Bild-Symbol, dem die Handlungsfähigkeit zugeschrieben wurde. Das Ich wirkt passiv. Es bedurfte der Selbsteinsetzung des Menschen in die zum Heros verobjektivierte Handlungsfähigkeit.

Davon gibt die griechische Tragödie Rechenschaft. Sie gewinnt „dieser passiven Anschauung gegenüber einen neuen Quellpunkt des Ich, indem sie den Menschen als selbsttätig und selbstverantwortlich nimmt und ihn damit erst wahrhaft zum ethisch-dramatischen Subjekt gestaltet".[26] Das Schicksalsverhängnis (moira) bestimmt das konkrete Leben des Menschen immer weniger. Zwar spielt die attische Tragödie die chtonischen Urmächte gegen den olympischen Götterhimmel aus. Die Synthese aus Natur und Rechtsordnung aber drängt in Richtung Vernunft. Deshalb werden die Gestalten der Tragödien selbständig. Die Antigone des Sophokles ficht persönlich den Konflikt aus, der sich zwischen Urrecht der Totenbestattung und politischer Vernunft entspannt. Sie entscheidet nicht auf Götterweisung hin, sondern gemäß ihrer inneren Neigung – gegen das Gesetz der Polis und für die im Chtoni-

[22] H. Blumenberg, Arbeit am Mythos, 368.

[23] P. Sloterdijk, Kritik der zynischen Vernunft, Erster Band, Frankfurt a. M. 1983, 318.

[24] Diogenes Laertius, Leben und Meinungen berühmter Philosophen (ed. O. Apelt u. H. G. Zekl), Hamburg ²1967, VI, 38.

[25] Diogenes Laertius, VI, 38.

[26] E. Cassirer, Philosophie der symbolischen Formen, Zweiter Teil, 237.

schen verankerte Wertordnung. Freilich, es ist noch nicht die individuelle Wertsetzung, die Antigone aus der Kraft der Reflexion gewinnt. Aber es ist ihre – verglichen mit der alten Verflochtenheit in die Moira – freie Entscheidung für die Bestattung ihres Bruders Polyneikes. Deutet sich nicht hier auch jene Autonomie des Subjekts an, die Diogenes gegenüber Prometheus forderte? Wiegt nicht die individuelle Schwesternpflicht schwerer als das allgemeine Polisgesetz? Noch deutlicher erscheint dies in der Philoktetfassung des Sophokles. Neoptolemos soll, nach der von Odysseus geratenen List, dem Philoktet den siegreichen und für die Hellenen überlebenswichtigen Bogen des Herakles entwenden; der junge Krieger entscheidet sich zunächst für den ungerecht behandelten, leidenden Philoktet. Wieder das freie Urteil des einzelnen! Zu Ende geht die Tragödie allerdings in mythischer Richtung, die Neoptolemos indirekt dadurch Recht gibt, daß Philoktet sein Leid als Götterprüfung erkennt und zu dem Ruhm kommt, den odysseische Verschlagenheit ums Haar verwirkt hätte. Hübner faßt zusammen: „So triumphiert auch hier, wo sich die neu entdeckte Persönlichkeit weit deutlicher ihrer Freiheit bewußt wird ..., am Ende der Mythos. Nur in diesem Rahmen vermag sich Sophokles das Individuelle letztlich vorzustellen."[27]

In der Aufarbeitung des Mythos durch die Tragödie begegnen wir dem Erwachen des Subjekts in den Entscheidungen der handelnden Personen, die in verschiedenen mythischen Kontexten abwägen und dann zu einem zunehmend eigenständigen Handlungsentwurf kommen. Eine ähnliche Tendenz beobachtet man im Bereich des Mythos selbst, wenn die Kreativität als bedeutsamster Maßstab für die Hierarchie der göttlichen Kräfte entdeckt wird. Die Fähigkeit zur Weltgestaltung, die mythisch auf den Menschen übergeht (Herakles, Prometheus), um im kulturorientierten Griechenland die Ordnung der Polis zu rechtfertigen, verrät die Selbsteinschätzung des Menschen gegenüber seiner Umwelt. Die Menschen fühlen sich

[27] K. Hübner, Die Wahrheit des Mythos, 210. Vgl. dazu auch: W. Jens, Statt einer Literaturgeschichte, Pfullingen ⁶1970, 94–107. Im Vergleich mit den zeitgenössischen Bearbeitungen der oben genannten antiken Dramenstoffe schreibt Jens zur „Antigone": „Während die sophokleische Antigone um des Bruders willen ihre verpflichtende Aufgabe auf sich nimmt, will Antigone bei Anouilh ihre eigene Tat tun und einmal im Leben, ein einziges Mal, ganz sie selbst sein" (ebd., 106). Die Subjektivität, die die Tragödie im Mythischen installiert, ist noch eine, die ihre Reflexivität noch nicht kennt.

nicht mehr allein durch die natürliche Strukturiertheit ihres Lebens gebunden. Sie lernen, diese Strukturen nicht nur zu entdecken, sondern auch sie zu gebrauchen. Wenn ein Übergang von mythischer zu logischer Lebensform festzuhalten ist, dann im Weltverhalten des Griechen, der sich von den *einfachhin gegebenen* objektiven Bestimmungen freimacht und sich selbst *seine* Objektivität setzt. Dabei gewinnt das Subjekt – je mehr es seiner selbst bewußt wird – ein neues Verhältnis zum Mythischen; denn mit der Entdeckung des Subjekts geht die Entzifferung der Bewußtseinsform einher, die den Subjektgedanken durch Reflexion hervorbringt. War der Mythos bislang die nicht bewußte Deutungsform für den Menschen, so gerät er jetzt selbst vor den Deutenden. „Er wird ein gedachter Mythos, stellenweise wird sogar ein philosophisches Kulturerbe am Mythos angetreten."[28]

Solche Veränderungen wirken sich auf die Form des Weltbildes aus: Das mythische Weltbild wird durch die Geschlossenheit gekennzeichnet, die nicht mit der Totalität der Synthesis zu verwechseln ist. Mythische Geschlossenheit gründet in der „Perfektion der Anfänge",[29] die durch die „Periodizität der Schöpfung"[30] fortdauernd erneuert werden. Dadurch gelingt es dem mythisch bestimmten Menschen, „die Zeit zu annullieren",[31] d.h. in beständigem Einklang mit dem Anfang des Weltgeschehens zu leben. Das Ursprungsgeschehen begründet also den Lebens-Kosmos des Menschen. „Kosmisierung und Heiligung"[32] verwachsen miteinander zur numinos bestimmten Weltgestalt des Mythos, so daß – wie Cassirer hier Eliade im Vorgriff ergänzt – „in diesem Sinne ... die Göttergestalten des Mythos nichts anderes als die sukzessiven Selbstoffenbarungen des mythischen Bewußtseins"[33] sind. Insofern der Mensch in der Entwicklung von kultischer Teilhabe am Gründungsgeschehen bishin zur Übernahme der Weltstrukturierung zuletzt direkt an der Welt handelt, keimt im mythischen Weltbezug bereits der spätere, durch den Ich-Gedanken bestimmte. „Aus diesem Kreis ohne Anfang und Ende kann der Mensch sich nur durch einen Akt geistiger Freiheit losmachen", so kommentiert Eliade die Ge-

[28] E. Bloch, Antike Philosophie, 18.
[29] M. Eliade, Kosmos und Geschichte, 129.
[30] M. Eliade, Kosmos und Geschichte, 76.
[31] M. Eliade, Kosmos und Geschichte, 107.
[32] M. Eliade, Das Heilige und das Profane, 33.
[33] E. Cassirer, Philosophie der symbolischen Formen, Zweiter Teil, 259.

burt des Subjekts im Mythos.[34] In diesem Akt freilich wird die mythische Geschlossenheit gesprengt. Die Gegenwärtigkeit des Anfangs wird verabschiedet zugunsten einer disjunktiven Analytik von Raum und Zeit. Die unterscheidende Ordnung in der Form des Nacheinander oder Nebeneinander bestimmt die Scheidung des Kosmos in objektive und subjektive Momente. Zugleich aber fällt der Blick auf das Handlungszentrum, das sich selbst als Subjekt identifiziert und sich so zum eigenen Weltentwurf ermächtigt. Der Weg zur reflektierenden Rekonstruktion des Ich-Gedankens ist angetreten. „Aus den ethisch-prophetischen Gedanken der Zukunft heraus kommt es zu einer wahrhaften Entdeckung der Individualität, des persönlichen Selbst des Menschen."[35]

Auf dieses Feld der gedanklichen Auseinandersetzung, der Konzentration auf den theoretischen Reflex des Kosmos im Vernunft-Akt – ein wichtiges Indiz für den philosophischen Ich-Begriff! –, haben wir uns in der vor-sokratischen Epoche der antiken, griechischen Philosophie einzulassen.

2.2 Die Anschauung des Subjekts

Im Rückblick auf die Geburt des Subjekt-Gedankens im Mythos bleibt festzuhalten: Der Mensch tritt aus der Verflechtung mit seiner Umwelt heraus, indem er die Freiheit der Entscheidung auf sich nimmt. Er entdeckt seine Fähigkeit, mittels des strukturellen Wissens in den Kosmos schaffend einzugreifen. Dadurch distanziert sich der Handelnde, der sich zunehmend mehr als Subjekt entdeckt, von der objektiv gesetzten Welt. Diese Spannung fordert einerseits die tiefergreifende Analyse der prinzipiellen Grundlagen (Archai) des Kosmos, in denen sich der Analysierende mitbegründet sieht. Wie aber erklärt sich seine eigene, spezifisch subjektive Organisation gegenüber dem Objekt? Mit der Frage nach der Erkenntnis, die die im Mythos geschlossene Welt in das Disjunktionsgefüge von Prinzip und Prinzipat aufschließt, eröffnet sich eine neue Frageebene im Ich-Gedanken. Noch ist der Fragesteller erst auf dem Weg dazu, sich selbst mit seinem Frage-Antwort-Zusammenhang zu identifizieren. Das Interesse aber erscheint eindeutig. Wo der Geist – oder

[34] M. Eliade, Kosmos und Geschichte, 129.

[35] E. Cassirer, Philosophie der symbolischen Formen, Zweiter Teil, 204.

wie immer sonst man das Prinzipienvermögen nennt – sich der Frage nach den Grundlagen der Welt bemächtigt, wird er auch den Akt des Fragens erkennen. Das zeigt das Ringen um den Terminus für das Phänomen des „Geistes“: „Für Geist selbst bietet die griechische Sprache zunächst das Wort Nus dar, für Seele Psyche. ... das Ich als philosophischen Begriff (ho ego) kennt erst Plotin.“[36] Gerade die Entwicklung des Geistbegriffes nun in der vorsokratischen Philosophie ergibt die Folie, auf der sich der Ich-Gedanke ex negativo spiegelt, wie er dann durch das sophistische Denken und durch Sokrates weiterentwickelt wurde. J. Stenzel brachte die hermeneutische Grundlage für diese Sichtweise auf den Begriff: „Man kann die wichtigste Eigentümlichkeit dieser Gleichsetzung von Denken und Sein nicht anders bezeichnen als durch die negative Beziehung zu jenem Ichproblem: alles, was systematisch mit ihm zusammenhängt, wird in größter Klarheit und Ausführlichkeit erkannt, aber es wird für alles eine Projektion nach außen, eine Hinüberführung ins Gegenständliche erstrebt.“[37] Das Interesse an der Objektivität führt zu einem Ich-Begriff, der unter den Bedingungen des kosmisch-ordnungshaften Denkens steht und als diejenige Anschauung des Subjekts bezeichnet werden kann, der der konstruktive Rückbezug der Selbstreflexion noch fehlt. Der Ich-Begriff der griechischen Antike befreit sich noch nicht aus seiner Ausrichtung auf das Prinzipielle.[38]

[36] J. Stenzel, Zur Entwicklung des Geistbegriffes in der griechischen Philosophie, in: H. G. Gadamer (Hrsg.), Um die Begriffswelt der Vorsokratiker, Darmstadt ^{2}1983, 216.

[37] J. Stenzel, Zur Entwicklung des Geistbegriffes in der griechischen Philosophie, a. a. O., 226. Vgl. dazu auch: C. F. Geyer, Einführung in die Philosophie der Antike, Darmstadt 1978, 10–12. Individualität bleibt auch in der frühen griechischen Philosophie auf das dem Mythos entlehnte Totalitätskonzept bezogen und dadurch der Objektivität unterworfen.

[38] Vgl. dazu die Bemerkung bei W. Beierwaltes, Proklos. Grundzüge seiner Metaphysik, Frankfurt a. M. ^{2}1979, 161, Anm. 20. Bei der Diskussion des Periagoge-Gedankens (Reflexivität) in der platonischen Tradition kommt er zu der Ansicht, daß der Nous „nicht als substantiales Ich, als Person oder gar Subjektivität des Subjekts gefaßt werden kann“.

2.2.1 Kosmos und Erkenntnis

Der Begriff der Erkenntnis, der das Ergebnis des Erkenntnisvorgangs zugleich mit dem Vermögen dazu umfaßt (nous), entwickelt sich im vorsokratischen Denken aus einer zweifachen Interessenlage. Einerseits verstärkt sich die bereits bei Homer und Hesiod angedeutete Tendenz zur Rationalisierung der Gottesvorstellungen. Erkenntnis im Sinne des griechischen „noein“ unterscheidet sich von der „Schau“ (theoria), die plötzlich und gottgewollt dem Menschen aufgeht. Das Erkennen als „noein“ meint ein bewußtes, gewolltes und aufmerksames Verstehen einer Situation dergestalt, daß der Erkennende über das Rechenschaft geben kann, was er erkannt hat. So entzieht sich der Begriff der Erkenntnis dem Religiösen und Mythischen und eröffnet andererseits damit einen neuen Bereich erkennender Anstrengung, die Naturbeobachtung. Deren Deutung ist zu lernen, um die Natur als Kosmos verstehen zu können. Aus der Naturbeobachtung heraus werden Strukturprinzipien formuliert, die „archai“. Nicht mehr die Götter und ihr weltbestimmendes Verhängnis, sondern weltimmanente Grundlagen gilt es zu erkennen, um die eigentümliche Stelle des Lebens im Kosmos zu bestimmen. Beides verbindet sich deshalb im vorsokratischen Denker, der Seher und der Philosoph, wobei letzterer sich langsam durchsetzt.[39] Dieser Wandel signalisiert den Übergang vom unbewußten, d.h. vernünftig nicht verantworteten Wissen zur bestimmten, d.h. gerechtfertigten Erkenntnis: „Indem das Denken die Welt als ein in sich geordnetes Universum, als einen geschlossenen ‚Kosmos‘ begreifen lernt, geht ihm eben hierin zum ersten Male die Gewißheit der Welt des Geistes selbst auf. An der Struktur des Seins enthüllt sich ihm die Struktur des Gedankens: – die Begriffe des Kosmos und des Logos werden zu Wechselbegriffen, die sich gegenseitig bestimmen und erleuchten.“[40]

Die Denker von Milet (Thales, Anaximander, Anaximenes) bereiten durch die Entdeckung der Beziehung zwischen dynamischen und statischen Momenten an der Natur[41] die Frage nach dem

[39] G. Colli, Die Geburt der Philosophie, 43f., 53f.

[40] M. Dessoir (Hrsg.), Die Geschichte der Philosophie, Wiesbaden o.J., 9.

[41] M. Dessoir (Hrsg.), Die Geschichte der Philosophie, 15f. C.F. Geyer, Einführung in die Philosophie der Antike, 14f. J. Bernhardt, Das vorsokratische Denken, in: F. Chatelet (Hrsg.), Geschichte der Philosophie, Band 1, Berlin 1973, 27–29.

ontischen Status dieser Beziehungen vor. Deutlich wird dies bei Pythagoras, wenn sich bei ihm die Frage nach den physischen Grundlagen, den „Archai" und deren Abstraktionen, z.B. das Unbegrenzte (Apeiron) des Anaximander, zur Frage nach der Weltordnung wandelt. Nicht allein, daß die Pythagoreer die Zahl als Grundstruktur des Kosmos bestimmen, sondern daß zugleich die Zahlen in Verhältnisse zueinander gesetzt werden, welche die kosmische und psychische Ordnung formulierbar machen,[42] das bündelt die Entwicklung des Denkens auf den Aspekt der Form. Der neue Begriff ermöglicht neue Differenzierungen zwischen dem Gegebenen, der Natur oder den Zahlen, und dem Entwickelten, dem logischen Verhältnis, dic über Parmenides, Anaxagoras, Protagoras sich in der sokratischen Tradition zu einer ersten Theorie des Subjekts verstärken.

Eine bedeutsame Voraussetzung für den Begriff vom Ich also stellte sich im pythagoreischen Denken ein: die Theorie als Übertragung eines abstrakten Begriffes auf das Gegebene, die Natur, wurde als Instrument zur Deutung der Beobachtungen entdeckt. Solcherart theoretische Betrachtung fördert nicht mehr nur physische Grundlagen des Kosmos zutage; ihr Ergebnis gleicht ihrem Ausgangspunkt, so daß Heraklit den Begriff des Logos einzuführen vermag. Im Logos ist das „Gemeinsame" von allem angesprochen. Und dieses Gemeinsame steht bei Heraklit in den Kontexten der Gotteslehre und der Erkenntnislehre. Über den Logos verknüpft sich das Gemeinsame von allem mit dem Göttlichen: „Denn alle menschlichen Gesetze ziehen ihre Nahrung aus dem einen Göttlichen."[43] Zudem aber ergibt sich durch den Logos noch eine zweite Bedeutung des Gemeinsamen: „Gemeinsam ist allen die Vernunft."[44] In einem anderen Fragment bestimmt er näher: „Alle Menschen haben die Fähigkeit, sich selbst zu erkennen und vernünftig zu denken."[45] Der Logos ist also nicht bloß eine Struktur des Objektiven, die sich als theoretische Grundlage des Kosmos erkennen läßt. Vielmehr erscheint im Logos das Moment des Nous, des Erkenntnisbegriffes, welcher die Fähigkeit zu erkennen mitthe-

[42] Diogenes Laertius, VIII, 25, 29, 30f. E.Bloch, Antike Philosophie, 54. M.Dessoir (Hrsg.), Die Geschichte der Philosophie, 26ff.

[43] Heraklit, fr 144 (zit. nach W.Capelle, Die Vorsokratiker, Stuttgart 1968, 136; vgl. alle weiteren Zitate vorsokratischer Denker).

[44] Heraklit, fr 113 (a.a.O., 149).

[45] Heraklit, fr 116 (a.a.O., 149).

matisiert, indem er den Gedanken eines erkennenden Subjekts anklingen läßt. Heraklit läßt sich nun nicht auf die ungebundene und darin trügerische Subjektivität der bloßen Meinung (doxa) ein, sondern gibt der Vernunft durch den Zusammenhang mit dem Göttlichen (fr. 144) einen Bezugspunkt im Unveränderlichen. Im Maßstab des Göttlichen liegt die Erkenntnis des Menschen von sich selbst und sein vernünftiges Nachdenken über den Kosmos vor.[46] Der „Vorrang der Innerlichkeit gegenüber der trügerischen Körperlichkeit der äußeren Welt“[47] bricht sich seine Bahn – hin auf die Subjektivität. Wichtig ist dabei die Verlagerung des Reflexionsproblemes vom Beobachtungsgegenstand hin zum Beobachter, der bald als Gegenstand der Vernunft auftritt.

Mit dem den erkennenden Menschen selbst ins Spiel bringenden Vernunftgedanken beginnt sich die Philosophie vor Sokrates aus der Befangenheit durch die Natur zu befreien, so daß auch der Begriff des Kosmos sich allmählich wandelt. Der Mensch rückt langsam in seinen Mittelpunkt ein, insofern er seine gestaltende Kraft am Kosmos erfährt. Freilich – das zeigt sich auch bei Anaxagoras – bleibt der materielle Kosmosgedanke eine Teilbedingung für die Blickrichtung auf die Reflexion der menschlichen Vernunft. Er führt den Gedanken des Unendlichen als der Grundlage des Kosmos mit der Vernunft zusammen: „der Geist aber ist etwas Unendliches und Selbstherrliches, und er ist mit keinem Dinge vermischt; denn wenn er nicht für sich [allein], sondern mit irgendetwas anderem vermischt wäre, dann hätte er an allen Dingen Anteil ... Vollständig aber schied sich kein Ding vom anderen oder trennt sich von ihm, außer dem Geist.“[48] Der Gedanke des Unendlichen, das den Zwischenraum zwischen den einzelnen ausfüllt, trat zuerst in der Physik der Denker von Milet auf. Anaxagoras überträgt nun das Charakteristikum des Unendlichen auf den Geist, der das Unterscheidende zwischen allem ist, indem er selbst sich von allem unterscheidet. Trat bei Heraklit die Vernunft noch diffus als das durch den Logos Gemeinsame von allem auf, so erhält sie jetzt ihre distinguierende Bedeutung, wenn auch als Analogon zum physikalischen Unendlichkeitsbegriff. Wenn die Vernunft nun als Selbstunterscheidung von allem andern angesprochen ist, liegt hier eine erste Näherung an die Form des Individuums vor, das als in sich geschlossenes

[46] J. Stenzel, Die Rolle des nous, a. a. O., 296–302.
[47] G. Colli, Die Geburt der Philosophie, 63.
[48] Anaxagoras, fr 12 (a. a. O., 270).

Einzelnes neben allem anderen steht. Sieht man diese Bestimmung der Vernunft mit der Funktion des Selbsterkennens bei Heraklit zusammen, so erhält der Ich-Begriff in der vorsokratischen Philosophie erste Konturen: Selbsterkennen und sich Unterscheiden bilden ja wesentliche Strukturmerkmale des Ich-Gedankens der Philosophie.

Verwundert es noch, daß mit diesem Stand philosophischer Näherung an den Ich-Gedanken ethische Gesichtspunkte in das Blickfeld rückten? Die Struktur des Kosmos umfaßt den Menschen als sich unterscheidende Vernunft, mit welcher Einsicht sich die Forderung erhebt, das Handeln nun auch gemäß der Einsicht zu gestalten.

2.2.2 Erkennen des Selbst

Wir können die Problematik der Periodisierung der griechischen Philosophie außer Acht lassen, da es um die Nachzeichnung des systematischen Weges des philosophischen Ich-Gedankens geht. Dessen Merkpunkte finden sich in Epochen, in denen die Denkenden sich ihres eigenen Aktes versichern, so daß der Gang des Denkens selbst in die Krise gerät und neuer Orientierungen bedarf. Die Auseinandersetzung mit der mythischen Weltdeutung führte zur beobachtenden Deutung der Natur, in welcher sich der Mensch seines Unterschiedes und der Fähigkeit zur Selbstunterscheidung im kosmischen Ganzen bewußt wurde. Dennoch bleibt der Begriff des Menschen von sich selbst durch seine Ortung im Kosmos bestimmt, wie vorher im mythischen Schicksalszusammenhang (moira). Erkenntnis ist also durch die Relation des Erkennenden zum Unveränderlichen gegeben. Noch ist das kosmische Ganze nicht angetastet. Nicht Heraklit im Modell der Spannungseinheit von Gegensätzen, erst recht nicht Parmenides in seiner aus der rein-abstrakten Einheit heraus entworfenen Ontologie des Ganzen,[49] zerschneiden die Kontinuität des Physischen zugunsten der Selbstbestimmung des Menschen unter den Bedingungen der Vernunft. Wie bei Anaxagoras zu sehen war, gärte die Bestimmung des Unterscheidens nicht nur an der Natur, sondern auch daran, daß sich, wer die Natur befragt, als von seinem Frage-

[49] J. Stenzel, Zur Entwicklung des Geistbegriffes in der griechischen Philosophie, a. a. O., 224–236. H. Schwabl, Sein und Doxa bei Parmenides, ebd., 391–422.

gegenstand unterschieden entdeckt. Man darf das vorsokratische Denken dennoch nicht zwingen[50] und muß sich bewußthalten, daß es sich hier lediglich um eine Näherung an den Begriff der Subjektivität und Individualität im philosophischen Sinn handelt, nicht um einen entfalteten Theorievorschlag! Konzentrierte sich also die Reflexion des Kosmos langsam auf das Subjekt der Reflexion im Sinne einer gewissen Sensibilität für erkenntnistheoretische und daraus sich ergebende ethische Fragen, so entwickelte sich daneben – sicherlich bedingt durch die Veränderungen des Kosmosbegriffes – das Interesse am Menschen, insofern er Mitglied der Polis, der stadtstaatlichen Lebensgemeinschaft ist.

Historisch gesehen – Bloch weist nachdrücklich darauf hin – fällt die Entwicklung des sog. sophistischen Denkens in die relativ kurze Blütezeit der athenischen Kultur,[51] in der sich ein neues Staatsverständnis und damit ein neues Selbstverständnis des Bürgers einstellte. Dieses wurde genährt durch die wissenschaftliche Kritik der Religiosität. Immerhin wurde Protagoras, der weithin wirkende athenische Rhetor, wegen eines religionskritischen Satzes verurteilt: „Von den Göttern weiß ich nicht, weder daß sie sind noch daß sie nicht sind; denn vieles hemmt uns in dieser Erkenntnis, sowohl die Dunkelheit der Sache wie die Kürze des menschlichen Lebens."[52]

[50] Dieser Zwang ist in idealistischer Richtung genauso problematisch wie in materialistischer. Wenn Windelband schreibt, daß die griechische Wissenschaft eine innere Tendenz zum „Denken und Wollen des Menschen" habe, weil in der Sophistik das „Ziel der Naturerkenntnis" verlorengegangen sei (Lehrbuch der Geschichte der Philosophie, 57), dann ordnet er zu schnell chronologisch, was teilweise parallel sich bildete: nämlich die Entdeckung des Individuums als politischem Handlungszentrum und zugleich die des Erkenntnissubjektes. Andererseits überzieht Bloch mit seiner Feststellung der „Abwesenheit jedes subjektiven Faktors in der Erkenntnis" (Antike Philosophie, 85) bei den sog. Naturphilosophen der Vorsokratik. Das zwingt ihn einen unvermittelten Schnitt zwischen diese und die Sophisten zu legen (ebd., 98).

[51] E. Bloch, Antike Philosophie, 98.

[52] Diogenes Laertius, IX, 51. Blickt man auf die „Theologie" der Vorsokratiker, so demonstriert diese deutlich eine Abkehr von der Göttervielzahl des Mythos. Die Forschung nach der Grundlegung der Natur in den Archai führt auch auf religiösem Gebiet zur Abstraktion und zielt auf ein göttliches Prinzip. Vgl. dazu: W. Jaeger, Die Theologie der milesischen Naturphilosophen, in: H. G. Gadamer (Hrsg.), Um die Begriffswelt der Vorsokratiker, 49–87.

Zweierlei ist bedeutsam in dieser Äußerung. Protagoras bezieht erstens sein Argument gegen die sicheren Aussagen über die Götter aus der Qualität der Erkenntnis; in dieser aber unterscheidet er zwischen der Aussage über den Gegenstand (Dunkelheit der Sache) und das Subjekt (Kürze des menschlichen Lebens). Die Disjunktion der Erkenntnis ist die zweite Neuerung. Die Erkenntnis steht nicht nur unter den Bedingungen des Gegenstandes, sondern auch im Kontext der spezifischen Eigenart des Erkennenden, hier der Kürze seines Lebens. Bisher deutete sich der Blick auf den Erkennenden lediglich in der Art der Abstraktionen an, die am Gegenstand der Erkenntnis angebracht wurden: Pythagoras systematisierte den Kosmos nach formalen (Zahlen-)Verhältnissen. Anaxagoras leistete mit der Übertragung des Unendlichkeitsbegriffes von der Naturordnung auf die Vernunft den wesentlichen Schritt zur Selbstunterscheidung des Menschen vom Kosmos.

Mit Protagoras aber gerät die Erkenntnis selbst vor die Analyse. Das zeigt sein berühmter Satz: „Der Mensch ist das Maß aller Dinge, der seienden, daß sie sind, der nicht-seienden, daß sie nicht sind.“[53] Die Verankerung des Menschen im Kosmos ist gebrochen. Politisch wurde der Kosmos durch die Polis als Lebensraum abgelöst. Dort, im sozialen Lebensraum hat sich der Mensch als praktisches Wesen zu bewähren. An der Praxis des einzelnen baut sich die Polis auf. Wenig später führten derartige Überlegungen – in der Auseinandersetzung mit den Sophisten übrigens – zur platonischen und aristotelischen Staatstheorie. Nur in Beziehung auf den Menschen mit Meinung und Urteil kann Geltung erhoben werden. Dadurch wird die jeweilige Übereinstimmung über die Wahrheit hergestellt. Die Technik der Rede und des Verhandelns bestimmt die Praxis des selbstzentrierten, wenn auch noch nicht in philosophischem Sinn selbstbewußten Menschen.[54] So stellt Geyer fest: „Damit geht aber auch das Selbstverständnis des Menschen vom Erscheinenden und seiner Prinzipien (Vorsokratik) über auf die Natur des Menschen und die unterschiedlichen Auffassungen bezüglich dieser, deren eigentlicher Inhalt der Mensch selbst ist, insofern er über Wahrheit entscheidet.“[55] Folgerichtig schließt sich an diese Bewußtseinslage

[53] Diogenes Laertius, IX, 51.

[54] G. Colli, Die Geburt der Philosophie, 94: „In der Dialektik kämpfte man um die Weisheit; in der Rhetorik kämpft man um eine Weisheit, die auf Macht aus ist.“

[55] C. F. Geyer, Einführung in die Philosophie der Antike, 26.

die Diskussion und Bestimmung des Menschen und seiner Erkenntnis- und Lebensrelation zur Wahrheit an.

In der griechischen Philosophie sind bislang folgende Grundlagen für die Theorie des Ich-Gedankens aufgefunden: In der Auseinandersetzung um die Archai des natürlichen Kosmos entsteht die Idee der selbständigen Vernunft, die sich vom Kosmos unterscheidet und in Beziehung zu den formalen Verhältnissen seiner Ordnung steht. Dadurch wird die Selbstreflexion der Vernunft als Akt des Gesamtwissens des Menschen vorbereitet. Das sophistische Denken nimmt den einzelnen in Blick, soweit von ihm die Geltung des Lebenszusammenhanges und die Wahrheit darüber abhängt. Die erneute, jetzt aber vernunfttheoretisch zu stellende Frage nach den Prinzipien der Allgemeingültigkeit der Wahrheit und der auf sie bezogenen Erkenntnis führt über den erkenntnistheoretischen Subjektbegriff auf das Prinzip der Individualität hinaus. Beides erhält eine erste theoretische Fassung in den Systementwürfen von Platon und Aristoteles.

2.3 Bewußtsein des Subjekts

Platon dringt in keiner seiner Überlegungen zur Bewußtseinstheorie,[56] zur Seelenlehre[57] und zur Staatstheorie[58] zu einer expliziten Theorie des Ich-Gedankens vor. Allerdings klären sich bei ihm wesentliche Aspekte des Subjektbegriffes in bewußtseinstheoretischer Hinsicht, indem er den Nous (Vernunft) auf das Eine (hen, agathon, aletheia) zurückführt und dialektisch die Philosophie als rational vergewisserte Erscheinung der Wahrheit durch den gesamten noetischen, psychischen und natürlichen Kosmos hindurch entfaltet. Auch die anthropologische Perspektive bleibt nicht ausgespart: er formuliert die Grundlagen des ethischen und politischen Handelns. Geyer weist darüber hinaus in seinen Untersuchungen zur Selbsterhaltungstheorie auf einen weiteren interessanten Zusammenhang hin: Die Frage nach der Schuld, die sich bei Platon an-

[56] K. Gloy, Platons Phaidon als bewußtseinstheoretischer Dialog: Perspektiven der Philosophie, Bd. 6, Hildesheim/Amsterdam 1980, 119–142 (1. Teil) und ebd., Hildesheim/Amsterdam 1981, 175–183 (2. Teil). Auch: P. Natorp, Platons Ideenlehre, Darmstadt [4]1975.

[57] Dazu sind vor allem die Dialoge Phaidon und Politeia einschlägig.

[58] Vgl. dazu die Dialoge Politeia, Politikos und Nomoi.

gesichts seiner Bemühungen zur Vermittlung des Einen und des Vielen stellt, verweist sein Denken in das Spannungsfeld von Subjekt und Gotteslehre, in welchem sich die Bedingungen der Individualität unter dem Druck metaphysischer Entlastungsmodelle konstituieren.[59] Damit schließt die Entwicklung des Ich-Begriffes bei Platon an die vorsokratische Selbstunterscheidung des Menschen im Kosmos an. Wieder spielt die Abgrenzung von kosmischer Bestimmtheit als Form der Selbstbestimmung gegenüber dem Subjekt eine tragende Rolle. Und das in doppelter Hinsicht: Insofern in Abweisung der sophistischen Hypostasierung des einzelnen in der Polis das wissenschaftlich verantwortete Denken gegenüber dem politischen Relativismus bewahrt werden soll, setzt sich das Subjekt in seine erkenntnistheoretische Funktion ein. Von daher erschließt sich in zweiter Hinsicht eine neue Dimension der Maßgabe von Wahrheit, der reflektierende Aufstieg (Anodos) zu und das Absteigen (Kathodos) von einem ersten absoluten Prinzip, in welchem das Subjekt sich selbst theoretisch bestimmt. Als solches erst handelt es bewußt und prinzipiell an einem letztgeltenden Maßstab ausgerichtet. Dadurch verschärft sich die Frage nach der Verantwortung des einzelnen gegenüber dem Absoluten – eine Fragerichtung, die in der nachplatonischen Philosophie und der christlich beeinflußten Gnosis weiterwirkt.

2.3.1 Die Entwicklung der Subjektivität in der platonischen Bewußtseinstheorie

Platons Überlegungen zur Bewußtseinstheorie gehen von der sokratischen Frage nach der Möglichkeit verantworteten Handelns aus. Die Praxis, die sich positiv für den einzelnen Menschen wie für die Polisgemeinschaft auswirkt, orientiert sich nicht am vordergründig Nützlichen. Der Sokrates der platonischen Dialoge vertieft die Problemstellung in der kritischen Auseinandersetzung mit dem sophistischen Opportunismus oder Utilitarismus, indem er den Begriff Verantwortung über seine ethische Dimension hinaus erkenntnistheoretisch faßt. Der Frage nach der Praxis geht die Frage nach

[59] C. F. Geyer, Einführung in die Philosophie der Antike, 45–53. Ders., Leid und Böses in philosophischen Deutungen, Freiburg/München 1983, 49–65. Ders., Jenseitsvorstellungen bei Platon, in: Zeitschrift für Religions- und Geistesgeschichte 36/2 (1984), 101–114.

den Erkenntnisbedingungen und der Urteilsstruktur für Aussagen über das Handeln voraus. Aus dieser wohl platonischen Wendung der ursprünglichen sokratischen Frage entspringen für die antike Philosophie neue Grundlagen des Subjektbegriffes,[60] insofern sie erstmalig eine Theorie des Bewußtseins aufbauen. Dabei ist nach Gloy[61] das Bewußtseinsproblem nicht nur am Begriff der Psyche (Seele) festzumachen, sondern ebenso in den Untersuchungen Platons zur Theorie der Wahrnehmung (aisthesis) und der Erkenntnis (noesis) und des Wissens (logos; in organisierter Form: episteme). Platon analysiert im Dialog ›Charmides‹ (Charm)[62] die These, daß Handeln das Wissen voraussetze (Charm, 164 cd). Dabei sind zwei Formen des Wissens und der Wissensgewinnung, der Erkenntnis zu unterscheiden: die eine ist das „Erkennen von etwas“ (Charm, 165 c); die andere – im Dialog mit „Besonnenheit“ (sophrosyne) bezeichnet – ist das „Wissen von allen anderen Wissensgebieten ... und zugleich von sich selbst“ (Charm, 166 c). Mit dieser Unterscheidung macht Platon den entscheidenden Schritt zur Bewußtseinstheorie im modernen Sinn. Erkenntnis/Wissen sind nicht mehr ausschließlich auf einen dem Erkennenden/Wissenden äußeren Objektbereich gerichtet; vielmehr gerät der Erkennende/Wissende selbst in den Blick seines Erkenntnis-/Wissensaktes. So formuliert Platon als Definition der Besonnenheit: „Das also ist Besonnensein und die Besonnenheit und die Selbsterkenntnis: zu wissen, was man weiß und was man nicht weiß“ (Charm, 167 a). In einer anderen Aussage bestimmt er als Fähigkeit des Besonnenen genau die Unterscheidung von Wissen und Nicht-Wissen im Wissensakt (Charm, 167 a). Erkenntnis und Wissen werden von Platon als selbstbezüglich (reflexiv) und objektbezogen in einem verstanden. Mit der Reflexivität des Wissens aber ist eine logische Grundstruktur des Ich-Begriffes entdeckt, insofern als „selbst“ sich nur ansehen kann, wer imstande ist, sich als Wissenden zum ausdrücklichen Gegenstand seiner Erkenntnis zu nehmen. Platon ringt schon am Anfang seines

[60] M. Dessoir (Hrsg.), Die Geschichte der Philosophie, 79–86. J. Speck (Hrsg.), Grundprobleme der großen Philosophen. Philosophie des Altertums und des Mittelalters, Göttingen ²1978, 31–34.

[61] K. Gloy, Platons Phaidon als bewußtseinstheoretischer Dialog, a. a. O., 122.

[62] Dazu: K. Gloy, Platons Theorie der episteme eautes im Charmides als Vorläufer der modernen Selbstbewußtseinstheorien, in: Kant-Studien 77/2 (1986), 137–164.

philosophischen Lehrens einer alten mythischen Forderung, dem delphischen „Erkenne dich selbst“, eine neue Dimension ab, die selbstmächtige und im Sinne der „Episteme“ verantwortete Reflexivität des Menschen.

Den reflexiven Zug des Wissens baut Platon in der Wissenslehre der ›Politeia‹ (Pol) weiter aus. Denn noch kann die reflexive Erkenntnis objektivistisch mißverstanden werden, als ob das erkennende Subjekt im Erkenntnisakt einem unabhängigen objektiven Erkenntnisbereich gegenübertrete. Wie aber kommt das Subjekt über sich zum Bereich der Objekte hinaus? Allein die Fragestellung drängt in eine Antwort im Sinne der aristotelischen strukturellen Angleichung von Subjekt und Objekt. Platon dagegen zeigt im wissenstheoretischen Teil der ›Politeia‹ eine andere Lösung des Problems: Nicht nur das konkret erkennende Subjekt und die Gegenstandswelt sind reflexiv zueinander, sondern die Struktur der Reflexivität selbst ist als Grundstruktur der Wirklichkeit anzusehen: „Das ist es also, was dem Erkannten Wahrheit verleiht und dem Erkennenden das Vermögen (des Erkennens) gibt: verkünde es nur, das sei die Idee des Guten. Denke sie dir als Ursache des Wissens und der Wahrheit, die wir erkennen“ (Pol, 508 c). Daß die Wahrheit nicht als Wesensqualifikation mißverstanden werden darf, belegen Platons Überlegungen zur Dialektik als Reflexionsform. Denn im Gang der Dialektik entfaltet sich der logische Zusammenhang von Wissen und Wahrheit im konsequenten Aufsteigen des Logos, der Vernunft, von der konkreten Erkenntnis zum höchsten Erkenntnisprinzip und in dessen – bei Platon lediglich sporadisch durchgeführtem[63] – Absteigen von der Einsicht in die höchste Idee zur konkreten Erkenntnis im Sinne des Verhältnisses von Urbild (Idee als Form) und Abbild (konkretes Objekt).[64] Aus diesem entfalteten Zu-

[63] Zur Problematik der „Assymetrie von Aufstieg und Abstieg“ vgl.: Platon – Begriffslexikon, hrsg. von O. Gigon u. a., Zürich/München 1974, 59–63. Zur Vermutung, daß der Abstieg in der verloren gegangenen Schrift ›Über das Gute‹ enthalten gewesen sei, vgl.: E. Berti, Eine neue Rekonstruktion der Ungeschriebenen Lehre Platons, in: J. Wippern (Hrsg.), Das Problem der ungeschriebenen Lehre Platons, Darmstadt 1972, 247 f.

[64] Platon, Pol, 511 bc: „Es ist das, was die vernünftige Rede (Logos) selbst mit dem Vermögen der Auseinandersetzung (Dialektik) anrührt. Sie verwendet die Voraussetzungen nicht als Anfänge, sondern wirklich nur als Unterlagen, gleichsam als Stufen und Ansätze, um bis zum Voraussetzungslosen, zum Anfang des Alls vorzudringen, ihn anzurühren und dann

sammenhang heraus entspringt die Reflexivität seiner Glieder in sich und aufeinander. Sie ist also bei Platon unlösbar vom Kontext der Wissenslehre zu denken und verweist immer auf eine dem analytischen Wissen vorgegebene Synthese.[65]

Sieht man die Reflexivität des Wissens bei Platon in diesem Licht, dann bleibt festzustellen: Platon entwickelt im Begriff der Selbsterkenntnis, die in engem Zusammenhang mit dem im ›Phaidon‹ dargelegten Begriff der „Seele" (psyche) steht, implizit den Begriff des Subjekts, das in seinem Reflexionsakt die Anschauung seiner selbst als Bedingung der Anschauung von Objekten setzt. In der „Rückbezüglichkeit des Selbstbezuges",[66] dem Begriff der bewußtseinstheoretischen Subjektivität, ist die zentrale Struktur des Ich-Begriffes in theoretischer Hinsicht gewonnen.

2.3.2 Die Praxis des Subjekts bei Platon

Den thematischen Ursprung der Subjektivität lieferte im Dialog ›Charmides‹ die These, daß Handeln Wissen voraussetze. Platon beabsichtigte, mit dieser These ein praktisches Problem zu klären, nämlich die Verantwortung des Handelnden für sein Tun. Diese zu übernehmen, ist nur möglich, wenn sich der Handelnde selbst zusammen mit seinem Tun in das Wissen miteinbezieht. Durch die Reflexivität seines Wissens bedingt kommt der Handelnde zur Einsicht in die theoretischen Prinzipien, die die Normen für die Beurteilung seines Handelns hervorbringen. Im ›Phaidon‹ (Phaid) spricht Platon – wie schon erwähnt – das Vermögen der Reflexivität als „Seele" an, die zu Betrachtungen „durch sich selbst" (Phaid,

wieder, im Anschluß an das, was von ihm ausgeht, zum Ende herabzusteigen." Vgl. zur Wissenslehre Platons: P. Natorp, Platons Ideenlehre. Eine Einführung in den Idealismus, 185–201; W. Beierwaltes, Identität und Differenz, Frankfurt a. M. 1980, 9–23.

65 In diesen Zusammenhang gehört die Anamnesislehre des ›Menon-Dialoges‹ (Menon, 80 d ff.) und des ›Phaidon‹ (75 e ff.). Dazu: F. Bader, Die Bedingungen der Möglichkeit eines philosophischen Gottesargumentes bei Platon, Aristoteles und Anselm, in: R. M. Hübner u. a., Der Dienst des Menschen in Theologie und Verkündigung, Regensburg 1981, 70–72. C. Riedel, Apriori: Wörterbuch des Christentums, 84–85.

66 W. Schulz, Ich und Welt. Philosophie der Subjektivität, Pfullingen 1979, 260.

79 d) befähigt ist. Ähnlich wie in der ›Politeia‹ verweist Platon auch hier auf den Zusammenhang von Subjektivität und Wahrheit hin, der die reale Qualität der Erkenntnis konstituiert, da sich erst durch diesen Zusammenhang die Erkenntnis als solche bewährt. Damit aber entsteht das systematische Problem der konkreten denkerischen Entfaltung dieses Zusammenhangs von Subjektivität und Wahrheit. Für die Belange des Ich-Gedankens bedeutet das: Wie konkretisiert sich die logische Struktur der Subjektivität zum Selbstbewußtsein, in welchem sich der einzelne als Ich bestimmt?

Hier nun offenbart sich die Unvollständigkeit der platonischen Bewußtseinstheorie. Klassisch drückt sich das in einer Phaidonstelle aus, wenn Platon sagt, „daß dem Göttlichen, dem Unsterblichen, durch Vernunft Erkennbaren, dem Eingestaltigen, dem Unauflöslichen und dem, das stets unveränderlich sich selber gleichbleibt, die Seele am ähnlichsten ist, daß aber dem Menschlichen und Sterblichen und Vielgestaltigen und durch Vernunft nicht Erkennbaren, dem Auflösbaren und dem, das nie sich selber gleichbleibt, wiederum der Leib am ähnlichsten ist" (Phaid, 80 ab). Unvermittelt stehen Seele als rationales Vermögen und der Leib als nicht-rationale, materielle (nicht natürliche!) Komponente einander gegenüber. Insofern der Leib sich der vernünftigen Erkenntnis widersetzt, haftet an ihm der Makel des Sinnlichen, Täuschenden. Platon spricht damit keine ethische Wertung aus, sondern trifft zunächst nur eine erkenntnistheoretische Feststellung: Die Materialität des Leibes wie des gesamten Kosmos ist Gegenstand der sinnlichen Wahrnehmung, die sich noch nicht theoretisch-reflexiv ihrer eigenen Bedingungen versichert hat; deswegen bleibt diese Wahrnehmung ungeprüft, flüchtig und unterliegt der Gefahr der Täuschung.[67] Mit der Flüchtigkeit der Wahrnehmung der Materialität hängt aber – und hier schlagen die Überlegungen ins Ethische um – der Reiz des Materiellen zusammen, der den Menschen hindert, sich zur Reflexion zu erheben (Phaid, 66 b–e). Insofern ist der Leib der Kerker der Seele. Anzustreben also ist Abwendung des Menschen vom rein Materiellen hin zur reinen Betrachtung, wie Platon sie im Höhlengleichnis der ›Politeia‹ (514 a–517 a) vorlegt.

Aus dem Vorangegangenen ergibt sich nun, daß Platon in der Spannung zwischen der Materialität und der Vernünftigkeit (sophrosyne, logos, nous, episteme) das den Menschen Bestimmende

[67] Vgl. dazu Platons Ausführungen zum Verhältnis des philosophisch und des rein sinnlich Erkannten: Phaid 80 e–84 b.

sieht. Indem die Subjektivität nicht für sich (per se) genommen, sondern leibhaft existiert, ist der Mensch dadurch imstande, zwischen dem Guten und dem Bösen zu entscheiden. Unter diesen Voraussetzungen ist „das Negative ... einfach dasjenige ..., das nicht so ist, wie es in Entsprechung zur Kosmosordnung sein sollte. Im Fortgang der Argumentation ist dann ... alles sinnlich Wahrnehmbare das Negative, weil es notwendig hinter seinem Urbild (Idee) zurückbleibt".[68] Diese Negativität eignet dem Menschen trotz seiner Subjektivität, die dem Leibhaften nicht entsagen kann, ohne sich der Praxis und darin dem tugendhaften Leben zu verweigern. Verweigerung aber ist im Blick auf Platons staatstheoretisches Interesse, das immer auf die Praxis in der Polisgemeinschaft orientiert ist, unmöglich. Denn gerade die Polis, als gesellschaftlicher Raum des Menschen, ermöglicht die Bewährung und darin die Subjekt-Werdung des Menschen.

In diesen Überlegungen verabschiedet Platon die methodische Reflexion zugunsten der mythischen Erzählung.[69] Bedeutsam ist dabei die Verlagerung des Negativen von der kosmischen Ebene hin auf den einzelnen, dessen Seele die Möglichkeit der Entscheidung dadurch erlangt, daß sie als leibhafte Existenz sowohl am Materiell-Kosmischen wie am Logisch-Vernünftigen teilhat.[70] So entsteht langsam bei Platon ein Gedanke, der dem Ich-Begriff wesentlich zugehört, der der Freiheit. Sie ist in der ›Politeia‹ noch Wahlfreiheit,[71] die in Platons Werk ›Nomoi‹ aber in die politisch-kosmische Dimension gehoben wird: „Das freie Handeln des Menschen erscheint letzten Endes als notwendige Bedingung kosmischer Schönheit, weil gerade die Freiheit die Schönheit mit den Moralgesetzen verknüpft und weil Freiheit dazu in die schöne Ordnung ein Element

[68] C. F. Geyer, Leid und Böses in philosophischen Deutungen, 52f.

[69] Platon entwickelt den Gedanken der Bewährung der Seele durch das Leben hindurch in drei Mythen: Politeia (614b–621d), Timaios (29d–30b), Gorgias (523a–524a). Dazu: C. F. Geyer, Einführung in die Philosophie der Antike, 47–51. Ders., Zur Nähe klassischer und moderner Theodizeeversuche zum mythischen Denken. Platon – Leibniz – Horkheimer, in: Franzisk. Stud. 57 (1975), 196–229.

[70] Dazu: E. Cassirer, Individuum und Kosmos in der Philosophie der Renaissance, Darmstadt ^{5}1977, 132f.

[71] Pol, 617d: „Die Tüchtigkeit aber ist keinem Herren zu eigen; je nachdem ein jeder sie ehrt oder gering achtet, erhält er mehr oder weniger von ihr. Schuld hat, wer gewählt hat; Gott ist schuldlos."

der Überraschung, der Individualität, des Unvorhersehbaren und Abenteuerlichen hineinträgt."[72] Platon formt also – wenn auch nicht ausdrücklich – so doch intensiv am Begriff des Subjekts. Er konkretisiert die Struktur der Subjektivität durch den Gedanken der verantwortlichen Praxis. Dadurch tritt der einzelne Mensch in der Spannung von Seelenvermögen und Leibhaftigkeit in das Handlungsgefüge der Polisgemeinschaft ein, in dem sich seine Freiheit der Entscheidung zwischen dem Guten, das die Angleichung des Lebens an die Idee fördert, und dem Bösen, das diese behindert, aktualisiert. So konstituiert sich am Begriff der „Seele als Prinzip der Subjektivität"[73] der Begriff des Menschen als einzelnem Subjekt heraus, das sich in freiem Handeln verwirklicht. Der Begriff der Freiheit aber sollte in der Platon nachfolgenden Philosophie vor allem dort, wo sie dem Christentum begegnet, zur Untersuchung eines anderen Systemmomentes beitragen, zur Analyse des Willensvermögens.

2.3.3 Die Gestaltung der Andersheit im Neuplatonismus

Die philosophische Tradition, die sich nicht nur nominell, sondern in der Form und den Grundlagen des Denkens an Platon anschließt, gewinnt erst wieder mit Plotin Kontur, der sich in seinen Überlegungen zur Systematik des Einen und seiner Entfaltung im Vielen ausdrücklich auf ihn bezieht. Mit Plotin gewinnt der sog. Neuplatonismus, der sich im mystischen Denken des Mittelalters, in der Renaissance (Florentiner Akademie), vor allem auf die als Deutscher Idealismus bekannte Epoche auswirkte, seine systematische Form. Die Bedeutung Plotins und mit ihm zusammen des anderen herausragenden Philosophen Proklos erkannte erst wieder Hegel. Er sieht im neuplatonischen Denken „die Welt des Gedankens gleichsam konsolidiert" und als „Ganze in den Geist erhoben".[74] Das Selbstverständnis des Geistes ist denn auch eine zentrale Frage Plotins. Durch seine strenge, nur in der Negation der

[72] A.L. Dobrochatov, Heraklit-Fragment B 52, in: N.V. Motrosilova (Hrsg.), Studien zur Geschichte der westlichen Philosophie. Elf Arbeiten junger sowjetischer Autoren, Frankfurt a.M. 1986, 62.

[73] E. Cassirer, Individuum und Kosmos in der Philosophie der Renaissance, 133.

[74] G.W.F. Hegel, Vorlesung über die Geschichte II (ed. E. Moldenhauer, K.M. Michel), Frankfurt a.M. 1977 (Werke 19), 487.

aussagenden Vernunft annäherbare Fassung des absoluten und ersten Prinzips, des Einen (hen), entsteht das Problem des Übergangs des Einen zur Vielheit und deren Begründung aus dem Übergang. Bereits Platon hatte in seiner Wissenslehre im aufsteigenden und absteigenden Gang der Vernunftreflexion[75] versucht, den Zusammenhang des Ersten Prinzips mit der Vernunft und dem Kosmos zu denken. Platon entwickelt den Begriff der Reflexivität der Vernunft, die als Subjekt (psyche) sowohl am Absoluten wie am Materiellen teilhat. Für Plotin verschärft sich die Frage nach der Möglichkeit, einen solchen Zusammenhang zu denken, deshalb, weil er das Eine (hen oder hyperhen) absolut jenseitig und der Reflexion, die ihren Gehalt positiv bestimmt, verschlossen nimmt. Dem Einen entspringt, ohne seine Innerlichkeit zu bedrohen, das Viele, welches sich vom Einen radikal unterscheidet.[76] In der Konstitution des Vielen nun legt Plotin eine eigene Fassung des Subjekt-Gedankens vor.

Die Vielheit, die als Differenz zum Einen ist, wäre diese Differenz nicht, wenn sie sich nicht als solche zu bestimmen vermöchte. Infolgedessen konstituiert sich die Andersheit gegenüber dem Einen in der Form der Selbstbestimmung, der Vernunft (nous). „Der Akt der Selbstkonstitution des Geistes ist also identisch damit, daß das differenzlose Eine zu einem sich selbst gegenständigen, sich durch Reflexion auf seinen Ursprung zurückbeziehenden Einen ‚geworden' ist. Während das Eine selbst reflexionslos in sich selbst ist, ist der Geist das sich selbst reflektierende, durch Reflexion sich selbst bestimmende Eine. Dies aber geschieht im Medium der Vielheit oder des Sich-Selbst-Anders-Gewordenseins."[77] Hier erscheint die Vernunft reflexiv gefaßt. Damit ist der Weg vorgegeben, durch den sich die Vernunft als Reflexivität weiterbestimmen kann. Nicht die Auseinandersetzung mit der materiellen Welt der Sinne, sondern die Durchdringung der inneren Struktur des eigenen Selbst führt die Vernunft zur Entdeckung der Subjektivität. Plotin greift im Begriff dafür der philosophischen Entwicklung des Ich-Gedankens weit vor. Er spricht vom „inneren Menschen",[78] dem das Verständnis

[75] Vgl. Pol, 511 bc. Siehe Anm. 64 in diesem Kapitel.

[76] Philosophisch knapp erläutert ist dieser Übergang bei: W. Beierwaltes, Identität und Differenz, 25–36.

[77] W. Beierwaltes, Identität und Differenz, 29.

[78] Enneade V 1, 10: „ich meine nicht in uns als Sinnendingen, denn jene Prinzipien [Seiendes, Geist, Seele, C. R.] sind transzendent, sondern in uns sofern wir außerhalb des Sinnlichen sind, ‚außerhalb' in dem Sinne wie jene

seiner selbst (synaisthesis hautou) und die Einsicht seiner selbst (synesis hautes) eignet.[79] Wenn die Vernunft zur Innenansicht ihrer selbst gelangt, d.h. sich von der Andersheit des Materiellen befreit, dann konstituiert sich das Selbst (tautotes)[80] als die reflexive Einheit der Vernunft im Vergleich zur ursprünglichen des Einen. Dieser Rückzug aus der materiellen Vielheit in die reflexive Einheit der Subjektivität ist nun – wie Beierwaltes betont – nicht als „Entindividualisierung" zu verstehen; „vielmehr führt sie gerade auf das eigentliche Selbst des Menschen".[81] Ergreift sich dieses Selbst nun als Bewußtseinseinheit, gewinnt es Leben, das „sich mit dem Niederen mischt", zugleich aber auch „die ursprüngliche Lebensform wieder"[82] aufzunehmen imstande ist. In der Selbstkonstitution des Menschen gerät dieser vor eine Spaltung, die schon aus der Philosophie Platons bekannt ist: der geistige Mensch verwirklicht sich auch leibhaft. Prinzip dieser Verleiblichung bei Plotin ist die Seele, die „zugleich ‚Einheit und Vielheit'" ist und sich im „Mittelpunkt jedes Einzelnen"[83] findet.

Was ist bislang erreicht? Plotin versteht die Vernunft des Menschen energisch als Bewußtseinseinheit, der ein inneres Selbst eignet. Diese Verbindung von Bewußtseinseinheit und Selbst führt sehr nahe an den Begriff des Selbstbewußtseins heran, der bestimmten Subjektivität.[84] In der subjektiven Selbstkonstitution der Vernunft entdeckt sich die Seele als Prinzip sowohl des rationalen wie auch des leibhaften Lebens. Plotin denkt die Übergänge der Entfaltungen der Vielheit erheblich differenzierter als hier darge-

oberen Wesenheiten außerhalb des Weltalls sind; so ist es, auch beim Menschen, in dem Sinne wie Platon vom ‚inneren' Menschen [ho eiso anthropos] spricht." Übersetzung nach R. Harder, Plotins Schriften, Bd. 1, Hamburg 1956.

79 Plotin, Enneade V 8, 11.

80 In der Enneade V 1, 4 bestimmt Plotin das Selbst (tautotes) als „mit sich selbst eines" sein.

81 W. Beierwaltes, Identität und Differenz, 35.

82 Plotin, Enneade IV, 7, 9.

83 Plotin, Enneade IV, 2, 2.

84 Natorp sieht diese Einheit als reflexe Einheit der Ideenwelt, welche selbst Idee ist und so als „Selbstbewußtsein" angesprochen werden kann. Insofern dieses Einheitswissen der Totalität der Ideen ist und als einzelne Idee existiert, glaubt er sagen zu können, „daß die Idee ein Individuum ... jedenfalls bedeuten will". P. Natorp, Platons Ideenlehre. Eine Einführung in den Idealismus, 500–502.

stellt, so daß die Prinzipien Vernunft (nous) und Seele (psyche) nur durch zahlreiche andere Ordnungsstufen vermittelt mit den materiell-leibhaften Momenten der menschlichen Existenz zusammenhängen. Eine der Zwischenstufen verdient für die Entwicklung des Ich-Gedankens besondere Beachtung.

Erinnern wir uns an Platon: Er leistet den Übergang von der logischen zur existentiellen Ebene der Subjektivität – anders gesagt: die Konkretion der Struktur Subjektivität im einzelnen Subjekt – über die Teilhabe der Seele an der Vernunftordnung wie am materiellen Kosmos. Durch diese Zwischenstellung der Seele gerät der Mensch vor die Entscheidung gegenüber dem Guten und dem Bösen, wenn er handeln will oder soll. In der Praxis übernimmt er also Verantwortung, insofern er selbst die Möglichkeit zur Negativität hat und damit die mythische Schicksalsordnung durchbricht. Solche Selbstbestimmung gegenüber dem Bösen spezifiziert die logische Struktur der Subjektivität zum selbstbestimmten, seine prinzipiellen Möglichkeiten aktuierenden Subjekt. Plotin nun verläßt entschiedener als Platon den logischen Raum, in dem das platonische Subjekt agiert. Er entdeckt am Übergang zur Materialität der Seele die Bedingungen schlechthin, unter der sich reale Handlung vollzieht, die Zeit nämlich. Seele ist ja Lebensprinzip und muß als solches konkret bestimmbar sein. Diese Bestimmbarkeit sieht Plotin in der Tätigkeit der Seele, die „in Nachahmung der geistigen die sinnenfällige Welt schuf".[85] In dieses Welt-Bild bezog die Seele auch die Ewigkeit ein, die sie in die Zeit hinein abbildete. „Denn indem die Seele ihre Tätigkeit als immer wieder andere nacheinander gewährt, erzeugte sie zusammen mit ihrer Tätigkeit das Nacheinander und mit hervor ging mit dem immer verschiedenen Denken das, was vorher noch nicht war, da weder das Denken in Tätigkeit war, noch das jetzige Leben dem vor ihm ähnlich war. ... Das Auseinandertreten des Lebens nämlich nahm die Zeit ein."[86] Mit der Einführung der Zeit als der Ordnung des Nacheinander im Gegensatz zur Vernunftordnung des Miteinander (Synthesis) wird die Struktur der Subjektivität aus ihrer rein logischen Sphäre in die konkrete Vielheit hineingestoßen. Das Viele ist nun nicht mehr nur Differenzierung des Gedankens, sondern realer Unterschied einzelner Weltmomente voneinander so, daß diese in der Zeitordnung nacheinander und in-

[85] Plotin, Enneade III, 7, 11. Diese Enneade wird zitiert in der Übersetzung von W. Beierwaltes, Über Ewigkeit und Zeit, Frankfurt a. M. ^{3}1981.
[86] Plotin, Enneade III, 7, 11.

nerlich begrenzt dastehen. Durch derartige Geschiedenheit voneinander vollziehen sich die Weltmomente in der Zeit in einem grundsätzlich anderen Modus als die Vernunft, wenn sie auch durch ihre Bildhaftigkeit der Vernunft begreifbar bleiben. Beierwaltes drückt dies so aus: „Die Welt, die durch ihre Zeitlichkeit ‚Ort der Unähnlichkeit' in sich selbst und zu ihrem Ursprung ist, wird durch das Gefälle der Seinsminderung für die Seele Anlaß der Selbstentfremdung, da sie sich in das zeitliche und räumliche Nacheinander und Auseinander zerstreut, indem sie dieses in der Selbstzeitigung gründet."[87] Die Aktivität der Seele gewinnt durch die Verzeitlichung existentielle Wirksamkeit und äußert sich in der realen, sinnlichen Welt, die sich gerade durch ihre raum-zeitliche Ordnung vom logisch-vernünftigen Bereich des Geistes unterscheidet. Plotin schafft mit diesem Gedankengang eine über Platon hinausgehende Präzisierung des Subjektbegriffes, indem er mit der Zeitbestimmung die Grundlage für die reale Selbstabgrenzung des Subjektes von anderen Subjekten schafft. Bewußtsein von sich selbst haben, bedeutet plotinisch, sich selbst zu einem Zeitpunkt als Materialität wissen. So handle ich dann auch nicht nur im prinzipiellen Sinn der Entscheidung, sondern löse durch mein Handeln Folgen für den Weltpunkt aus, an dem ich lebe. Leben ist also nicht mehr nur ein prinzipieller, sondern eine Reihe höchst existentieller Akte, aus denen sich langsam meine Individualität herausschält. Insofern sieht Bloch richtig; denn „erst durch Plotin wurde etwas entdeckt, was uns recht selbstverständlich erscheint, nämlich Selbstbewußtsein",[88] für das nach Bloch „reale Tätigkeit" eine wesentliche Bedingung ist.[89] Vergessen darf man freilich dabei nicht, daß Plotin diese Verstrickung in die Welt als Entfremdung der Vernunft und der Seele von ihrem Ursprung sieht, der die Idee des Einen ist, und daß der „Rückgang in die Innerlichkeit"[90] als dem Bereich des Ursprünglichen der Auftrag des Menschen bleibt.

Festzuhalten ist, daß die Reflexion auf die Zeit als der Bedingung der Unterscheidbarkeit einzelner Weltmomente die Fassung der Seele als bestimmbares Leben ermöglicht. Weil deswegen dieselbe sich als einzelnes Subjekt und als Individuum innerhalb einer raum-

[87] W. Beierwaltes, Ewigkeit und Zeit, 65.

[88] E. Bloch, Antike Philosophie, 502.

[89] E. Bloch, Subjekt – Objekt. Erläuterungen zu Hegel, Frankfurt a. M. 1985, 224 f., 419–441.

[90] W. Beierwaltes, Platonismus und Idealismus, Frankfurt a. M. 1972, 93.

zeitlichen Welt versteht, wird in Plotins Zeitlehre der Ich-Gedanke grundgelegt. Stenzel konstatiert denn auch, daß bei Plotin der Begriff „Ich“ (ego) zum ersten Mal in der Geschichte der Philosophie auftrete.[91] In der Renaissance erinnert man sich vor allem in der Florentiner Akademie der plotinischen Leistungen für den philosophischen Ich-Gedanken.

Der letzte bedeutende Systematiker des Neuplatonismus, Proklos, präzisierte den Übergang vom Einen zu seinem idealen Abbild, der Vernunft, hin zum Prinzip der Weltgestaltung, der Seele, in anderer Richtung.[92] Dazu nur eine knappe Bemerkung: Proklos entzieht den Akt der Selbstreflexivität der Vernunft völlig der konkreten Realität und nimmt ihn in die einende Schau (henosis) Gottes hinein, in der die Vernunft ihrer Ähnlichkeit (homoiosis) mit dem Lebensakt Gottes bewußt wird. „In diesem Akt der Selbstvergewisserung des Denkens zeigt sich ihm sein Selbst als relationale, dynamische Einheit von Denken und Sein“,[93] die sich nur von ihrem Ursprung her und nicht wie bei Plotin auch von den tieferen Gestaltungen der Vielheit her bestimmt. Verändert gegenüber Plotin hat sich der Aktbegriff des Selbst, in welchem bei Proklos Ursprung, Entfaltung und Reflexion dynamisch gefaßt sind.[94] Dadurch verläßt die Struktur der Subjektivität die Ebene logischer Statik, welcher Gedanke den späten Platonismus dem Christentum vermittelbar macht; denn die Dynamik der Subjektivität wird ineins mit der durch Plotin eröffneten Zeitdimension den Begriff des personalen Subjektes für Denker wie Marius Victorinus[95] und Augustinus[96] ermöglichen.[97]

[91] J. Stenzel, Zur Entwicklung des Geistbegriffes in der griechischen Philosophie, a. a. O., 216. Leider fehlt bei Stenzel der Stellennachweis. Ich konnte diese Stelle nicht entdecken.

[92] Zur Philosophie des Proklos: W. Beierwaltes, Proklos. Grundzüge seiner Metaphysik, Frankfurt a. M. ²1979. Die Grundzüge der proklischen Philosophie auch nur annähernd darzustellen, sprengte vom Umfang und von der Kompliziertheit her den Rahmen dieser Grundzüge.

[93] W. Beierwaltes, Proklos. Grundzüge seiner Metaphysik, 368.

[94] W. Beierwaltes, Proklos. Grundzüge seiner Metaphysik, 382. Vgl. auch ders., Platonismus und Idealismus, 169.

[95] Marius Victorinus, Christlicher Platonismus (ed. P. Hadot), Zürich/Stuttgart 1967, 87–95.

[96] Zur Bezugnahme von Augustinus auf den Neuplatonismus: Aurelius Augustinus, Confessiones (ed. J. Bernhardt), München ⁴1980, VII, 9, 13 f.

[97] W. Beierwaltes, Proklos. Grundzüge seiner Metaphysik, 143–145.

Die platonische Philosophie leistet – aufs Ganze gesehen – gegenüber dem Denken vor Sokrates wichtige Schritte hin zum Begriff des Subjekts. An ihrem Rand lassen sich sogar die Konturen des Individualitätsbegriffes erahnen. Mit der Entwicklung der Reflexivität der Vernunft ebnet Platon den Weg zur logischen Struktur der Subjektivität, die Kant als die Form des Ich-Aktes bestimmen wird. Durch die Aufnahme der Entscheidungsfreiheit in den Begriff der rationalen wie materialen Seele und die plotinischen Überlegungen zur Zeitdimension des Lebensaktes der Seele werden wesentliche Bedingungen für das Verständnis des eigenständigen Subjekts geschaffen. Dieses vollzieht sich als Selbstbewußtsein, das bei Proklos bereits einen dynamischen Akzent erhält. Die Selbstbestimmung des Menschen gegenüber dem mythischen und später wissenschaftlich erkannten Kosmos tritt in den Hintergrund. Auch die Praxisrelevanz der subjektiven Struktur des Menschen, wie sie sicher durch die Sophisten angeregt Platon diskutiert, ist spätestens seit Plotin zugunsten des theoretischen Interesses an der Subjektivität verabschiedet. Damit verebbt aber auch eine Woge früher Aufklärung; bezeichnend dafür ist die sich verstärkende mystische Tendenz und die Orientierung an den Mysterienkulten in der spätantiken Geisteswelt.

2.4 Die Wendung zur Individualität

Hinter dem Schlagwort von der antiken Philosophie verbirgt sich eine vielschichtige, etwa tausendjährige Entwicklung des ausdrücklichen Denkens, das sich langsam seiner mythischen Gestalt entwöhnt und vor sich selbst geratend die Reflexivität des Denkaktes entdeckt. Darin besteht nun in ausgezeichnetem Sinn das Verdienst der platonischen Form des Philosophierens, die Reflexivität kultiviert und in ihr im Gedanken der Subjektivität die Tendenz zur Systematik des Ich-Begriffes befestigt zu haben. Selbstverständlich gab es nicht nur diese eine Möglichkeit, zu einer im Wissen gedeuteten Weltsicht und darin zu einer Anschauung der Vernunft zu kommen. Die platonische Tradition veränderte ja die kosmologisch orientierte Fragestellung der vorsokratischen Philosophen nachdrücklich, indem sie die Spannung zwischen der deutenden Vernunft und deren Deutungsraum, dem Natur-Kosmos, zugunsten des Logos-Prinzips gewichtete. Aristoteles, der Schüler Platons, aber greift anders in die Entwicklung des Ich-Gedankens ein. Und die stoische Philosophie entwirft einen eigenständigen Weg, der aus der Richtung hin zur Individualität nicht mehr abzubringen ist. Davon wird die Renaissance sich in der Selbstbestimmung des Menschen als Individuum anregen lassen.

2.4.1 Das Prinzip der Individuation nach Aristoteles

Bei Aristoteles verstärkt sich das heuristische Problem, das sich bei der Darstellung des Ich-Gedankens in der griechischen Philosophie grundsätzlich stellt: Nirgends ist der Begriff des Ich explizit Thema der Reflexion, weil dafür das Interesse der Denker noch zu sehr an der allgemeinen Prinzipienebene haftet. Man will die prinzipielle Struktur der Welt im Zusammenhang mit einem absoluten ersten Prinzip erarbeiten, um die Welt-Wirklichkeit zuverlässig deuten zu können. Dieses Konzept wurde aus der mythischen Phase des griechischen Weltverständnisses übernommen, in der das prädeliberative Schicksal (moira), dem auch die Götter unterworfen sind, und das Geschick des einzelnen (heimarmene), an dem die Götter und der jeweilige Mensch handeln, den Kontext für dessen Selbstverständnis liefern.[98] Insofern geht es auch in der Philosophie der Griechen immer um „Totalitätskonzepte“,[99] innerhalb derer Selbstverstehen und gerechtfertigtes Wissen erst möglich wird; das Wahre erscheint als das Ganze. Schon dadurch liegt das Hauptaugenmerk nicht auf dem Subjektiven und Individuellen, auch wenn dieses seiner logischen Struktur nach auftaucht.

Aristoteles nun setzt die Totalität in die Stelle des Objekts ein. Er findet so einen strukturellen Zusammenhang zwischen der Wirklichkeit und dem Denken, der allein das Wahrheitsurteil für das Denken ermöglichen soll. Es geht also in der aristotelischen Philosophie nicht darum, die Subjektivität in ihrer Beziehung zur Wirklichkeit zu durchdringen; vielmehr wird der Bau der Wirklichkeit untersucht, um daraus Aufschlüsse über die objektiven Bedingungen des Erkenntnisaktes zu finden.[100] Für die Entwicklung des Subjekt-Begriffes ist also bei Aristoteles nicht viel zu erwarten.

[98] E. Bloch, Antike Philosophie, 319f.

[99] C. F. Geyer, Einführung in die Philosophie der Antike, 173ff.

[100] Vgl. dazu: W. Schulz, Philosophie in der veränderten Welt, Pfullingen 1976, 345–348. Ders., Ich und Welt. Philosophie der Subjektivität, 212–217.

Dafür aber greift er ein Thema auf, das Platon durch sein Interesse an der Subjektivität verstellt war: Aristoteles entdeckt die objektive Seite der Subjektivität,[101] nämlich die Entwicklung des Selbstbezuges, in deren Verlauf eine „scharfe Differenz von Seele und Vernunft im Menschen"[102] angesetzt wird. In den Formen des Selbstbezuges der Seele (psyche), die zugleich der Stufung der natürlichen Ordnung entsprechen, spiegelt sich die zunehmende Tendenz zur Individuation, d.h. der Bestimmtheit der Form durch die Materie, wieder: „Denn die Erfüllung eines jeden Dinges pflegt in dem der Möglichkeit nach Bestehenden und der zugehörigen Materie innezuwohnen."[103] Die Entelechie der Seele ist die objektive Struktur, an der sich die Stufe der Individuation ablesen läßt. In dem Maße, in dem die Seele (eidos) sich selbst ihrer Wesenheit vergewissert, verwirklicht sich ihr Selbstbezug, der schließlich zur Geistform der Materie wird. Durch sie organisiert sich die Materie zur Einheit des Vernunftwesens.[104]

In der Vernunft – das weist Aristoteles den Weg zur Spitze seiner Metaphysik[105] – eröffnet sich ein prinzipielles Verhältnis zwischen der Einzelexistenz und dem Allgemeinen, was als – für Aristoteles allerdings unzulässige – Verdoppelung des Verhältnisses zwischen der Geistform und dem materiellen Körper anzusehen wäre. „Der Mensch im allgemeinen ist zwar Prinzip des Menschen, aber es gibt keinen Menschen im allgemeinen."[106] Das Problem der Individualität läßt sich folglich nicht allein durch die Logik der Subjektivität lösen, insofern Individualität die Ebene des Konkret-Ontischen miteinbezieht, die nicht einfach eine Abbildung der logischen Verhältnisse sein kann.

Nun ist die Vernunft als die Geistform des Körpers nicht allein dadurch bestimmt, daß sie den Körper zum Menschen organisiert. Die

[101] E. Cassirer, Individuum und Kosmos, 133.

[102] W. Schulz, Ich und Welt. Philosophie der Subjektivität, 217. Vgl. auch: W. Windelband, Lehrbuch der Geschichte der Philosopie, Tübingen [17]1980, 128. Aristoteles, Über die Seele (ed. W. Theiler), Berlin [6]1983, II, 2–3.

[103] Aristoteles, Über die Seele, II 414a; auch: ders., Metaphysik (ed. H. Seidl), Hamburg 1980, XII 1069b ff.

[104] Vgl. dazu: W. Windelband, Lehrbuch der Geschichte der Philosophie, 128; auch: W. Schulz, Ich und Welt. Philosopie der Subjektivität, 214–215.

[105] Aristoteles, Metaphysik, XII 1071 a–1073 a.

[106] Aristoteles, Metaphysik, XII 1071 a.

Vernunft selbst verfügt über eine ihr eigene Ausrichtung auf das Prinzip des Intelligiblen: „Sich selbst erkennt die Vernunft in der Ergreifung des Intelligiblen [noeton]; denn intelligibel wird sie selbst, den Gegenstand berührend und erfassend, so daß Vernunft und Intelligibles dasselbe sind. Denn die Vernunft ist das Vermögen für das Intelligible und das Wesen."[107] Die Vernunft hat also ihre eigene Selbstbestimmung, die sie erkennt, wenn sie sich ihres Wesens bewußt wird; das besteht im Vermögen, die Vernunft selbst zu *sein*. Während alle anderen Vermögen durch äußere Prinzipien bestimmt sind, ist die Vernunft durch sich selbst, d. h. durch ihr eigenes Wesen bestimmt. Die Vernunft ist demzufolge ihr eigenes Objekt. „Sich selbst also erkennt die Vernunft, wenn anders sie das Beste ist, und die Vernunfterkenntnis [noesis] ist Erkenntnis ihrer Erkenntnis [noesis noeseos]. Nun haben jedoch offenbar die Wissenschaft und die Sinneswahrnehmung, die Meinung und die Vorstellung immer etwas anderes zum Objekt, sich selbst aber nur nebenbei."[108] Auf ihr Wesen bezogen ist die Vernunftform mit ihrem Gegenstand identisch. Genau dies trifft die Figur der Reflexivität, wie Platon sie erarbeitete. Freilich nimmt Aristoteles anders als Platon die Reflexivität nicht als Subjektivität, insofern die „menschliche Vernunft ... die auf das Zusammengesetzte gerichtet"[109] ist und sich demnach ihr Begriff nicht in der Einheitsfunktion für das Gesamte des Bewußtseins erschöpft. Die Vernunft bleibt sich objektiv. „Der Aristotelische nous, der das Subjekt des reinen Denkens, des Denkens der ‚ewigen Wahrheiten' ist, ist ebenso ein objektives ‚Geistwesen', wie die Seele als Form des organischen Körpers ein Naturwesen ist. Wie diese bewegende Kraft ist, so ist er denkende Kraft, die von außen her (thyraten) in den Menschen eintritt."[110] Vernunft verwirklicht sich im konkreten Sein des Individuums, innerhalb der Grenzen der materiellen Bestimmtheit. Ihre Tendenz zum Allgemeinen drückt sich im Streben zum Guten aus, welches die Vernunft bestimmt. Durch das Streben, das Gute in der vernünftigen Tätigkeit verwirklichen, drängt sie auf die konkrete Realisierung des Allgemeinen zurück.

So entfaltet Aristoteles eine andere wichtige Komponente des Ich-Gedankens, das Willensmoment. Der Wille vermittelt die Ver-

[107] Aristoteles, Metaphysik, XII 1072 b; vgl. auch: ebd., XII 1074 b.
[108] Aristoteles, Metaphysik, XII 1074 b.
[109] Aristoteles, Metaphysik, XII 1075 a.
[110] E. Cassirer, Individuum und Kosmos, 133.

nunfterkenntnis mit ihrer Verwirklichung im Handeln, indem im Willen der Übergang von der theoretischen Reflexivität zur praktischen Bestimmung geleistet wird. „Das Gute und Schlechte im Bereich der theoretischen Vernunft, die nicht handelt und nicht hervorbringt, ist das Wahre und das Falsche. Denn dies ist die Leistung jeder Vernunft. Der praktischen Vernunft dagegen kommt im besonderen die Wahrheit zu, die mit dem rechten Streben übereinstimmt. Prinzip des Handelns als Ursprung der Bewegung (nicht als Zweck) ist der Wille; Prinzip der Willensentscheidung ist das Streben und der Begriff des Zweckes. Darum ist eine Willensentscheidung weder ohne Vernunft noch ohne ethisches Verhalten möglich."[111] Damit nennt Aristoteles eine wichtige Realisationsbedingung der individuellen Vernunft, die durch ihre Existenz unabdingbar praktisch ist. Ohne daß der Mensch die Möglichkeit zur Entscheidung (prohairesis) in Bezug auf eine Zweckordnung hätte, könnte er nicht seiner Entelechie entsprechend, also verantwortlich handeln. Sein gesamtes Tun wie seine Existenz wären allgemein und damit unmöglich. Die prinzipielle Struktur des Vernunftwesens vermag sich ja allein durch die Individuation, d.h. durch die Bestimmung des Allgemeinen zum Einzelnen, zu verwirklichen. Eine derartige Bestimmung kann nicht zur Determination werden, weil die Vernunft sich als Vermögen der Bestimmung gegenüber vielen Zwecken erkennt, wodurch sie verschiedene Realisationsmöglichkeiten erhält. Daß sie faktisch bestimmte Möglichkeiten auswählt, macht ihre Freiheit aus, welche als bedingte willentliche Ungebundenheit anzusehen ist. Bedingt ist der Wille insofern, als er eine Grundtendenz zum Guten hat, wie die Vernunft als Erkenntnisvermögen ihre Tendenz zum Wahren.[112]

Durch die Möglichkeit der Willensentscheidung entsteht die Möglichkeit für individuelle Geschichte. Denn jetzt erst handelt der einzelne in Verantwortung gegenüber dem als Gut erkannten – sei es im ethischen oder im politischen Sinn. Durch seine konkreten Entscheidungen und sein Handeln gestaltet er sein Leben für andere objektiv erfahrbar. Das bedeutet für die Herkunft des Negativen, daß dieses nicht mehr rein metaphysisch und strukturell verankert gesehen wird. Vielmehr wird „eine Bewältigung des Leidens und des

[111] Aristoteles, Nikomachische Ethik (ed. O. Gigon), München 1972, 1139a.

[112] Aristoteles, Nikomachische Ethik, 1139b; auch: Aristoteles, Über die Seele, III 433a.

Bösen ... am ehesten möglich durch das Handeln der Individuen, die die eudaimonia [Lebensglück, C.R.] in ihrer Selbstverwirklichung suchen".[113] Nicht die Subjektivität, sondern die objektive Individualität ist die Bedingung der Geschichtlichkeit des Menschen.

Damit aber ist ein neues Moment in der Philosophie des Ich-Gedankens erreicht: der einzelne tritt konkret als Gestalter der Geschichte in das Blickfeld. Er hat an ihr nicht nur durch die Reflexivität seiner Vernunft in prinzipiellem Sinn Anteil, sondern verwirklicht Geschichte, indem er sich selbst im Streben nach geglücktem Leben verwirklicht. Für Aristoteles stellt sich nicht mehr das Problem Platons, wie der Übergang aus der prinzipiellen Ebene der Subjektivität zu denken sei. Aristoteles untersucht die konkreten Bedingungen des handelnden Individuums und entdeckt als wesentliche Momente der Selbstverwirklichung die Bestimmung der Geistform des Menschen und das praktische Prinzip des Willens. Dadurch wird das Ich bei ihm greifbarer als in der platonischen Tradition.

2.4.2 Das Individuum – eine stoische Grundfigur

Vergegenwärtigen wir uns einen Augenblick lang die historische Lage, in der Platon und Aristoteles ihre philosophischen Systeme entwerfen: Niedergang der athenischen Polis; Aufstieg und Zerfall des Alexander-Reiches. Die gesellschaftlichen Bedingungen der philosophischen Reflexion verändern sich mit dem Zerfall der attischen Demokratie; denn damit löst die Verflechtung des einzelnen mit der Polisgemeinschaft sich auf. Die individuelle Existenz sieht sich verstärkt einerseits den neuen, instabilen Lebensverhältnissen einer Art «fin de siecle» ausgesetzt. Andererseits kann sie nicht mehr in die mythische Geborgenheit der frühen griechischen Geschichte zurückgenommen werden. Dazu ist die Reflexionsentwicklung und ineins mit ihr das politisch-soziale und kulturelle Selbstverständnis zu weit in Richtung Individualität fortgeschritten. Eine Antwort auf diese Lage ist neben der skeptischen und kynischen Philosophie[114] vor allem die Stoa. Die Differenziertheit dieser philosophischen Richtung mit einer beinahe siebenhundertjährigen

[113] C.F. Geyer, Leid und Böses, 61 f.
[114] P. Sloterdijk, Kritik der zynischen Vernunft, vor allem Bd. 1, 203–214.

Tradition beiseite lassend sei konstatiert: Die Stoa greift den Gedanken des Individuums als einen Grundzug ihres Menschenbildes auf.[115] Die Philosophie der Stoa nimmt den konkreten Menschen in seiner naturhaft-kosmischen und seiner sozialen Existenz ernst. Philosophie verwandelt sich dabei von der abgehobenen Reflexion der prinzipiellen Struktur des Welt-Mensch-Verhältnisses zur Strategie vernunftgeordneter Lebensbewältigung, deren Interesse den praktischen Prinzipien der Selbsteinschätzung und der Selbsterhaltung der menschlichen Existenz gilt.

Die gleichsam dogmatische Voraussetzung der Stoa ist die „Weltvernunft" (logos, Zeus); „diese aber ist die wahre Vernunft, die alles durchdringt und wesenseins ist mit Zeus, dem Ordner und Leiter des Weltalls. Eben darin bestehe [nach der Lehre der Stoiker, C.R.] auch die Tugend des Glückseligen und der ungetrübt schöne Ablauf des Lebens, daß alles, was man tut, die volle Übereinstimmung zeige des jedem einzelnen beschiedenen Genius mit dem Willen des Allherrschers".[116] Der einzelne hat also Anteil an der Weltvernunft und dadurch die Möglichkeit, kraft seiner Vernunftstruktur (logoi spermatikoi[117], logikon) sein Leben in vollkommener Ordnung[118] zu führen. Die natürlich-kosmische Ordnung ist also dem Menschen als Ziel seines Lebens vorgegeben, dessen Verwirklichung „sich als Forderung an gewisse Menschen richtet".[119] Diese Pflicht (to kathekon) des harmonischen Lebens in der vernünftigen Kosmos-Ordnung nun setzt die Möglichkeit vernünftiger „Willensbetätigung" voraus, „die mit den naturgemäßen Einrichtungen in innigem Einvernehmen"[120] steht. Der Wille gehört zu den acht Seelenteilen[121]; dort findet er sich als „ein von der Vernunft gebil-

[115] M. Pohlenz, Grundfragen der stoischen Philosophie, Göttingen 1940.

[116] Diogenes Laertius, VII, 88.

[117] Diogenes Laertius, VII, 157.

[118] Diogenes Laertius, VII, 94: „das nach der Natur des Vernünftigen als Vernünftigen Vollkommene" oder ders., VII, 100: „vollkommene Symmetrie" des Schönen.

[119] Diogenes Laertius, VII, 108.

[120] Diogenes Laertius, VII, 108.

[121] „Die Seele, sagen sie, bestehe aus acht Teilen, und zwar seien diese Teile die fünf Sinne, das Sprechorgan, das Denkvermögen, das der Verstand selbst [Vernunft, d.V.] ist, und das Zeugungsvermögen" (Diogenes Laertius, VII, 110). Für die Stoa ist die Vernunft der herrschende Seelenteil, welcher die anderen Teile kreativ und reflexiv bestimmt. Vgl. dazu: Diogenes

ligter Trieb",[122] sofern er auf das Gute, d.h. die Weltvernunft ausgerichtet ist. Die Beziehung, die in der stoischen Philosophie zwischen dem Menschen und der Weltvernunft angesetzt wird, weist deutlich darauf hin, daß der Mensch in sich zwar über die allgemeinen Bedingungen für die geordnete, vernünftige Lebensführung verfügt, daß er diese aber für sich selbst zu verwirklichen hat. Nach A. Heller besteht die entscheidende Frage für den Stoiker denn auch darin: „Wie soll das Individuum als freier (autonomer) Mensch in einer von ihm unabhängigen, eigengesetzlichen Welt (in der Natur und in der Gesellschaft) leben, zu deren Gesetzen der Tod (die letztendliche Vernichtung des Menschen) notwendigerweise auch dazu gehört?"[123]

Damit ist das wesentliche Moment des stoischen Individualitätsdenkens berührt: die Frage nach der Selbsterhaltung des Menschen angesichts des ihm sicheren Todes. Gerade in dieser Fragestellung beweist die Stoa ihre Eigentümlichkeit gegenüber den vorangehenden Reflexionssystemen. Zwar setzt sich Platon in seiner ›Apologie des Sokrates‹ und im Dialog ›Phaidon‹ (Unsterblichkeit der Seele) mit dem Todesphänomen ausführlich auseinander; doch auch hier diskutiert er auf der Prinzipienebene. Im stoischen Denken aber geht es um den Tod des einzelnen Menschen und die dem Tod gegenläufige Selbsterhaltung, die den einzelnen zur gewissen Bestimmung seiner selbst führt[124]: „Der erste Trieb, so sagen sie [die Stoiker, C.R.], der sich in einem lebenden Menschen regt, sei der der Selbsterhaltung ...: für jedes lebende Wesen sei eine erste ihm von selbst zugewiesene Angelegenheit sein eigenes Bestehen sowie das Bewußtsein davon."[125] Damit ist das Bewußtsein vom eigenen Sein, das sich im Begriff des ethischen Selbstbewußtseins (syneidesis) widerspiegelt, zum Ankerpunkt des Menschen gemacht. D.h. die Vernunftkraft (logikon), die das kreative Zentrum des Menschen bildet, ist in ihren erzeugenden Akten reflexiv, indem sie sich der Ausrichtung des Willens und des Handelns auf die Weltvernunft vergewissert. Deshalb vermag der einzelne Mensch aus seiner eigenen, individuellen inneren Natur heraus seine Beziehung zur Lebensord-

Laertius, VII, 47 (Dialektik), 51 f. (Vorstellungsvermögen), 54 (Wahrheitskriterium), 85 f. (Selbsterhaltung, Reflexivität), 169 (hegemonikon).

[122] Diogenes Laertius, VII, 116.

[123] A. Heller, Der Mensch der Renaissance, Köln-Lövenich 1982, 117.

[124] Vgl. D. Henrich, Selbstverhältnisse, Stuttgart 1982, 91–93, 113–116.

[125] Diogenes Laertius, VII, 85.

nung und zum Tod bestimmen. Die Bewältigung des Todes ist eine Form individueller Lebensstrategie; somit auch Ausdruck der inneren Freiheit des einzelnen. Der Mensch verwirklicht sich also im Rückzug auf sich selbst, was sich vollkommen in der Unerschütterlichkeit (ataraxia) des einzelnen ausdrückt, und wird zum Eigenwesen (idiotes), das sich innerlich der Weltvernunft angenähert weiß. Dieses Zusammendrängen von Freiheit, Willen und Selbstbewußtsein in das „die Persönlichkeit konstituierende Ich"[126] weist über den Einfluß der Stoa auf die Renaissance hinaus auf die Theorien der Bewußtseinskonstitution der neuzeitlichen Philosophien und nicht zuletzt in seiner Einheitstendenz, auf den anthropologisch gewendeten metaphysischen Monismus Spinozas voraus.[127]

In der Philosophie der Stoa kommt die aufklärerische Linie der Geschichte des Denkens zu einem vorläufigen Ende. Die Emanzipation vom rein mythischen Selbstverständnis des Menschen in der kosmischen Ordnung führte zum rational bestimmten Selbstbewußtsein des Menschen, durch das sich die kosmische Ordnung strukturiert begreifen läßt. Dabei legt diese Struktur des Kosmos nicht mehr die Wert- und Handlungsordnung für den Menschen fest. Vielmehr macht sich der einzelne in zunehmenden Bewußtsein seiner Subjektivität und Individualität langsam zum Zentrum des Wertverhältnisses, in dem Mensch und Welt zueinander sich finden. Die in der Stoa gleichzeitige Stagnation des Ich-Gedankens und sein allmählicher Verfall in den Mysterienkulten und magisch-mystischen Strömungen der späten Antike markiert das Ende eines gewaltigen Aufklärungsprozesses. Dennoch: in der dargestellten Philosophie sind wesentliche Grundlagen für die Explikation des Ich als Grundmoment der Reflexion erarbeitet. Nicht zuletzt deshalb greifen die frühe christliche Philosophie und die mittelalterliche Theologie auf diese Ausarbeitungen zurück, um einen neuen Aspekt der Ich-Thematik zu formulieren, den Begriff der Person.

[126] C. F. Geyer, Einführung in die Philosophie der Antike, 105.
[127] D. Henrich, Selbstverhältnisse, 116f.

Exkurs: Bemerkungen zum Ich-Gedanken in der mittelalterlichen Theologie und Mystik

Das Mittelalter kennt keine unabhängige Philosophie, sondern sucht nach einer Synthese von Vernunft und Glauben, so daß der philosophische Gedanke immer auf theologischer Grundlage sich entfaltet. Insofern treibt das Mittelalter zunächst in Anknüpfung an die platonische Tradition und später, seit dem Albertus Magnus die arabische Aristotelespflege für Europa entdeckt hatte, weithin durch aristotelisches Denken bestimmte Theologie. Und wenn diese sich als philosophisch bezeichnet, dann im Sinne der aristotelischen „Ersten Philosophie"[128]; sie umfaßt also den Bereich der Gotteslehre und der ersten Ableitungen der Metaphysik. Deshalb an dieser Stelle nur einige, sehr knappe Bemerkungen zum Ich-Gedanken im Denken des Mittelalters.

Der erste bedeutende christliche Denker, Augustinus, ist bereits schwer einzuordnen. Einerseits bricht in seinem Denken immer wieder die neuplatonische Rationalität durch[129]; andererseits dient diese vor allem dazu, die Glaubenslehre in der Begriffsform auszusprechen. Bei Augustinus lassen sich die Themenbereiche noch nicht in der Abgrenzung erfassen, in welcher die christliche Theologie den Ich-Gedanken streift. Denn die Reflexion auf das Selbstbewußtsein, wie sie in der platonischen Tradition entfaltet wurde, wird von Augustinus noch gepflegt. Dennoch: in der Gnaden- und Erlösungslehre, und in der Theorie der Seele finden sich Elemente der Individualität, die durch den theologischen Bezug zum Begriff der Person umgeformt wird.

128 Aristoteles, Metaphysik, VI 1026 a: „die erste Philosophie aber handelt von sowohl abtrennbaren (selbständigen), als auch unbeweglichen Dingen. Nun müssen notwendig alle Ursachen ewig sein, vor allem aber diese, denn sie sind die Ursachen des Sichtbaren von den göttlichen Dingen. Hiernach würde es also drei betrachtende philosophische Wissenschaften geben: Mathematik, Physik, Theologie."

129 Augustinus, Confessiones. Bekenntnisse, VII 9, 13 (329): Augustinus berichtet dort, er habe „einige Schriften der Platoniker" erhalten. Dazu bemerkt er bezeichnenderweise: „Hier las ich, wenn auch nicht gerade wörtlich, so doch dem Sinne nach dasselbe, und durch viele und vielfache Vernunftgründe glaubhaft gemacht: daß ‚im Anfang das Wort war' ..." Es folgt ein kurzer Abriß der christlichen Glaubenslehre. Vgl. dazu: E. Frank, Augustin und das griechische Denken, in: C. Andresen (Hrsg.), Zum Augustin-Gespräch der Gegenwart I, Darmstadt 1975, 182–200.

Der Systembegriff, an dem sich bei Augustinus Reflexionen zum Ich-Gedanken aufgreifen lassen, heißt „Innerlichkeit". Seine Haupteinsicht wird zugleich zur Leitaussage: „Du [Gott, C.R.] aber warst mir innerer als mein Innerstes und höher noch als mein Höchstes."[130] Wenn der Mensch sein Innerstes aufsucht,[131] trifft er dort auf das Prinzip seiner selbst, Gott. Gott ist für den Menschen die absolute Wahrheit, auch für seine Existenz. Diese vollzieht sich in der Dialektik von Vernunft und Gnade. Der Konstitution des Menschen aus der Vorgängigkeit Gottes, den die Vernunft einzusehen vermag, um aus dieser Einsicht ihre eigene Bedingtheit zu erkennen,[132] entspricht die Verschränkung von Vernunft (Natur des Menschen in der platonischen Tradition) und der Gnade der göttlichen Vorleistung an den Menschen. Gnade vermittelt sich als die Wahrheit des Menschen in seiner Existenz. Indem der Mensch die Wirkung der Gnade entfaltet und sich durch sie bestimmen läßt, gelangt sein Dasein in den Zustand des Heils. Darin besteht die „Illuminationsthese" Augustins.[133] Innerlichkeit des Daseins heißt demnach, die Selbstmitteilung Gottes an den Menschen als erstes Prinzip des Daseins annehmen. Hier nun ergibt sich der Zusammenhang, in welchem der Mensch als Individuum verstanden wird: in seinem Verhalten gegenüber der Selbstmitteilung Gottes. Denn dieser gegenüber ist er frei: er besitzt den von Gott gegebenen, aber in seiner Verfügbarkeit freien Willen. „Wenn es aber ausgeschlossen ist, daß wir nicht wollen, wenn wir wollen, so steht der Wille jedenfalls den Wollenden zur Verfügung. Nichts anderes steht ja in unserer Macht als das, was uns beim Wollen zur Verfügung steht. Deshalb wäre unser Wille kein Wille, stände er nicht in unserer Macht. Da er aber in unserer Macht steht, ist er unser freier Besitz."[134] D.h.

[130] Augustinus, Confessiones. Bekenntnisse, II 6, 11.

[131] Augustinus, De vera religione: Theologische Frühschriften (ed. W. Thimme), Zürich/Stuttgart 1962, XXXIX 72, 202 (p. 497). „Geh nicht nach draußen, in dich selbst kehre ein. Im inneren Menschen wohnt die Wahrheit."

[132] C. Riedel, Zur philosophischen Systematik des augustinischen Gottesargumentes in „De libero arbitrio": Franz. Studien 64 (1982/1), 19–26.

[133] A. Schöpf, Augustinus. Einführung in sein Philosophieren, Freiburg/München 1970, 62–64. A. Camus, Christliche Metaphysik und Neoplatonismus, Reinbek 1978, 113–118.

[134] Augustinus, De libero arbitrio: Theologische Frühschriften, III 8, 32 (p. 237).

der Mensch will die Gnade Gottes annehmen oder will sie ablehnen. Der einzelne ist zur Entscheidung aufgerufen. Die freie Entscheidung gegenüber Gottes Selbstmitteilung setzt das willensfähige Individuum implizit voraus. Dies verdeutlicht sich nach Augustinus in der Sünde, die nicht nur strukturell angesetzt wird (Erbschuld), sondern im abirrenden Willen des Individuums sich begründet. „Also nicht Unfaßliches ist es, teils zu wollen, teils nicht zu wollen, sondern eine Schwäche des inneren Menschen, weil er nicht ganz sich aufrichtet, zwar gehoben vom erkannten Wahren, aber mehr noch hinabgedrückt von der Last der Gewohnheit. Und deshalb sind zwei Willen da, weil der eine von ihnen nicht ganzer Wille ist und das, was dem einen fehlt, der andere hat."[135] Der Wille, der als Vermögen des Geistes zur Selbstbestimmung durchaus ein Einheitsvermögen darstellt,[136] tritt in sich auseinander. Diese „innere Schwäche" nun ist nicht die Abirrung des Willens, sondern die Tatsache, daß der Wille sie nicht zu überwinden strebt; d.h. er bleibt ein geteiltes Vermögen. Dieses aber kann die Wahrheit nicht wollen, insofern diese als Selbstmitteilung Gottes den ungeteilten Menschen erfordert. Dem jedoch steht die Spannung zwischen dem inneren Prinzipiengefüge des Menschen, der Seele, und dem Körper entgegen. Der Körper unterscheidet sich von der Seele dadurch, daß er von ihr „in einer bestimmten Form und Gestalt zusammengehalten wird",[137] also durch etwas Nicht-Körperliches konstituiert wird. Dadurch unterscheidet sich auch die Tendenz des Körpers von der Seele. Während der Körper eher zum Zustand der Trennung hinzieht, strebt die Seele danach, den Menschen zur Schau Gottes hin zu vereinen.

In dieser Problematik verbleibt der Begriff des Individuums auch in der mittelalterlichen Philosophie. Die aristotelische Fassung des Problems bei Thomas von Aquino kann das Auseinanderstreben von Körper und Seele, den dem Christentum anhaftenden Dualismus nicht beseitigen, weil er in der prinzipiellen Spannung von Natur und Gnade begründet ist. Im Gegenteil: Thomas sondert durch die Bestimmung der Seele als der Selbstmächtigkeit des geistigen Vermögens den Körper noch stärker von dieser ab. Anderer-

[135] Augustinus, Confessiones. Bekenntnisse, VIII 9, 21.

[136] Augustinus, Confessiones. Bekenntnisse, VIII 8, 20–9, 21. A. Schöpf, Augustinus, 65–68.

[137] Augustinus, Alleingespräche (ed. C.J. Perl), Paderborn 1983, II 18, 32 (p. 99).

seits gewinnt die scholastische Tradition in der Stoff-Form-Lehre (Hylemorphie) des Aristoteles ein Denkinstrument für die Rettung der Individualität des Menschen. Zunächst ist das höchste Individuum dem Wesen nach Gott. Zu dieser Einsicht führen alle Gottesbeweise[138]; der Mensch ist ein zusammengesetztes Individuum, dessen Seele in der bestimmenden Wechselwirkung mit dem Körper seine Einmaligkeit als Person ausmacht. Auch hier bleibt die Seele als Vermögen der Gnadenwirksamkeit dem naturhaften Körper übergeordnet. Da die Seele sich nicht rein vernünftig, sondern durch göttliche Selbstmitteilung bedingt erkennt, wirkt sie die Individuation des Menschen nicht im Sinne der Subjektivität, wie es sich bei den Denkern im Übergang zur Renaissance vermehrt beobachten läßt. Kurz: Nur im gnadenhaften Dialog mit Gott vermag der einzelne sich als Individuum zu sehen. Gerade darin begreift er sich als Person. Kierkegaard wird das Moment des Verhältnisses zu Gott als notwendige Bedingung für den konkreten Einzelnen gegenüber der Allgemeinheit des Begriffes Subjektivität bei Schelling und Hegel einfordern.[139]

Etwas anders stellt sich der Ich-Gedanke in der Mystik[140] dar. Denn hier wird das Ich zu einer notwendigen Voraussetzung für die Gottesschau. Der Rückzug des Mystikers in seine Seele und der von der Schau des Einen Gottes herkommende Übergang zur eigenen Existenz auf der Grundlage des Wissens des Einen Gottes, verlangen die Seele strikt als reflexives, intellektuelles Vermögen zu verstehen.[141] Der Mystiker macht sich aufgrund einer bewußten Entscheidung auf den inneren Weg. „Achte auf das, was dir fehlt und nicht auf das, was du hast, so wirst du am schnellsten demütig werden und es bleiben. Dein ganzes Leben muß von jetzt ab immer von der Sehnsucht erfüllt sein, wenn du auf der Stufenleiter der Vollkommenheit aufsteigen willst. Diese Sehnsucht muß immer in

[138] Thomas von Aquin, Die Gottesbeweise in der „Summe gegen die Heiden" und der „Summe der Theologie" (ed. H. Seidl), Hamburg 1982.

[139] Immer noch grundlegend ist diese Thematik behandelt von H. Heimsoeth, Die sechs großen Themen der abendländischen Metaphysik und der Ausgang des Mittelalters, Darmstadt [8]1987, besonders das Kapitel 5 ›Das Individuum‹.

[140] Vgl. dazu die Philosophie der Mystik in Einzeldarstellungen: J. Bernhart, Die philosophische Mystik des Mittelalters, Darmstadt 1980.

[141] C. Riedel, Das Wissen der Einsicht – Philosophische Überlegungen zur Theorie der Mystik, in: Franzisk. Stud. 65/4 (1983), 369–392.

deinem Willen durch die Hand des allmächtigen Gottes und mit deiner Einwilligung entfacht werden."[142] Es geht um den einzelnen Menschen, der sich – bewußt zu einem geeinten Menschen geworden – zu Gott erhebt. Zum Wollen des Aufstiegs zu Gott kommt das Wissen, das in der Vernunft-Seele jedes Menschen liegt und diesen zu einem einzelnen macht. „Die Seele hat etwas in sich, ein Fünklein der Erkenntnisfähigkeit. ... Das innere Erkennen ist jenes, das sich als vernunftartig im Sein unserer Seele findet. ... Wenn wir sagen, dieses Erkennen sei etwas vom Leben der Seele, so meint das vernünftiges Leben, und in diesem Leben wird der Mensch als Sohn Gottes und zum ewigen Leben geboren."[143] Die Selbstwerdung des Menschen vollzieht sich in der mittelalterlichen Mystik zwar auch im Dialog mit Gott; aber im Gegensatz zur Theologie bedarf es nicht des dauernden erlösenden und gnadenhaften Handelns Gottes. Die Mystik traut der vernünftigen Kraft des Menschen den Selbstvollzug als Subjekt zu.[144] Das Leib-Seele-Problem wird dabei meistens metaphorisch gelöst: der Leib als Vermögen der Sinnlichkeit stellt ein im Unterschied ähnliches Abbild der Seele als Vermögen des Geistes dar. Seiner Ähnlichkeit zur Seele wegen kann er durch sie zu höherer Lebensform aufgehoben werden.[145]

[142] Die Wolke des Nichtwissens. Worin die Seele sich mit Gott vereint (ed. W. Riehle), Einsiedeln ²1983, 35.

[143] Meister Eckehard, Deutsche Predigten und Traktate (ed. J. Quint), 1979, 318.

[144] Meister Eckehard, Deutsche Predigten und Traktate, 145–148: „Wenn man ‚Mensch' sagt, bedeutet dieses Wort auch etwas, was über die Natur, über die Zeit und über alles, was der Zeit zugekehrt ist oder nach der Zeit schmeckt, erhaben ist, und das gleiche sage ich auch mit Bezug auf Raum und Körperlichkeit" (145). Diese faktische Feststellung wird von Eckehard in die Reflexion genommen: „Wie sollte der Mensch sich als Gott-erkennend erkennen, der sich selbst nicht erkennt?" (147). Der Mensch vermag sein Verhältnis zu Gott *nur* auf der Grundlage des Selbstbewußtseins bestimmen. „Der Mensch muß in sich selber Eins sein und muß dies suchen in sich und im Einen und empfangen im Einen, das heißt: Gott lediglich schauen; und ‚zurückkommen', das heißt: wissen und erkennen, daß man Gott erkennt und weiß" (148). Damit sind die Bedingungsverhältnisse geklärt. Ohne daß der Mensch von seiner Einung in Gott ausdrücklich weiß, reflektiert er sich selbst, um in sich zur Einheit des Selbstbewußtseins zu finden. In dieser Einheit sieht er sich von Gott bedingt. Dieses Wissen nun vermag er dank der Reflexivität seines Geistvermögens, der Vernunft-Seele in sich wachzuhalten.

[145] Meister Eckehard, Deutsche Predigten und Traktate, 224–228.

Während die Theologie das durch den Gottesbezug sich als Person erfahrende Individuum nicht in die Nähe der Reflexivität des Bewußtseins bringt, zeigt sich in der Mystik der Gedanke des Selbstbewußtseins geradezu als Voraussetzung der Gotteserkenntnis. Insofern kann in der Mystik der Hinweis auf den Vernunftbegriff vom Ich in der Philosophie des Neunzehnten Jahrhunderts gesehen werden.[146]

[146] Vgl. dazu: W. Beierwaltes, Platonismus und Idealismus, 188–201. (Die Wiederentdeckung des Eriugena im Deutschen Idealismus.)

3. ICH ALS FREIES INDIVIDUUM – DIE UMGESTALTETE ANTIKE: RENAISSANCE

Stellt man die antike philosophische Aufklärung, die zur Subjektivität als der Reflexionsstruktur des Ich-Gedankens und zum Begriff des Individuum als sozialer Realisationsform des Ich gelangt war, gegen den christlich-theologischen Personbegriff, dann fordert die theoretische Situation, wenn sich Geschichte denn dynamisch vollzieht, eine neue Phase der Aufklärung heraus. Diese Aufklärung aber verläuft nicht eingleisig, sondern differenziert sich in eine Richtung, in welcher sich der Gedanke der Individualität durchsetzt, die Renaissance, und ferner in eine solche, die der Subjektivität verstärkt zur Geltung verhalf, die Neuzeit. Damit ist bereits angedeutet, daß die Renaissance hier nicht einfach als „kleine Einleitung zur Hauptsache, zu Descartes“[1] verstanden wird. Im Gegenteil: In der Philosophie der Renaissance, die nur teilweise ein Spiegel der gesellschaftlichen und kulturellen Verhältnisse war, tritt der in der technischen Weltbewältigung selbstbewußt gewordene „homo faber“ auf,[2] der sich als ein „relativ autonomes Wesen, das gegen das Schicksal kämpft und sich selbst verwirklicht“,[3] versteht. Die Zeit der großen Einzelnen – Shakespeare, Petrarca, Raffael, Leonardo da Vinci, Michelangelo, Paracelsus, Galilei, Kopernikus, um nur einige zu nennen – ist angesagt. Bedingung für diese Individualisierung war sicherlich auch die Veränderung der sozialen Verhältnisse. Die kapitalistische Wirtschaftsweise in politisch mächtigen und wirtschaftlich autarken Stadtstaaten, die an die griechische Polis erinnern, die Gleichstellung des Handwerkers und des Künstlers, die an die Synthese der griechischen „techne“, der Verfertigungs-Kunst, denken läßt, die Dezentralisation im Weltbild, die durch die geogra-

[1] E. Bloch, Christliche Philosophie des Mittelalters. Philosophie der Renaissance, in: Leipziger Vorlesungen zur Geschichte der Philosophie, Bd. 2, Frankfurt a. M. 1985, 128.

[2] E. Bloch, Christliche Philosophie des Mittelalters. Philosophie der Renaissance, 125f. St. Otto (Hrsg.), Renaissance und frühe Neuzeit, Stuttgart 1984, 68–70.

[3] A. Heller, Der Mensch der Renaissance, 26.

phischen wie astronomischen Entdeckungen befördert wurde – all diese Faktoren stellen den historischen Bedingungsrahmen für ein neues Selbstverständnis des Menschen dar. In Wechselwirkung mit der kulturellen Veränderung wandelt sich auch die philosophische Weltsicht: sie konzentriert sich auf das Individuum.[4]

3.1 Die Kultivierung des einzelnen

Die christliche Philosophie des Mittelalters hatte den einzelnen Menschen in den metaphysischen (Heils-)Kosmos eingeordnet. Menschliche Praxis bestand vor allem in der Wahrnehmung der persönlichen Rolle im gnadenhaften Dialog Gottes mit der Welt. Das Selbstbewußtsein des Menschen bestimmte sich aus der Objektivität des durch die Kirche vermittelten Heilshandelns Gottes am Einzelnen. Gegen dieses Ordnungsgefüge bricht, wie F. Nietzsche urteilt, in der italienischen Renaissance „Befreiung des Gedankens, Mißachtung der Autoritäten, Sieg der Bildung über den Dünkel der Abkunft, Begeisterung für die Wissenschaft und die wissenschaftliche Vergangenheit der Menschen, Entfesselung des Individuums" hervor.[5] In der Renaissance deutet sich also ein Aufklärungsprozeß an, der an die Emanzipation der griechischen Philosophie von der religiösen Mythik erinnert. Auch dort konstituierte sich das Subjekt/Individuum aus der kosmischen Zentrierung – befreit im philosophischen Begriff. Nur: dieser Prozeß vollzieht sich in der Renaissance nicht mehr auf derselben Grundlage wie in der Antike. Denn das Christentum hatte sich eine eigene, durch das spätantike Denken beeinflußte theoretische Gestalt gegeben, durch die es dem immer wieder erhobenen Mythologie-Verdacht argumentativ begegnen konnte. Insofern entwickelt sich jetzt der Begriff des Subjekt/Individuum in einer eigenständigen, die Bedingungen des Denkens selbst neu bestimmenden Analyse des Verhältnisses zwischen dem Menschen und seinem Lebenskosmos. Im Verlauf dieser Selbstbestimmung tritt der Gedanke der Kreativität des einzelnen und damit das Interesse am Prinzip solch schaffender Aktivität in den Blickpunkt.

Nicolaus de Cusa war es, der mit seinem dialektischen System der

[4] Vgl. dazu: A. Heller, Der Mensch der Renaissance, 34–63, 220–278.

[5] F. Nietzsche, Menschliches, Allzumenschliches, in: Werke in sechs Bänden (ed. K. Schlechta). Bd. II, München 1980, 592.

„coincidentia oppositorum“, der Vermittlung der Gegensätze in der Einheit, die reflexionstheoretischen Voraussetzungen für den neuen Begriff der geistigen Zentriertheit des Menschen schafft.[6] Indem es ihm gelang, die Beziehung zwischen Gott (absolute Einheit vor allen Gegensätzen) und dem Menschen (relative Einheit als Erscheinung Gottes in der Andersheit) in der Form der geistig-reflexiven Teilhabe[7] darzustellen, machte er den Weg frei zur „Selbstbejahung der Vernunft“.[8] Sie kann sich selbst gegenüber der Identität Gottes behaupten und stellt so, obwohl sie sich anders als die Identität Gottes begreift, eine abgeleitete Weise von Identität dar. „Das Maß-Gebende freilich bleibt jeweils die Einheit; sie ist das Form-Konstituierende und damit auch eben dieses Geformte von Anderem unterscheidende Prinzip.“[9] De Cusa entdeckt damit ein wichtiges Prinzip der systematischen Bestimmung des Individuums, den Gedanken der Form, und bereitet vor, was von Leibniz und Descartes ausgestaltet werden sollte: „Das principium individuationis kann demgemäß nicht in der bloßen ‚Materie‘ des Denkens gesucht werden, sondern es muß in der reinen Form gegründet sein.“[10] In der Verbindung des Formgedankens mit dem des Geistes oder der Vernunft liegt die Bedingung der Möglichkeit, das Individuum als selbstbestimmte Aktivität zu denken. Ebendies aber verbirgt sich hinter der Idee der „humanitas“, in der sich der Mensch als „zugleich Schaffendes und Erschaffenes“[11] ergreift. Nur in solcher Totalität des Selbstverständnisses ist die Kultivierung der Idee des einzelnen zu erreichen.

Die theologische Qualität Gottes als des Schöpfers, welche seine innere Selbstmächtigkeit voraussetzt, läßt sich nun mittelbar auf den Menschen übertragen, der sich selbst aktiv erlebt, insofern er der Welt ihre Gestalt gibt. Vor allem in der Florentinischen Aka-

[6] E. Cassirer, Individuum und Kosmos in der Philosophie der Renaissance, 30, 40f.

[7] W. Beierwaltes, Identität und Differenz als Prinzip cusanischen Denkens, in: Ders., Identität und Differenz, 105–143, besonders: 107–112.

[8] E. Cassirer, Das Erkenntnisproblem in der Philosophie und Wissenschaft der Neueren Zeit, Bd. 1, Darmstadt 1974, 27.

[9] W. Beierwaltes, Identität und Differenz als Prinzip cusanischen Denkens, a. a. O., 109.

[10] E. Cassirer, Individuum und Kosmos in der Philosophie der Renaissance, 137.

[11] E. Cassirer, Individuum und Kosmos in der Philosophie der Renaissance, 42.

demie, die sich entgegen der von Aristoteles beeinflußten Scholastik auf platonisches Denken beruft, untersucht man die formende Wirkung des Menschen auf die Sinnenwelt. Das führt zu einer Verlagerung des Menschen in das Zentrum der Welt, welches er nur kraft der Selbstreflexion werden kann. Nach M. Ficino ist es die menschliche Seele, die über diese Kraft verfügt, mittels der sie die göttliche wie die naturhafte Welt in einen Zusammenhang setzt. „Aus sich selbst die Bewegung setzend, kehrt also jene Wesenheit [die Seele, C. R.] kraft immerwährender Bewegung zu sich selber zurück, dabei entfaltet sie ihre Kräfte vom Höchsten über das Mittlere bis zum Niedersten, um sodann wiederum das Niederste über das Mittlere an das Höchste zurückzubinden."[12] Diese Vermittlung leistet ausdrücklich die Seele, die „der Strahl des Intellekts in seiner Reflexion auf sich selbst [ist, C. R.], der jetzt mühelos sich selbst wahrnimmt, wenn er sich auf Bilder richtet".[13] Ficino enthebt die Selbstreflexion der Willkürlichkeit ebenso wie der ontologischen Determination; er hebt in seiner Analyse der Seele darauf ab, daß die Reflexion gewollt ist. „Diesen Weg des Begreifens begleitet jenes Vernunftstreben, welches man Willen nennt. Dieser will gewiß sich selbst oder anderes; er will, daß er will, und er will, was er will."[14] Im Willen bestimmt sich die Seele demnach selbst zur Reflexion, welche sich wiederum ihrer Willensbestimmtheit bewußt ist. Freilich gerät diese Vernünftigkeit von Seele und Willen in die Gefahr eines strukturellen Idealismus, der nichts anderes als die fortwährende Spiegelung der eigenen Reflexivität darstellt. Ohne die Selbstverwirklichung dieser Subjektivität in gut platonischem Sinn kommt der philosophische Gedanke nicht auf das konkrete Individuum hinaus.

Hier nun zeigt sich, daß die Renaissance in ihrem Denken noch auf christliche Offenbarungsfakten angewiesen bleibt, auch wenn sie auf die Rationalierung der Religion zielte.[15] Noch kann nämlich als die Materialität, in welcher die Reflexionsstruktur der Vernunft sich hält, nur Gott angesprochen werden, der die Grundform der Vernünftigkeit der Seele ist, welche ihre eigene Form als Bild der

[12] M. Ficino, Theologia Platonica III, 2 (zit. nach St. Otto, Renaissance und frühe Neuzeit, 271). Diese Stelle erinnert stark an Platon, Politeia 511 bc!

[13] M. Ficino, Theologia Platonica XI, 2, a. a. O., 278.

[14] M. Ficino, Theologia Platonica VIII, 16, a. a. O., 281.

[15] St. Otto, Renaissance und frühe Neuzeit, 261.

göttlichen Form erkennt. So wird eben die Subjektivität dadurch konkret, daß jeder einzelne durch seine Christusfrömmigkeit zum Individuum wird, da Christus selbst die Individualerscheinung Gottes darstellt.[16]

L. Valla verstärkt dabei den Gedanken, der in Ficinos Willenstheorie bereits angelegt war und der zu einer anderen Lösung des Übergangs aus der strukturellen Subjektivität zur konkreten Individualität hätte führen können. Wenn der Wille sich dermaßen autonom mittels der Vernunft einsehen kann, löst er das Handeln des Menschen aus der Normativität der objektiven Ordnung; denn der einzelne findet in der Willensbestimmung ein inneres, subjektives Kriterium des Tuns. „Mit dem Gedanken der unendlichen Selbstreflexivität und des unendlichen Selbstwollens, die beide auf die Welt als auf ‚alles andere' übergreifen, skizziert Ficino die Figur geistiger Freiheit des Menschen in der Welt."[17] Und eben das Bewußtsein dieser Freiheit sollte zum wesentlichen Moment der Bildung des Begriffes der Individualität werden. Doch zurück zu Valla. Sein Ausgangspunkt war die eher mystische Sicht des Verhältnisses des Menschen zu Gott. Den Hintergrund dafür hatte die mittelalterliche Mystik und – in theoretischer Hinsicht – de Cusa mit der „coincidentia oppositorum" geschaffen. Nicht mehr das kirchlich vermittelte Gottesverhältnis, sondern der Gedanke der Unmittelbarkeit, wie er sich in der Literatur und Ästhetik der Renaissance entwikkelte, wird zum Schlüsselbegriff für die Verhältnisbestimmung des einzelnen zu Gott. „Das Wesen der Religion und der Frömmigkeit besteht in einem freien Verhältnis, das sich das Ich, das Subjekt des Glaubens und Willens, zur Gottheit gibt",[18] so faßt Cassirer die These Vallas zusammen. Pico della Mirandola führt Vallas These über die religionskritische Thematik hinaus. Denn er rückt den Menschen in das Zentrum der Welt. Picos entschiedene Ermächtigung des Menschen zum freien Gestalter seines Gott- und seines Weltverhältnisses[19] war vorbereitet durch den Gedanken von der Aktivität des Subjekts und dessen Reflexionsdynamik. Derart reli-

[16] E. Cassirer, Individuum und Kosmos in der Philosophie der Renaissance, 75f.

[17] St. Otto, Renaissance und frühe Neuzeit, 286.

[18] E. Cassirer, Individuum und Kosmos in der Philosophie der Renaissance, 83.

[19] P. della Mirandola, De hominis dignitate, Heptaplus, De ente et uno scritti vari (ed. E. Garin), Florenz 1942.

giös emanzipiert geht es nicht mehr um die Abgrenzung des Menschen von Gott, sondern um die Unterscheidung des Menschen von der Natur, gegenüber der er sich nur durch den freien Willen in der Selbstgestaltung des Lebens und vermittelt dadurch in der schöpferischen Gestaltung des nicht-menschlichen Bereiches zu bestimmen vermag. „Eines der größten Erlebnisse der Renaissancewelt ist die schöpferische und selbstschöpferische Fähigkeit des Menschen."[20] Das erklärt auch den künstlerischen Reichtum gerade der italienischen Renaissance: Zum ersten Mal nach der ästhetischen Theorie Plotins schwingt sich eine Epoche zur kunsttheoretischen Reflexion des eigenen Schaffens auf, im Bewußtsein der Selbstmächtigkeit des eigenen Willens, der den einzelnen, der an der Subjektivität, der allgemeinen Natur des Menschen teilhat, dennoch die Besonderung ermöglicht. Die Besonderung aber drückt sich material, d.h. im individuellen Werk (des Künstlers) aus. „Das Werk ist allerdings das Werk des Individuums, und die Realisierung des Werks ist untrennbar von der Verwirklichung des Individuums."[21] Verwirklicht aber wird es durch das Wechselverhältnis zwischen der Materie und der Form des Denkens, wie es im wissentlichen Willensakt statthat. Hier nun erscheint der Weg zur Monade von Leibniz und zum selbstsetzenden Bewußtsein von Descartes nicht mehr weit.

3.2 Prometheus – ein Typos des Ich-Gedankens

Der von schöpferischer Kraft durchdrungene Begriff der Individualität, der sich einerseits im homo faber, dem technischen Alleskönner,[22] andererseits im wissenschaftlichen Selbstbewußtsein, dem Empirismus der späten Renaissance etwa bei Bacon oder auch Galilei ausdrückt, zwingt geradezu eine Metapher herbei, die im Blick auf die Antike sich anbot: das Individuum im Bild des Prometheus. Die Renaissance kann aufgrund der veränderten Reflexionsbedingungen den antiken Mythos des Prometheus[23] als heroischem Konkurrenten der Götter, was die Möglichkeit der Selbstermächtigung der Menschen anlangt, so nicht übernehmen. Gerade in der

[20] A. Heller, Der Mensch der Renaissance, 88.

[21] A. Heller, Der Mensch der Renaissance, 223.

[22] E. Bloch, Christliche Philosophie des Mittelalters. Philosophie der Renaissance, 126f.; A. Heller, Der Mensch der Renaissance, 445–454.

[23] K. Hübner, Die Wahrheit des Mythos, 199–205.

Umformung dieses Motivs äußert sich neben der befreienden Kraft die Grenze des Ich-Gedankens der Renaissance.[24]

In der Wiederaufnahme des Prometheusmotivs, wobei auf eine christliche Rezeptionsgeschichte zu verweisen ist,[25] vermischen sich zwei Momente: zum einen die Parallelisierung von Prometheus und Adam,[26] zum anderen die Typisierung des Prometheus als „technische[n] Rebell[s]“[27] bei Bacon. Die Verbindung beider Momente ist das Demiurgische an dieser Gestalt, das in der christlichen Beschäftigung mit dem Motiv bedeutsam wird: Prometheus, der Menschen*bildner*, rückt in das Bild des Schöpfergottes ein und verbindet sich mit Adam, der selbst als Nach-Schaffender der Schöpfung Gottes aktiv gegenübertritt. In dieser Linie steht der Prometheus der Renaissance, welchem allmählich die kreative Fähigkeit im Sinne technischer und künstlerischer Arbeit zum bestimmenden Zug wird, vermittels dessen er den unbehauenen Naturmenschen göttlicher Schöpfung zum bürgerlichen Wesen formt. Es geht demnach nicht mehr um das Aufständische in der Prometheus-Gestalt, wie sie Goethe wieder betonen wird[28], sondern um das „Motiv der Formfindung und Selbstformung“,[29] die sich „immer entschiedener in die Aktivität des einzelnen Subjekts verlegt. Jetzt stellt sich neben die Tätigkeit des Schöpfers und die des Heilbringers die des Individuums selbst“.[30] Hier taucht nun wieder das Prinzip der Form auf, das bereits bei den Pythagoreern als Bedingung der Subjektivität, insofern sie als Gegenpol zur Natürlichkeit gedacht wird, erkannt ist. Nur, wenn sich der einzelne dessen bewußt wird, daß sein Formen objektivierend und reflexiv zugleich ist, vermag eine technische Kultur zu entstehen, die als das Produkt des selbstmächtigen Individuums anzusehen ist.

[24] H. Blumenberg, Arbeit am Mythos, 397–408.

[25] E. Cassirer, Individuum und Kosmos in der Philosophie der Renaissance, 98; H. Blumenberg, Arbeit am Mythos, 388–396.

[26] E. Cassirer, Individuum und Kosmos in der Philosophie der Renaissance, 98, 100f.; H. Blumenberg, Arbeit am Mythos, 393f.

[27] E. Bloch, Christliche Philosophie des Mittelalters. Philosophie der Renaissance, 209.

[28] J. W. v. Goethe, Prometheus, Werke, Erster Band, Frankfurt a. M. 1970, 50–51.

[29] H. Blumenberg, Arbeit am Mythos, 398.

[30] E. Cassirer, Individuum und Kosmos in der Philosophie der Renaissance, 101.

Deshalb ist es verständlich, daß in der Renaissance zugleich mit der Selbstbehauptung des Ich als Individuum die Entwicklung der Technik eingeleitet wurde.[31] Das bedeutet immer auch die Veränderung der Selbstbestimmung des Menschen gegenüber der Natur, die zwar zum Objekt der Analyse wird,[32] aber das Individuum zur Selbstbehauptung als gestaltende Kraft herausfordert. Prometheus trägt mit seiner schaffenden Kraft, die – und das unterscheidet den Renaissance-Typos vom antiken Mythos – in seiner *Handlungsfreiheit* gründet,[33] eben zur Idee der Selbsterhaltung gegenüber der Natur bei.

Das Individuum der Renaissance wartet also im Gegensatz zur christlichen Person des Mittelalters nicht mehr auf seine Bestimmung durch Gott, sondern es erreicht seine Bestimmung durch die Selbstvermittlung. Die Bedingungen der Möglichkeit solcher Selbstbestimmung, die in den neuzeitlichen Selbsterhaltungstheoremen in ihrer Begrenztheit erkannt werden wird, untersucht die Philosophie der Renaissance nicht. Deshalb bleibt der Mythos in der philosophischen Auslegung auf halbem Weg stehen; denn er führt nicht zur theoretischen Selbstaufhellung des Begriffs des Individuums. Dessen Struktur der Subjektivität, die zu einer Theorie des Selbstbewußtseins hätte führen können, bleibt wohl durch das Interesse an der gegenständlichen Kreativität des Ich der Renaissance verschlossen. Freilich sind die Probleme angerissen, die das philosophische Denken der Neuzeit bestimmen: Wie kann das Individuum sich selbst als Quellpunkt der Möglichkeiten seines Denkens und seines Handelns nicht nur *bestimmen*, sondern dieser auch *sein*?

[31] A. Heller, Der Mensch der Renaissance, 445–467; B. Behrens, Nachbemerkung zu Fr. Bacon, Nova Atlantis, in: F. Bacon, Nova Atlantis (ed. B. Behrens), Berlin ²1984, 55–77.

[32] H. Blumenberg, Die Lesbarkeit der Welt, Frankfurt a. M. 1986, 86 f.

[33] U. Steinvorth, Freiheitstheorien in der Philosophie der Neuzeit, Darmstadt 1987, 24–27.

4. DAS ICH AUF DEM WEG ZUM SELBSTBEWUSSTSEIN – GRUNDZÜGE DES ICH-GEDANKENS IN DER NEUZEIT

In den einleitenden Überlegungen machten wir zwei typologische Merkmale für den Zusammenhang des Ich-Gedankens mit der philosophischen Aufklärung fest: die reflexive Selbstbestimmung des Subjekts und – dadurch ermöglicht – die praktische Freiheit der Selbstverwirklichung als Individuum.[1] Beides, die Struktur der Subjektivität und deren individuelle Konkretisierung im Handlungszusammenhang, bedingen die Erscheinung des Ich im sozialen und geschichtlichen Raum, der durch die Erforschung seiner logisch-systematischen Entstehungsprinzipien erhellt wird. Wenn das Forschungsinteresse der Aufklärung auch objektiv gerichtet erscheint, so verzichtet sie dennoch nicht darauf, die Hintergründe des objektiven Bildes der Wirklichkeit in Betracht zu ziehen und deren „ichliche" Ebene zu analysieren.[2] Dem Ich-Gedanken ist deshalb ein neues Moment einzufügen: der Begriff der Subjektivität öffnet sich über das systematische Prinzipiengefüge hinaus zur Idee der Geschichtlichkeit, welche zugleich mit dem Subjekt entsteht; dieses entdeckt sein Werden durch die Vergangenheit hindurch. Damit aber schärft sich auch der Blick für die Verantwortung gegenüber der individuellen Wirkungsgeschichte; das Individuum lebt ethisch relevant.

Die zentralen philosophischen Entwürfe des 17./18. Jahrhunderts widmen sich in unterschiedlichen Aspekten ebendieser Fragestel-

[1] M. Frank, Die Unhintergehbarkeit von Individualität, Frankfurt a. M. 1986, 62–64: „Zur Subjektivität gehört wesentlich Spontaneität" (ebd., 62).

[2] R. Koselleck, Vergangene Zukunft. Zur Semantik geschichtlicher Zeiten, Frankfurt a. M. ²1984, 183 ff., 321–339. Koselleck weist auf die zunehmende Beziehung der Vergangenheit auf die Subjekte der Geschichtszeit hin, die auf die neuzeitliche Relativierung der Wahrheit hinführe. Die „innere Zeit der einzelnen Geschichten" (ebd., 323) führe zur Gliederung der „Geschichte nach immanenten, zudem anthropologisch fundierten Kriterien des Vorher und Nachher" (ebd., 325).

lung. Es ist ihnen gemeinsam, daß sie nicht mehr an der antiken Philosophie anknüpfen. Denn sie wurden durch die kreative Individualität der Renaissancekultur angeregt, die in exaktwissenschaftlicher Wendung anthropologisch forschte,[3] so daß sich die Frage nach der objektiven Struktur des Menschen als Subjekt stellte. Konkret wurde dies in der Problematik des Zusammenhanges von Leib und Seele diskutiert, der sich mit der veränderten Fassung des Verstandesbegriffs etwa bei J. Locke ebenfalls veränderte. Die „Wechselwirkungen zwischen dem Verstand und den verschiedenen Kräften (powers) der natürlich-organischen Struktur des Individuums"[4] wurden empirisch untersucht und dann in der Theorie des Intuitiven (Eindruck, Empfindung) philosophisch ausgewertet. Das Ich wird dabei rein funktionell Haftpunkt der Anschauungen, ohne daß sich der Ich-Gedanke dabei auf die Bewußtseinsebene erhebt. Mit derartigen empirischen Entwürfen setzen sich Denker wie Leibniz, Spinoza und Hume auseinander, die gezielt die Form der Reflexivität als Grundstruktur des Bewußtseins untersuchen und nach deren Wirkung auf die Individualität im sozialen und historischen Raum fragen, mithin also auch die ethische Relevanz des Ich-Gedankens thematisieren.

4.1 Ich als Selbstbewußtsein nach R. Descartes

Descartes' Entwurf zur Theorie des Selbstbewußtseins mutet wie ein Sprung in der Entwicklung der Philosophie des Ich-Begriffes an. Der prinzipiell neue Ansatz im Selbstbewußtsein, in welchem „in Verbindung mit der individuellen Person und ihrem Denkweg zugleich die prinzipielle Seite dieses Weges und des Wissens als cogito ... evident"[5] wird, dürfte explizit in der vorangehenden Geschichte des philosophischen Gedankens nirgends vorbereitet gewesen sein. Zwar kann der Weg Descartes zum Selbstbewußtseinsbegriff über

[3] S. Moravia, Beobachtende Vernunft. Philosophie und Anthropologie in der Aufklärung, Berlin/Frankfurt a. M./Wien 1977, 17–50; St. Toulmin, J. Goodfield, Entdeckung der Zeit, Frankfurt a. M. 1985, 121–143.

[4] S. Moravia, Beobachtende Vernunft, 25 f.; F. v. Kutschera, Grundfragen der Erkenntnistheorie, 303–307; G. Ryle, Der Begriff des Geistes, Stuttgart 1969, 7–25.

[5] F. Bader, Die Einheit des transzendentalen Wissens in Descartes' Methodenlehre, in: Franzisk. Stud. 65/4 (1983) 297–333, 306.

die mathematische Unendlichkeitstheorie[6] und die Untersuchung der analytischen Methode[7] aufgezeigt werden. Aber die grundlegende Idee war wohl Descartes' ureigene Intuition.[8] Worin besteht die neue Entdeckung Descartes, die er am 10. November 1619 vermutlich im schwäbisch-bayerischen Raum machte?[9]

Descartes war in seinem wissenschaftlichen Denken durch die Methodenfrage beeinflußt, die F. Bacon aufgeworfen hatte. In seinem ›Novum Organon‹[10] will er einen Schritt auf die „Instauratio magna scientarum", die große Erneuerung der Wissenschaften, hin unternehmen. Bacon macht auf die Notwendigkeit der Absicherung der angewendeten Forschungsmethode aufmerksam[11]; denn nur dadurch ist eine Erkenntnis zu gewinnen, die den Täuschungen (Idolen) des Denkens und den Einflüssen der Öffentlichkeit entgeht.[12] Nun wird nach dem Urteil Cassirers Descartes nicht dadurch zum „Begründer der neuen Philosphie ..., daß er den Gedanken der Methode an die Spitze stellt, sondern dadurch, daß er in ihm eine neue Aufgabe erfaßt".[13] Diese Aufgabe besteht in der Untersuchung der Möglichkeiten, wie die methodischen Unschärfen im Erkenntnisvorgang durch die Analyse ihrer Hintergründe zu beseitigen wären. Er faßt den Plan, „die wahre Methode zu suchen, die zur Erkenntnis aller Dinge führt, die [dem] Geist faßbar wären".[14] Hier ist die Neuorientierung der Untersuchungs-

[6] Vgl. E. Cassirer, Das Erkenntnisproblem in der Philosophie und Wissenschaft der neueren Zeit, Erster Band, Darmstadt 1974, 439–464.

[7] H. J. Engfer, Philosophie als Analyse, Stuttgart/Bad Cannstatt 1982, 122–167.

[8] Vgl. die Analyse der „drei Träume der Nacht vom 10./11. November 1619" bei F. Bader, Die Ursprünge der Transzendentalphilosophie bei Descartes, Erster Band: Genese und Systematik der Methodenreflexion, Bonn 1979, 90–109. Bader betont, daß diese Träume die „rationes seminales seiner späteren Philosophie" (ebd., 109) enthalten. In der ersten der ›Meditationen über die Grundlagen der Philosophie‹ (1685) argumentiert Descartes, daß die Evidenz des Selbstbewußtseins auch durch den Traum nicht zu hintergehen sei.

[9] R. Descartes, Von der Methode (ed. L. Gäbe), Hamburg 1971, 9–15; F. Bader, Die Ursprünge der Transzendentalphilosophie, Band 1, 74–84.

[10] F. Bacon, Das Neue Organon (Novum Organon) (ed. M. Buhr, Berlin 1962.

[11] F. Bacon, Das Neue Organon, Aphorismen Nr. 19, 70, 64.

[12] F. Bacon, Das Neue Organon, Nr. 58–71.

[13] E. Cassirer, Das Erkenntnisproblem, Erster Band, 440.

[14] R. Descartes, Von der Methode, 14.

richtung bereits festzustellen: Nicht die äußeren Bedingungen der wissenschaftlichen Forschung interessieren Descartes; er verankert die Methodenfrage und das Wahrheitsproblem vielmehr im Fassungsvermögen des menschlichen Geistes. Folgerichtig bedeutet bei Descartes Methodenanalyse, daß man zunehmend genaueres Wissen über die Struktur des vernünftigen Wissensaktes selbst erhebt. Die Umschichtung des Methodenproblems von der präzisen Untersuchung der objektiven Forschungsbedingungen auf die Analyse der Vernunft nahm er bereits in seinen ›Regeln zur Ausrichtung der Erkenntniskraft‹[15] in Angriff. In den ›Meditationen über die Grundlagen der Philosophie‹ gelangte die neue Aufgabenstellung zu ihrem Ziel: der Reflexionsform des Selbstbewußtseins als dem „festen und unbeweglichen Punkt des Archimedes"[16] im Blick auf die Wissenssicherung.

In der ›Zweiten Meditation‹ richtet sich die Analyse auf die Erkenntnis des menschlichen Geistes. Die Voraussetzung der Überlegung bildet die Abhaltung der „äußeren" Wirklichkeit, wie sie sinnlich wahrgenommen wird. Auch den Urteilen über die Existenz der Realität in den Sinneswahrnehmungen ist zu mißtrauen: „Ich setze also voraus, daß alles, was ich sehe, falsch ist, ich glaube, daß niemals etwas von dem existiert hat, was das trügerische Gedächtnis mir darstellt: ich habe überhaupt keine Sinne; Körper, Gestalt, Größe, Bewegung und Ort sind nichts als Chimären. Was also bleibt Wahres übrig?"[17] Die radikale Abwendung von der Evidenz der physischen Wirklichkeit führt zu zwei Möglichkeiten: Entweder die Ungewißheit des Wissens ist das letztmögliche Urteil, das die Vernunft fällen kann. Oder – und jetzt ist auf den Akt des Urteilens selbst zu reflektieren – man geht auf den Urteilenden selber zurück. Dieser stellt dann die letzte vernünftig erreichbare Gewißheit dar. Auf den Urteilenden nun hebt Descartes ab, weswegen er in seinen ›Meditationen‹ die Ich-Form[18] verwendet. Dadurch ist bereits

[15] R. Descartes, Regeln zur Ausrichtung der Erkenntniskraft (ed. L. Gäbe), Hamburg 1979.

[16] R. Descartes, Meditationen über die Grundlagen der Philosophie mit den sämtlichen Einwänden und Erwiderungen (ed. A. Buchenau), Hamburg 1972, 17.

[17] R. Descartes, Meditationen über die Grundlagen der Philosophie, 17.

[18] Vgl. dazu die analytische Untersuchung von G. E. M. Anscombe, Die erste Person, in: P. Bieri, Analytische Philosophie des Geistes, Meisenheim am Glan 1981, 222–242.

sprachlich angedeutet, daß die vorgelegten Reflexionen notwendigerweise vom Leser mitzuvollziehen sind; denn ohne die an der reflektierenden Person selbst vorgenommene Bezweiflung der Wahrnehmungsurteile erschließt sich die Evidenz des Bewußtseinsurteils nicht. Anders gesagt: Wenn ich auch davon ausgehe, daß die physische Welt und meine Wahrnehmungsurteile von ihr ungültig sind, erhebe ich implizit für meine eben vollzogene Thesis Geltung. Die Möglichkeit, die Aussagen über die physische Wirklichkeit in der Beliebigkeit zu belassen, entpuppt sich demnach als Schein, solange der Urteilende seine eigene Geltungserhebung nicht aufgibt. Im vorgetragenen Abhaltungsakt bleibt also eine nicht hintergehbare Evidenz: das Ich dessen, der den Akt vollzieht. Damit aber ist dieses Ich noch längst nicht bestimmt.

„Noch erkenne ich aber nicht zu Genüge, wer ich denn bin, der ich jetzt notwendig bin, und ich muß mich demnächst hüten, daß ich nicht etwa unvorsichtigerweise etwas anderes für mich selbst ansehe und auf diese Weise sogar in der Erkenntnis abirre, von der ich behaupte, sie sei die gewisseste und einleuchtendste von allen."[19] Descartes ist vorsichtig und unterstellt der Einsicht in die nicht weiter hintergehbare Evidenz des Ich die Möglichkeit der Täuschung. Es führte zu weit, den großen Bogen des systematischen Zweifels, der Vorstufe zur Verstandeskritik Kants und der universellen Vernunftkritik Fichtes nachzuzeichnen.[20] Halten wir uns an das Ergebnis dieser Untersuchungen.

Ausgangspunkt ist die Frage nach der Sicherung der Intuition der Evidenz des Ich. Descartes weist zunächst die möglichen Begründungen des Ich aus seiner Realität als physikalischer Körper ab. Weder die Ausdehnung im Raum noch andere physische Eigenschaften halten der Bezweiflung stand. Auch die seelischen Empfin-

[19] R. Descartes, Meditationen über die Grundlagen der Philosophie, 18.

[20] Vgl. dazu: F. Bader, Die Ursprünge der Transzendentalphilosophie bei Descartes, Zweiter Band, Teil 1: Descartes' Erste Philosophie: Die Systematik des methodischen Zweifels, Bonn 1983, 65–288. Bader durchläuft die systematischen Formen des methodischen Zweifels, in welchen die prinzipiellen Möglichkeiten der Systematik des Zweifels als Methode der Erkenntniskritik erschöpfend dargestellt sind. Im idealistischen Zweifel wird der methodisch verabsolutierte Standpunkt der Subjektivität vom Totalitätskonzept des Wissens her als einseitig nachgewiesen. Dem steht polar der absolute Seinsstandpunkt gegenüber. An ihm setzt das realistische Zweifelsargument an, das zur notwendigen Beziehung des Seins auf das Bewußtsein führt.

dungen werden durch die Ich-Evidenz unterlaufen; denn nach deren Abhaltung besteht das Ich als deren Grundlage weiter. Selbst die Einbildung, daß das Ich als Träger („geistige Substanz“) der physischen und seelischen Eigenschaften nichts ist, vermag die Tatsache, daß dieses Urteil vollzogen wird und insofern auf den Urteilenden zurückweist, nicht zu erschüttern. Letztendlich verbleibt nur noch die Möglichkeit, den Zweifel auf den Zweifelnden selbst anzuwenden. Hier gelangt Descartes an den Mittelpunkt seiner Überlegungen. Denn auch der Rückbezüglichkeit des Zweifels auf sich selbst entgeht das Ich: „Denn daß ich es bin, der zweifelt, der einsieht, der will, das ist so offenbar, daß es durch nichts augenscheinlicher gemacht werden kann.“[21] Der Zweifel nun ist ein Akt des Denkens, welches durch ihn auf sich selbst geworfen wird. Im Akt des Zweifelns bleibt das Denken das Zweifelnde wie zugleich das Bezweifelte. Damit gewinnt Descartes die Struktur des Ich-Aktes. Er besteht in der Einheit des Bewußtseins, das im selben Akt subjektives und objektives Wissen zugleich ist. Genau das besagt das berühmte cartesianische „cogito, sum“,[22] das bei Descartes zum „Grundprinzip der Ersten Philosophie“[23] erhoben ist.

Descartes gibt an der Schwelle zur neuzeitlichen Aufklärung dem Ich-Gedanken den wesentlichen Impuls: nach ihm wird das Ich als Bewußtsein seiner selbst bestimmt. Was wir in der platonischen Linie der Philosophie als Subjektivität mit der Strukturform der Reflexivität ausmachten, verdichtet sich jetzt zum reflexiven (auf sich zurückbezogenen) Bewußtsein. Damit ist der Schritt zur Einheit des subjektiven und objektiven Bewußtseinspols, wie er bei Kant aufgegriffen und bei Fichte gestaltet wird, getan. Zugleich aber differenziert sich der philosophische Diskurs über das Ich. Denn das Problem der Individualität stellt sich nicht mehr nur als die Frage nach der objektiven Seite des Ich-Begriffes dar. Vielmehr ist es neu zu bestimmen. Gerade das aber sollte Aufgabe der eher empirisch gewendeten Philosophie des folgenden 18. Jahrhunderts werden. Diese wendet sich gegen die Bevorzugung des Bewußtseins, was zu einer Veränderung in der Handlungstheorie führen mußte. Wenn nämlich auch der Wille zum Bewußtseinsvermögen wird, entsteht die Schwierigkeit, dessen Wirksamkeit auf die Realität zu er-

[21] R. Descartes, Meditationen über die Grundlagen der Philosophie, 22.
[22] R. Descartes, Von der Methode, 26.
[23] F. Bader, Die Einheit des transzendentalen Wissens in Descartes' Methodenlehre, a. a. O., 301.

klären, bzw. diese auf den Willensimpuls zurückzuführen. Tatsächlich benennt der Einwand eine systematische Unstimmigkeit in der Bewußtseinstheorie von Descartes. Er dachte den Zusammenhang von Wirklichkeit (res extensa) und Denken (res cogitans) nicht wieder in der Subjekt-Objekt-Einheit des Bewußtseins, sondern stellte beides als ontische Substanzen hin. Er bezieht die objektive Vorhandenheit des Ich nicht konsequent genug auf die Bewußtseinseinheit und verfällt im Blick auf das Bewußtsein dem Subjektivismus, im Blick auf die physische Welt dem Realismus. Blaise Pascal mahnt dies in einer Stelle seiner ›Pensees‹ an: „Und wenn man mich wegen meines Urteils oder meines Gedächtnisses schätzt, liebt man mich, *mich*? Nein, denn diese Fähigkeit kann ich verlieren, ohne mein Ich zu verlieren. Wo ist dieses Ich, wenn es weder im Körper noch in der Seele liegt?"[24] Das Ich muß, wenn es in objektive Beziehung treten soll, eine Substanz sein, die über bestimmte Eigenschaften verfügt. Dazu aber ist das Bewußtseins-Ich Descartes nach Ansicht realistischer Denker nicht fähig, da es zu formal gefaßt wirkt. Solche Argumente gegen einen rein bewußtstheoretischen Ich-Gedanken finden sich in der analytischen Linie der Gegenwartsphilosophie wieder, die die vernunftlogische Sicherheit der Evidenz des Ich-Bewußtseins anzweifelt. Im äußersten Fall gelänge es nach Ansicht analytischer Logiker, die satzlogische Sicherheit der Zuschreibung des Wortes „Ich" auf einen Sprecher herzustellen,[25] ohne ein subjektivistisches System zu konstruieren. Der Vorgriff auf die Gegenwartsdebatte der Bewußtseinstheorie erhellt die Richtungen der Problementwicklung nach Descartes. Zum einen widmet man sich der objektiven Seite des Ich-Gedankens, indem das Ich als individuelles Mitglied der Gesellschaft gesehen wird. Zum anderen geht es um die Klärung der logischen Bedingungen des Selbstverständnisses des Ich als Bewußtsein. Mit Interesse ist zu beobachten, wie die Problemstellungen sich in der Frage nach der Geschichtlichkeit von Ich und Individuum sich aufeinander zubewegen.

[24] B. Pascal, Pensées. Über die Religion und über einige andere Gegenstände (ed. E. Wasmuth), Heidelberg ^{7}1972, Nr. 323.

[25] M. Frank, Die Unhintergehbarkeit von Individualität, 30–34, 82; H. P. Duerr, Ni Dieu – ni mêtre, Frankfurt a. M. 1986, 54–64.

4.2 Logik des Selbstbewußtseins und rationale Individualität

Der Anstoß durch Descartes, wenn seine Entdeckung des Selbstbewußtseins auch bald auf Widerspruch stieß, war gegeben. Sich an Descartes vorbeizumogeln, was ja Verzicht auf die neue Grundlage der Rationalität, das reflexive Bewußtsein, bedeutet hätte, gelang der Folgegeneration der Philosophen kaum. Unweigerlich hätte man sich dem Vorwurf des Rückfalls hinter die Stellung der Renaissance zur schöpferischen und insofern selbstbewußten Individualität ausgesetzt. Das Subjekt – kaum auf den Weg zur Selbstermächtigung gebracht – wäre schon wieder durch die metaphysische Ontologie aufgesogen worden. Das Bemühen, dem zu entgehen, ohne mit einer freilich rational geklärten Metaphysik ganz zu brechen, und zugleich seine aufklärerische Selbsterhellung weiterzubringen, kennzeichnet das Werk von G.W. Leibniz. Er setzt sich – wie sonst kein Zeitgenosse – mit der englischen und französischen Aufklärungsphilosophie, aber auch mit den bedeutenden empirischen Erkenntnisfortschritten auseinander. Dabei läßt er Vorsicht walten. Es war ihm durchaus die Verflechtung der klassischen Metaphysik des Mittelalters mit der katholisch-kirchlichen Theologie bewußt. Und er wollte letztere keinesfalls mit der ersteren verabschieden. Daß sein wichtigstes Werk, die ›Theodizee‹, den „Versuch einer Rechtfertigung der Gottheit angesichts des Negativen“[26] unternimmt, wirft ein Licht auf die Ortung der eigenen Reflexionen Leibnizens in seiner Zeit. So bespiegeln die Denker des ausgehenden 17. Jahrhunderts sich gegenseitig.

„Man kann immerhin sagen, daß der Satz: ich bin, von höchster Evidenz, oder auch, daß er eine unmittelbare Wahrheit ist, da er ein Satz ist, der durch keinen anderen bewiesen werden kann. Denn wenn man sagt: Ich denke, also bin ich, so heißt dies nicht eigentlich das Dasein durch das Denken beweisen, denn denken und denkend sein, ist ganz dasselbe, und wenn man sagt: ich bin denkend, so sagt man damit schon: ich bin.“[27] Leibniz spricht mit Klarheit Descartes Systematik aus: es geht im „Cogito“ nicht um eine Art Bewußtseinsbeweis, der vom Denken auf das Dasein schließt. Leibniz zielt in die Einheit von Denken und Dasein, so daß das Denken nicht ohne die

[26] C.F. Geyer, Das „Jahrhundert der Theodizee“, in: Kant-Studien 73/4 (1982), 393–404, 394.

[27] G.W. Leibniz, Neue Abhandlung über den menschlichen Verstand (ed. E. Cassirer), Hamburg 1971, 487.

Bedingung des Daseins und das Dasein nicht ohne die Bedingung des Denkens zu fassen ist. Genau darin besteht der Akt des Selbstbewußtseins. Indem ich mit Bewußtsein mich selbst erkenne, setze ich in dieser Erkenntnis die Existenz meines Selbst samt der Möglichkeit des Bewußtseins voraus. Umgekehrt: Wenn ich ein Urteil über mein Dasein abgebe („Ich bin"), setze ich in diesem Urteil das Bewußtsein meines Daseins als mein eigenes Bewußtsein, mein Selbst, voraus. Ohne Bewußtsein bliebe mir das Urteil verwehrt. Als ob er vor dem eigenen Mut zur Erkenntnis erschräke, verlagert Leibniz die Möglichkeit solchen Selbstbewußtseins in Gott zurück: „nur Gott allein sieht, wie die beiden Bestimmungen ‚Ich' und ‚Dasein' miteinander verbunden sind, d.h. warum ich da bin."[28] Etwas Neues ist hier hinzugefügt: die Verbindung von Ich, der Selbstreflexivität, und Dasein, dem Selbst, wird als kausale Verbindung (Kausalnexus) gelesen. Darin präzisiert Leibniz den Zusammenhang zwischen Gott und dem Selbstbewußtseinsakt des Menschen, wie er in den ›Meditationen über die Grundlagen der Philosophie‹ von Descartes überdacht wurde. Zwar verfügt der Mensch im Selbstbewußtsein über die Einsicht in den Nexus von Vernunft und Dasein; aber die Begründung dieses Nexus findet er in der Reflexion des Gottesgedankens, nicht im Bewußtsein seiner selbst. Damit ist ein Merkmal seiner Kontingenz, seiner Gebrochenheit benannt. Auf logischer Ebene behandelt Leibniz die Kontingenz des menschlichen Daseins im Unendlichkeitsproblem.[29] Das Ergebnis seiner Überlegungen dazu ist für die bestimmtere Ausprägung des Ich-Gedankens bedeutsam.

Aus der logischen Analyse der Unendlichkeit erschließt sich für Leibniz die Denkform, in der das einzelne, Einfache in die Beziehung zum Allgemeinen gesetzt wird. Nur durch das Wechselverhältnis zwischen dem Allgemeinen und dem einzelnen lassen sich beide Begriffe denken. Unendlichkeit ist also keine ontologische

[28] G.W. Leibniz, Neue Abhandlung über den menschlichen Verstand, 487.

[29] G.W. Leibniz, Unendlichkeit und Fortschritt, in: Ders., Philosophische Schriften, Band 1: Kleine Schriften zur Metaphysik (ed. H.H. Holz), Darmstadt ²1985, 365–385; E. Cassirer, Das Erkenntnisproblem in der Philosophie und Wissenschaft der neueren Zeit, Zweiter Band, Darmstadt 1974, 154–160: „Die Analysis des Unendlichen ist nur eine neue und fruchtbare Durchführung der allgemeinen Forderung der Analysis der Begriffe, mit welcher Leibniz' Lehre beginnt" (ebd., 156).

Qualität, sondern eine logische Grundform des Verstandes, die an allen Erkenntnisleistungen mitwirkt.[30] Der Ich-Gedanke wird also nicht mehr nur wie bei Descartes als die Einheit stiftende Funktion des Bewußtseinsaktes bestimmt, sondern wird in der Form des logischen Wechselverhältnisses gedacht. Der einzelne bestimmt sich am Allgemeinen; das Allgemeine konkretisiert sich am einzelnen. Für Leibniz ist das Allgemeine Gott als absolute Substanz, der gegenüber der einzelne Mensch als abhängige Substanz zu erklären ist: „ein verkleinerter Quasi-Gott und ein gesteigertes Quasi Universum und gleichsam ein Prototyp."[31] Der einzelne also ist als geschlossene Welt zu denken, als „Monade", in der das universelle Verhältnis zwischen Gott und der Welt logisch abgebildet ist, so daß „aus jeder Monade ein Bild des vollständigen Begriffes des Universums"[32] auftaucht. Umgekehrt heißt das aber: Ohne die Universalität ist die Monade nicht denkbar. Von ihr her erhält sie ihre Qualität. Die Verwiesenheit des einzelnen auf die universelle Ordnung verschiebt den Standpunkt in der Bewußtseinsanalyse von Descartes zu Pascal, der die Spannung zwischen Unendlichkeit und Endlichkeit in der Erkenntnis des Menschen betonte.[33] „Die Menschen haben eigentlich keine Bedeutung als Individuen, sondern nur als Steinchen in einer kosmischen Ordnung, die nicht für sie geschaffen worden ist."[34] Die – von Steinvorth zurecht betonte – Akzentverschiebung ist der Grund, warum für Leibniz ein seit Platon in der Philosophie des Ich-Gedankens kaum mehr verhandeltes Problem wieder ins Bewußtsein kommt: Wie kann sich das Individuum gegenüber der Allgemeinheit des Universum behaupten?

Leibniz versucht in der ›Theodizee‹ auf der Grundlage seiner oben

[30] G.W. Leibniz, Abhandlung über den menschlichen Verstand, 145: „Der Gedanke des Unendlichen stammt also aus dem Gedanken der Ähnlichkeit oder der Identität des Grundes her: und sein Ursprung ist derselbe, wie der der allgemeinen und notwendigen Wahrheiten. Hieraus geht hervor, daß das, was diesem Gedanken erst seinen Abschluß gibt, in uns selbst liegt und nicht aus sinnlichen Erfahrungen stammen kann ..."

[31] G.W. Leibniz, Unendlichkeit und Fortschritt, a.a.O., 379.

[32] M. Frank, Die Unhintergehbarkeit der Individualität, 107.

[33] Leibniz zitiert in ›Unendlichkeit und Fortschritt‹ (a.a.O., 373–377) die Nr. 72 der ›Pensées‹ Pascals, in der der Gedanke, daß der Mensch „ein Nichts vor dem Unendlichen, ein All gegenüber dem Nichts, eine Mitte zwischen Nichts und All" (B. Pascal, Pensées, Nr. 72) sei, ausgeführt ist.

[34] U. Steinvorth, Freiheitstheorien in der Philosophie der Neuzeit, 120. Vgl. auch: H. Blumenberg, Die Lesbarkeit der Welt, 124f.

dargestellten Theorie des Wechselverhältnisses von Universalität und Individualität eine metaphysische Antwort. Daß er dabei den traditionellen Rahmen nicht verläßt, hängt mit seiner Vorsicht gegenüber den kirchlichen Machtverhältnissen in Deutschland zusammen. Entgeht er doch dadurch den Anfeindungen, denen sich Th. Hobbes ausgesetzt fand, weil er das Individuum vor allem im gesellschaftlichen Zusammenhang sah und dadurch als Philosoph direkt auf die Beurteilung des Tagesgeschehens einwirkte. Auf der politisch-sozialen Ebene spielt sich also die Auseinandersetzung um die Selbsterhaltung des Individuums ab. Hobbes will Philosophie methodisch an den Naturwissenschaften orientieren; d.h. in seiner Einschätzung des Menschen bedient er sich anthropologischer Erkenntnisse, die den Menschen als Naturwesen darstellen: „man diskutierte über den biologischen Ursprung des Menschen und über das Verhältnis zwischen Mensch und Tier.“[35] Descartes hatte das Selbstbewußtsein des Geistes mit dem natürlich-körperlichen Dasein des Menschen nicht vermittelt. Die „res extensa“, die physische Gegenwart des Menschen, ist für sein Ich-Bewußtsein nur von praktischer Bedeutung, weil sie die Voraussetzung für sprachliche Akte und Handlungen bildet. Descartes Inkonsequenz in der Reflexion auf die Bedingungen der Materialität des Menschen einerseits, das Zugeständnis des Zusammenhanges zwischen materieller und geistiger Ebene im selbstbewußten Ich-Akt des Menschen andererseits hatte die empirische Forschung angeregt. Hatte Descartes für die Einheit des Individuums mehr dessen geistige Kräfte verantwortlich gemacht, so verlegte Hobbes, der von der ursprünglichen Ungebundenheit und Leidenschaftlichkeit des Menschen ausging, die Möglichkeit der Entfaltung des Individuums in die Gewalt des Staates. Im ›Leviathan‹, seinem wichtigsten Werk zur Philosophie der Politik, fordert er, die Individuen sollten auf jedes Recht außer auf das Eigentumsrecht verzichten, in welchem sich der Wille zur Selbstbehauptung und -abgrenzung niederschlage. Dadurch könne der Staat die Beziehungen zwischen den Einzelnen so ordnen, daß jedermanns Selbsterhaltung ohne die Verletzung der Rechtssphäre des anderen garantiert ist. Der Staat diene dann dem Selbsterhaltungsrecht des Individuums, wenn er sich an guten Zwecken ausrichte; welche Zwecke nach Hobbes sich dadurch definierten, daß sie die Handlungsfreiheit des Menschen durch die

[35] S. Moravia, Beobachtende Vernunft. Philosophie und Anthropologie in der Aufklärung, 20.

richtige Beschränkung seiner ursprünglich-natürlichen Freiheit entfalten würden.[36] Hobbes hält demnach das Verhältnis zwischen der staatlich verfaßten Gesellschaft und der ursprünglich uneingeschränkten Freiheit des Individuums für eine Bedingung der Entfaltung des Menschen. Er verzichtet im Gegensatz zu Leibniz auf die metaphysische Begründung der Freiheit zur Selbstbestimmung des Menschen, weshalb Hobbes auch nicht zu einem reflexionstheoretischen Ich-Begriff gelangt. Vielmehr verleiht Hobbes der praktischen Seite des Ich-Problems, der Handlungs- und sozialen Theorie des Ich-Begriffes, neue Bedeutung, die sich über die ethische Skepsis der Aufklärung bei Voltaire unter verändertem Vorzeichen auf die Dialektik des Sozialen im nachhegelianischen Denken auswirkte.

Machen wir uns die Reflexionssituation deutlich: Hobbes wendet die Denkrichtung auf die natürlichen Bedingungen des Individuums. Es entdeckt in der wechselseitigen Verschränkung von natürlicher Freiheit und staatlicher Ordnung die Möglichkeit der Selbstbehauptung, ohne den Freiheitsbereich des anderen zu verletzen. Leibniz sieht die Bestimmung des einzelnen als Subjekt und Individuum im erkenntnistheoretisch geläuterten metaphysischen Zusammenhang des universellen Weltentwurfes, vermittels dessen die einzelne Monade Gott als die transzendente Bedingung ihrer Eigenart erfaßt. Eine Zwischenstellung nimmt der Denker ein, der die europäische Aufklärungsphilosophie mit am nachhaltigsten beeinflußte, J. Locke. In der ›Abhandlung über den menschlichen Verstand‹ verbinden sich anthropologisches Interesse mit erkenntnistheoretischer Reflexion. Das Bewußtsein ist nach Locke nur zusammen mit seinen sinnlichen Inhalten gegeben. Ohne die Wahrnehmungen und Empfindungen bleibt das Bewußtsein, Verstand[37] genannt, leer. Schon hier zeigt sich die veränderte Einschätzung des Verstandes durch Locke. Während Leibniz das Bewußtsein oder den Geist – die Bezeichnungen verschwimmen – als eigenständige „der Reflexion und der Wissenschaft fähige"[38] Substanz versteht, sieht Locke darin ein Vermögen ohne substantielle Selbständig-

[36] Vgl. dazu: U. Steinvorth, Freiheitstheorien in der Philosophie der Neuzeit, 71–80; G. Gawlick (Hrsg.), Empirismus, Stuttgart 1985, 49f.

[37] Zur systematischen Unterscheidung von „Selbstbewußtsein", „Vernunft" und „Verstand" vgl. meine einschlägigen Artikel dazu, in: Wörterbuch des Christentums, 1142f., 1319–1321.

[38] G. W. Leibniz, Unendlichkeit und Fortschritt, a. a. O., 383.

keit.[39] Von Lockes Begriff des Verstandes her ergibt sich der systematische Grund für die Probleme, die Descartes mit seiner Selbstbewußtseinstheorie hinterließ. Wer die Spaltung von res cogitans und res extensa im ontologischen Sinn versteht, belädt sich mit den Vermittlungsproblemen des Dualismus. Im Ich-Begriff muß dann die Dimension des Geistes die Rolle der Substanz, die körperliche Dimension die Rolle der Akzidentien übernehmen. Das Individuum unterscheidet sich also bei substantieller Gleichheit (universelle Geist-Seele) durch die physischen Akzidentien, die seine Vorhandenheit in Raum und Zeit (Leiblichkeit) festlegen. Die Umkehrung solch einseitiger Seelenbestimmtheit des Individuums wird durch materialistisch orientierte Aufklärungsdenker wie La Mettrie oder Holbach vorgeschlagen. Sie verstehen die geistigen Vermögen als Funktionen des Körpers.[40] Dementsprechend wird der individuelle Unterschied der Menschen gattungsgeschichtlich und nach der Organisation seines Körpers bestimmt, die Aufschlüsse über seinen geistigen Habitus verleihe. Das Individuum gelangt nicht zu einem ausgeprägten Ich-Bewußtsein im Sinn der Subjektivität, sondern weiß sich als Glied der Gesamtordnung der Natur kraft seiner natürlich-organischen Eigenart.[41] Von hier aus ist es nicht mehr weit zur ironischen Infragestellung der ethischen Haltung des Subjekts; denn es selbst ist in eine natürlich-universale Funktionalität aufgelöst!

Locke entgeht mit der Auffassung, daß der Verstand eine Fähig-

[39] J. Locke, Über den menschlichen Verstand, Erster Band (ed. Th. Schultze), Leipzig 1898, II, 1, §§ 2–4 (100ff.).

[40] J. O. de la Mettrie, Der Mensch als Maschine, Leipzig ²1984, 31: „Der Mensch ist eine so komplizierte Maschine, daß es unmöglich ist, sich zunächst eine klare Idee von ihr zu bilden und sie dann entsprechend zu definieren. ... So kann man nur a posteriori, in dem man nämlich die Seele gleichsam in den Organen des Körpers zu erkennen sucht, die Natur des Menschen selbst entdecken.“ P. H. Th. d'Holbach, zit. nach W. Oelmüller, R. Dölle-Oelmüller, C. F. Geyer, Diskurs: Mensch, München/Wien/Zürich 1985, 132: „er [der Mensch, C. R.] ist ein materielles Wesen, das auf seine Art und Weise gebaut und gebildet ist, daß es empfinden, denken und in bestimmter Weise modifiziert werden kann, die nur ihm allein, seinem Körperbau, den besonderen Verbindungen der Stoffe, die sich in ihm vereinigt finden, eigentümlich ist.“

[41] Vgl. dazu: P. H. Th. d'Holbach, a. a. O., 134: „Diese Fähigkeit, sich einzuordnen, dieses gegenseitige Einordnen nennen wir die Ordnung des Universums, das Fehlen dieser Fähigkeit bezeichnen wir als Unordnung.“

keit am Menschen sei, der materialistischen Einseitigkeit. Zugleich verhindert er die Vereinfachung des Verstandes zur sinnlichen Wahrnehmung, indem er feststellt, daß der Verstand sich selbst beobachtet. Er hat also die Möglichkeit zur „Kenntnisnahme ... von seinen eigenen Tätigkeiten und deren Art und Weise".[42] Der Verstandesakt umfaßt die Inhalte wie die Formen, in welchen die Inhalte im Verstand gegeben sind. Wenn der Verstand dergestalt Rechenschaft über seinen Inhalt und seine Form geben kann, ist er reflexiv gefaßt. Die Reflexivität wurde schon bei Platon als Strukturmerkmal der Subjektivität festgeschrieben. D.h. sie erstreckt sich nicht nur auf die theoretischen Akte des Bewußtseins; vielmehr gehört auch die bewußte Willensbestimmung zur Subjektivität. Locke sieht die Freiheit des einzelnen Menschen in seiner Subjektivität dann begründet, wenn sie als Einheit von Verstand und Willen gefaßt wird. „Also ist die Freiheit eine Idee, die nicht das Wollen oder das Vorziehen betrifft, sondern die Person, die die Macht hat, etwas zu tun oder zu unterlassen, je nachdem der Geist wählen oder Anweisung geben wird."[43] Damit hat Locke die wichtigsten Voraussetzungen für seinen Ich-Begriff gewonnen. Die Frage ist angesichts der Struktur des Verstandes: Wie unterscheiden sich die Menschen in ihrer Subjektivität voneinander? Anders: Worin liegt das Prinzip der Individuation, wenn die Subjektivität nur noch eine Struktur, nicht aber ein substantielles Merkmal am Menschen ist?

Leibniz besteht in dieser Frage entgegen der Meinung der Anhänger von Descartes, die die Individualität vor allem an der Differenz der Raum- und Zeitstellen festmachten, auf einem „Prinzip der Individuation".[44] Jedes Wesen sei durch ein inneres Lebensprinzip organisiert, das ihm sowohl physische Gestalt wie auch Substantialität, d. h. Selbständigkeit im Dasein wie im Begriff seiner selbst, verleiht. Der einzelne bewahrt seine Identität seiner eigenen Geschichte wie anderen gegenüber „kraft dieser Seele oder dieses Geistes, der in den denkenden Geistern das Ich ausmacht".[45] Leibniz macht sich an der Stelle verschiedene Einwände, die von der empirischen Anschauung der unveränderlichen physikalischen Organisa-

[42] J. Locke, Abhandlung über den menschlichen Verstand, II, 1, § 4.

[43] J. Locke, Abhandlung über den menschlichen Verstand, II, 21, § 10.

[44] G. W. Leibniz, Neue Abhandlungen über den menschlichen Verstand, 240.

[45] G. W. Leibniz, Neue Abhandlungen über den menschlichen Verstand, 242.

tion des Körpers als Kennzeichen der Person bis zur moralischen Persönlichkeit reichen. Schließlich zitiert er Lockes Theorie der Identität. Sie bildet den Mittelpunkt in seinen Überlegungen zum Ich-Gedanken.

„Um zu erkennen, worin die persönliche Identität besteht, müssen wir erwägen, was Person bedeutet; und ich denke, das ist ein denkendes, verständiges Wesen, das Vernunft und Überlegung besitzt und sich selbst betrachten kann, als dasselbe denkende Wesen zu verschiedenen Zeiten und an verschiedenen Orten, wozu es nur mit Hilfe des vom Denken untrennbaren und diesem ... wesentlichen Bewußtseins imstande ist, indem es niemandem möglich ist, etwas wahrzunehmen, ohne zugleich wahrzunehmen, daß er wahrnimmt."[46] Locke gewinnt seinen Personbegriff von der Wahrnehmung aus. Darin bleibt er dem empirischen Konzept treu. Sein Wahrnehmungsbegriff umfaßt allerdings auch die Selbstwahrnehmung. Mit ihr ist die Beobachtung im Verstand gegeben, in welcher der Verstand den Warhnehmungsinhalt und sich selbst als den, der wahrnimmt, erkennt. Der Verstand verfügt über das Bewußtsein seiner Wahrnehmungsfunktion. Mit dem Bewußtsein begleitet also der Verstand seine Akte. Nun gilt für Locke: „weil das Bewußtsein das Denken immer begleitet und jeden zu dem macht, was er sein Selbst nennt und wodurch er sich von allen anderen denkenden Wesen unterscheidet, so besteht hierin allein die persönliche Identität, d.h. die Selbigkeit des vernünftigen Wesens",[47] die sich auch auf die Geschichte dieses Wesens ausdehnt. Die Identität des Menschen besteht in der Reflexivität des Bewußtseins. Sie erst eröffnet die Möglichkeit der Individualität, insofern durch diese Reflexivität die Geschichte des einzelnen in das Wissen von sich selbst aufgenommen wird. Individualität unterscheidet sich also von der Identität durch das Leben, eben die konkrete Verwirklichung der Subjektivität in der Zeit-Gegenwart.[48] Für Locke gehört also in die Selbstzuschreibung „Ich"[49] die Struktur der Reflexivität des Bewußtseins als Voraussetzung der Erfahrbarkeit der konkreten Selbstverwirklichung, für die – das sei aus seiner Gesellschafts-

[46] J. Locke, Abhandlung über den menschlichen Verstand, II, 23, § 9.

[47] J. Locke, Abhandlung über den menschlichen Verstand, II, 23, § 9.

[48] Vgl. J. Locke, Abhandlung über den menschlichen Verstand, II, 23, § 10.

[49] J. Locke, Abhandlung über den menschlichen Verstand, II, 23, § 14.

theorie[50] ergänzt – der Staat Raum gibt, insofern er dem einzelnen Menschen Handlungsfreiheit zugesteht. Gegenüber Hobbes, für den das Individuum durch den Staat als solches definiert ist, hat der Staat bei Locke die Aufgabe, jedem Individuum seinen Freiheitsraum zur Verwirklichung in seiner Arbeit zu garantieren. Der Staat also wird durch das gemeinsame Interesse der Individuen, Freiraum zur Arbeit zu haben, gebildet. Hier schlägt die Tendenz der Selbstermächtigung zum schöpferischen Interesse durch, das die Philosophie der Renaissance prägte. Bezeichnend ist zudem, daß das Ich nicht mehr ohne übergreifenden Kontext gedacht werden kann. Das gesehen zu haben, war die über Descartes hinausführende Entdekkung von Leibniz.

Erinnern wir uns: Leibniz zitiert Lockes Theorie der Identität der Person. Auch für ihn besteht diese im „Selbstbewußtsein".[51] Nur ist das schärfer als bei Locke bestimmt. Hier hat die Theorie der Monadc von Lcibniz ihren systematischen Platz im Ich-Begriff.

Nicht die Gesellschaft oder der Staat stellen den primären Kontext für die Abgrenzung der Individualität dar, sondern die eigentümliche Struktur des Selbstbewußtseins. Dieses besteht auf einer unteren Ebene in der Einheit der Perzeptionen, der objektgerichteten Erkenntnisfunktionen, und der Erinnerungen aus dem Gedächtnis, wobei die Bewußtheit der Inhalte noch keine Leistung der Vernunft ist. Diese hat andere Objekte, nämlich notwendige und ewige Wahrheiten. Darüberhinaus erhebt sie uns „zur Erkenntnis unserer selbst und Gottes. Und das nennt man in uns vernünftige Seele oder Geist".[52] Der Geist, die Vernunft im strengen Sinn, ist auf sich selbst gerichtet; er ist reflexiv. Die Struktur der Reflexivität kennzeichnet das, „was man ‚Ich' nennt".[53] Im Ich-Gedanken liegt die Subjektivität des Menschen begründet, welche nach Leibniz in ihrem Akt zugleich über sich hinausgeht und an sich denkend „an das Sein, an die Substanz, an das Einfache oder an das Zusammengesetzte, an das Immaterielle und an Gott selbst [denkt, C. R.], in dem wir uns vorstellen, daß das, was in uns beschränkt ist, sich in ihm

[50] Vgl. dazu: U. Steinvorth, Freiheitstheorien in der Philosophie der Neuzeit, 94–110.

[51] G. W. Leibniz, Neue Abhandlungen über den menschlichen Verstand, 247.

[52] G.W. Leibniz, Monadologie, in: Ders., Philosophische Schriften, Band 1, a. a. O., § 29 (454).

[53] G. W. Leibniz, Monadologie, a. a. O., § 30 (453).

[Gott, C. R.] ohne Schranken findet".[54] Mit der letzten Überlegung schließt sich der Kreis von den logischen Bedingungen, die Leibniz in der Analyse der Unendlichkeitsvorstellung erstellt, zur Kernthese der Monadenlehre, daß jede Monade das universale Wissen in beschränkter Form in sich trage. Dieses Bild des universellen Zusammenhanges von Gott und Welt bedingt die Vernunft und das Vermögen des Willens und Strebens,[55] welches das Individuum in seinem Handlungsraum „Welt" festschreibt (sog. praestabilierte Harmonie). Anders als Locke setzt Leibniz die Konstitution des Ich-Gedankens in die Struktur der Monade, als die das selbstbewußte, aber nicht selbstmächtige Individuum erscheint. So unterscheidet Leibniz auch das Ich als „die reale und physische Identität", die Erscheinung des Ich im Bewußtsein, die „die persönliche Identität hinzufügt", und das „Ichbewußtsein" in Form „der gegenwärtigen unmittelbaren Reflexion"[56] voneinander, welche als Prinzip der Individualität fungieren[57].

Leibniz löst sich nicht aus dem cartesianischen Dualismus von bestimmender Vernunft und physischem Dasein. Er verwirft Lockes Auffassung gerade darin, daß er den Ich-Begriff in der Gleich-Ursprünglichkeit von Denken und praktischem Verhalten ansetze und deswegen nicht zu einer wahrhaften Identität der Person gelange; insofern bedürfe man der Gesellschaft zur Bestimmung der Individualität. Sicher: die Analyse der Subjektivität durch Leibniz, die in die Richtung der transzendentalen Analyse Kants und Fichtes vorausweist, ist der einfachen Reflexivität des Verstandes bei Locke überlegen. Leibniz hat zweifellos das entscheidende Moment in der Konstitution der Vernunft gesehen: das Mitdenken der transzendenten Bedingungen im Ichbewußtsein. In diesem Punkt wird Descartes nachträglich in ein neues Licht gerückt. Die res cogitans ist bei ihm gerade nicht substantiell zu verstehen, sondern zeigt sich als Spaltbegriff zur res extensa in der Einheit der selbstreflexiven Vernunft, die sich von Gott bedingt weiß. Zu bedenken ist aber auch, daß Leibniz durch seine theoretische Einseitigkeit der Reflexion die Richtung auf das Begreifen der geschichtlichen und sozialen Bedin-

[54] G. W. Leibniz, Monadologie, a. a. O., § 30 (453).
[55] G. W. Leibniz, Monadologie, a. a. O., § 48 (461).
[56] G. W. Leibniz, Neue Abhandlungen über den menschlichen Verstand, 249.
[57] G. W. Leibniz, Neue Abhandlungen über den menschlichen Verstand, 254.

gungen der Ich-Konstitution verstellt. Gerade diese wurden von empirisch orientierten Denkern wie Hobbes oder Locke verstärkt zu Bewußtsein gebracht. Denn bei „leibniz'schen Individuen" sind „die einzigen realen Unterschiede, die zwischen ihnen statthaben, ... solche der Selbstauffassung"[58], und das gemahnt durchaus an „die jeder Individuation unbedürftige, weil spezifische Einzigkeit" thomanischer Engel.[59] Daß Locke das Ichbewußtsein zu seinen Handlungsformen in Beziehung gebracht hat und es als die Fähigkeit des Menschen zur Vergewisserung seines Willens und seiner Freiheit sah, ergänzt vom Faktum her Leibniz. Jedenfalls ist im Versuch Lockes, den Ich-Begriff als Lebensganzes zu denken, ein wesentliches Argument gegen die materialistischen Theorien vom Menschen, wie sie im 18. Jahrhundert entstanden sind, zu sehen. Gegen diese sprechen die Logik des Selbstbewußtseins und die Rationalität des Individuellen.

4.3 Die Relativierung der bewußtseinslogischen Engführung der Subjektivität

Wenn Leibniz den Ich-Gedanken bewußt in der Beziehung auf seinen metaphysischen Hintergrund konstruiert, prägt das den Gedanken inhaltlich mit. Gegenüber dem Weltganzen und seinem Prinzip, Gott, muß sich die einzelne Monade gerade, weil sie am Ganzen teilhat, abgrenzen. Deshalb bestand Leibniz auf einem *inneren* Prinzip der Individuation, durch welches sie relativ unabhängig von den anderen Monaden und Gott ihr Eigensein gestaltet. Insofern wirken die Monaden egologisch. Locke steuerte der Gefahr der solipsistischen Verkürzung des Ich-Gedankens durch den Hinweis auf die Funktionalität der logischen Vermögen entgegen. Leibniz sah den Geist für die Monaden als substantiell an. Lockes Funktionalismus des Verstandes dagegen lenkt das Interesse verstärkt auf die Handlungsformen, also auf das reale Umgehen mit der Welt. Bei Locke läßt sich demnach eine Abschwächung der egologischen Fassung des Ich-Begriffs erkennen. D. Hume greift die Tendenz auf und macht sie zum Programm, indem er auf die Analyse des Bewußtseins verzichtet, obwohl er seine Erkenntnistheorie und Moralphilosophie subjektiv begründet. Anders als Hume arbeitet

[58] M. Frank, Die Unhintergehbarkeit der Individualität, 107.
[59] H. Blumenberg, Die Lesbarkeit der Welt, 127.

Spinoza an der Auflösung der Zuspitzung des Ich-Gedankens auf der Ebene des formalen Selbstbezuges, insofern es ihm um die objektive Struktur der Individualität geht. Deshalb ist – etwas anachronistisch – Spinoza in diesen Abschnitt aufgenommen. Bei Hume und Spinoza wird zu verfolgen sein, wie der Ich-Begriff der logischen Form der Subjektivität entzogen werden kann.

In der „Bündeltheorie"[60] entwirft Hume ein Modell des Bewußtseins, welches aus Eindrücken (impressions) und Vorstellungen (ideas), die sich zwar hinsichtlich der Lebhaftigkeit der sinnlichen Beteiligung voneinander unterscheiden, im Inhalt aber einander ähnlich sind, komplexe Perzeptionen (Wahrnehmungsbilder) zusammenstellt. Mittels der Einbildungskraft vermag der Intellekt die Eindrücke und Vorstellungen zu formen. Dabei greift die Einbildungskraft auf die Erinnerung zurück, um die sinnlichen Eindrücke durch Assoziationen dem bereits Erlebten zuzuordnen. Die Einbildungskraft kann sich aber auch vom gegebenen Material lösen und kreative, freie Entwürfe zu den sinnlichen Eindrücken vorlegen. Dabei ist sie nicht an die Erklärbarkeit oder die Ordnung der Wahrnehmung gebunden und insofern keinem Gesetz unterworfen.[61] Es ist also falsch, Hume eine sensualistische Bindung an die Leistungen unserer Sinne zu unterstellen. Denn dafür handelt bei ihm die Einbildungskraft viel zu selbständig. Außerdem mißtraut er der Abbildungsfähigkeit der Perzeptionen. „Man richte seine Aufmerksamkeit so intensiv als möglich auf die Welt außerhalb seiner selbst ...; man gelangt doch niemals einen Schritt weit über sich selbst hinaus, nie vermag man mit seiner Vorstellung eine Art Existenz zu erfassen, die hinausginge über das Dasein der Perzeptionen, welche in dieser engen Sphäre (des eigenen Bewußtseins) aufgetreten sind."[62] Weder die Eindrücke noch die Vorstellungen erlauben ein Urteil über die reale Welt. Die Objektivität ist dem Bewußtsein entzogen. So zeigt sich bereits in der frühen Erkenntnistheorie des ›Traktat[es] über die menschliche Natur‹: einerseits gründet Hume das Bewußtsein auf das Material, das die sinnlichen Vermögen liefern, ohne eine bewußtseinsimmanente Verarbeitung zu leugnen; andererseits hält er die Einbildungskraft und ihre synthetisierende Leistung nicht für erklärbar. Hume lehnt es deshalb ab, von einem substantiellen oder

[60] E. Topitsch, G. Streminger, Hume, Darmstadt 1981, 103f.
[61] E. Topitsch, G. Streminger, Hume, 68f.
[62] D. Hume, Traktat über die menschliche Natur (ed. R. Brandt), Bd. 1, Hamburg 1978, 91.

auch von einem logischen Träger der Leistungen der Einbildungskraft zu sprechen. Ein solcher tritt nicht als Eindruck oder Vorstellung im humeschen Sinne auf; eine Perzeption, in welcher das Bewußtsein sich als Bewußtsein vorstellt, gibt es nicht. Insofern sei es nach Hume unsinnig, vom Ich oder Selbst zu sprechen. Dies wäre eine „metaphysische Fiktion".[63]

Hume geht aber der Frage nach der Grundlage empirischer Eindrücke als der Bedingung unseres realen Weltverhaltens nicht aus dem Weg. Noch im ›Traktat‹ spricht er davon, daß „der Eindruck unseres eigenen Selbst uns beständig auf's unmittelbarste gegenwärtig ist".[64] Dabei ist interessant, daß die Thematik der Schrift sich von der Analyse der Erfahrungen der Außenwelt zur Untersuchung der inneren Erfahrungen wendet. Hume kehrt dabei den Grundgedanken von Descartes um, daß alle Bewußtseinstätigkeit den Handelnden selbst voraussetze. Im Gegenteil: Wer auf sich selbst achtet, trifft sich „selbst niemals ohne eine Perzeption an und niemals kann ich etwas anderes beobachten als eine Perzeption".[65] Locke bereits hatte die Verstandesleistungen als Formen gedeutet, in denen uns die Wahrnehmungen vermittelt sind. Hume verstärkt: die Perzeptionen werden zum Beobachtungsmedium für die Formen des Bewußtseins. Insofern also die Tatsache der Perzeptionen vorliegt, muß jemand gefordert werden, der die Perzeptionen *hat*. „Jemand" – das heißt nicht: ein substantieller Träger, wie ihn die Bewußtseinslogik nach Descartes oder Leibniz vorsieht. Vielmehr ist genau dieser „Schluß vom Handeln auf ein handelndes Subjekt unberechtigt".[66] Mit dem „jemand" ist nach Hume der konkrete Mensch zu bezeichnen, der außer auf der intellektuellen Ebene auch durch seine Gefühle Stellung zu nehmen imstande ist.

Die Erweiterung des Urteilsvermögens auf den Bereich der Gefühle deutet in Humes Systematik den Übergang von der Erkenntnistheorie zur Philosophie der Moral an. Inhalte der Moral sind für Hume „Charaktere, Anlagen und Handlungen",[67] insofern der

[63] E. Topitsch, G. Streminger, Hume, 104.

[64] D. Hume, Traktat über die menschliche Natur, Bd. 2, 49.

[65] Aus dem ›Traktat‹ zitiert nach E. Cassirer, Das Erkenntnisproblem, Bd. 2, 384 f.

[66] U. Steinvorth, Freiheitstheorien in der Philosophie der neueren Zeit, 132.

[67] D. Hume, Eine Untersuchung über den menschlichen Verstand (ed. J. Kulenkampff), Hamburg [11]1984, 120.

menschliche Geist „von Natur" aus so geartet ist, daß er dazu im „Gefühl der Billigung oder des Tadels"[68] Stellung nimmt. Diese Gefühle ermöglichen die Individualität des Menschen; denn es ist davon auszugehen, daß intellektuelle Strukturen bei allen Menschen ähnlich und insofern die Urteile des Verstandes notwendig sind. Durch den Verstand allein – das wirft Hume den bewußtseinslogischen Engführungen des Ich-Gedankens in der Tradition von Descartes und Leibniz vor – ergeben sich keine individuellen Unterschiede. Diese werden durch die emotionale Seite des Menschen begründet, welche seine Freiheit ermöglicht.[69] Die Grundlage der Moral, also der praktischen Urteile über Affekte und Handlungen, findet sich in der Wirkung der Gefühle auf ebendiese Handlungen der Menschen.[70] Mit der Theorie der Gefühle fügt Hume der Subjektivität eine neue, deren logische Fassung relativierende Dimension hinzu, die seiner skeptischen Haltung gegenüber der „Leistungsfähigkeit jeder Philosophie"[71] entspricht.

Hume macht darauf aufmerksam, daß Subjektivität auch *spontane* Freiheit bedeuten kann, welche eine wichtige Ausdrucksmöglichkeit der Individualität ist. Darüberhinaus rückt das Zulassen emotionaler Stellungnahmen die konkrete Handlungsgemeinschaft, in der wir Menschen leben, in den Blick. Der Umgang mit den Mitmenschen ist vorerst emotional bestimmt und dadurch offen in ihrer Wirksamkeit auf andere. „Die gegenseitige Abhängigkeit der Menschen in allen Gemeinschaften ist so groß, daß kaum eine menschliche Handlung ganz in sich abgeschlossen ist oder ohne irgendeine Beziehung auf Handlungen anderer ausgeführt wird, die erforderlich sind, damit der Handelnde seine Absicht vollkommen erreiche."[72] Hume verlagert die moralische Verantwortlichkeit des einzelnen gegenüber der notwendigen und absoluten metaphysischen Ordnung, die bereits in der Renaissance allmählich auf die sittlichen Einsichten des Verstandes umgeschrieben wurde, auf die Verantwortung gegenüber der Gemeinschaft handelnder Individuen. Nicht der Staat gibt dem Menschen Raum für seine Selbst-

[68] D. Hume, Eine Untersuchung über den menschlichen Verstand, 120.

[69] D. Hume, Eine Untersuchung über den menschlichen Verstand, 96–100.

[70] D. Hume, Eine Untersuchung über den menschlichen Verstand, 106–107.

[71] D. Hume, Eine Untersuchung über den menschlichen Verstand, 121.

[72] D. Hume, Eine Untersuchung über den menschlichen Verstand, 105.

erhaltung, indem er den Mitmenschen beschränkt, wie Hobbes es sah. Nein, es ist das Individuum, welches einerseits seine Wirkung auf die Gemeinschaft erkennt und andererseits in der moralischen Qualifikation des anderen den sozialen Lebensraum eröffnet. Darin berühren sich Hume und J.-J. Rousseau. Denn mit solchen Überlegungen erhält der Ich-Gedanke intersubjektiven Charakter. Die Subjektivität wird zur Bedingung der Freiheit des Individuums im logischen wie im praktisch-sozialen Sinn. Deshalb ist es nach Hume auch das Verstandesvermögen der Einbildungskraft, welche die Individualität zusammen mit den Gefühlen ausmacht. „In den moralphilosophischen Überlegungen deutet er sie ... als jenes Vermögen, das den Menschen aus der eigenen Subjektivität heraustreten und am Schicksal anderer teilhaben läßt."[73]

Hume relativiert also die logische Einseitigkeit im Ich-Begriff durch die intersubjektive Begründung der moralischen Verantwortung des einzelnen. Das ist – systematisch gesehen – die eine Möglichkeit, der drohenden Engführung im Ich-Gedanken zu entgehen. Von anderer Seite, nämlich in der Betonung der metaphysischen gegenüber der subjektiven Relativität des Ich, führt dieses Projekt B. de Spinoza durch.

Ohne die Grundelemente der Metaphysik Spinozas, der absoluten Gesetzmäßigkeit des Zusammenhanges zwischen Gott und der Natur (auch des Menschen), läßt sich sein Beitrag zur Philosophie des Ich-Begriffs nicht nachvollziehen. Ideengeschichtlich betrachtet verbindet er den Substanzbegriff des Mittelalters mit dem Vernunftsubjekt (res cogitans) bei Descartes. Substanz wird als Dasein Gottes gedeutet, wodurch sie absolute Qualität erhält. „Unter Gott verstehe ich das schlechthin unendliche Seyende, d. h. die Substanz, die aus unendlichen Attributen besteht, von denen jeder ein ewiges und unendliches Wesen ausdrückt."[74] Zu diesen Attributen gehören das unendliche Denken und die unendliche Ausdehnung. Die Einheit mit der absoluten Substanz zu erreichen, ist das Ziel der methodischen Bemühung des menschlichen Geistes, der Wissenschaft. Dabei ist der Geist „nach der Richtschnur der gegebenen wahren Vorstellung" anzuleiten, und es ist strikt zu beachten, „daß die reflexive Erkenntniss, welche es von der Vorstellung des vollkommenen Wesens gibt, vorzüglicher ist, als die reflexive Erkennt-

[73] E. Topitsch, G. Streminger, Hume, 131.

[74] B. de Spinoza, Die Ethik mit geometrischer Methode begründet, Werke, Zweiter Band (ed. K. Blumenstock), Darmstadt 1980, I, 6 (87).

niss der übrigen Vorstellungen".[75] Spinoza formuliert einen überraschenden Hinweis für den Erkenntnisweg zur Einheit mit Gott: „das höchste Gut aber ist, dahin zu gelangen, dass man mit andern Individuen, wenn es seyn kann, eine solche Natur [Einheit des Geistes mit Gott, C. R.] geniesse."[76] Einmal ist in dieser Bemerkung das Individuum zugegeben; zum anderen rechnet mit Spinoza mit einer Gemeinschaft von Individuen, die durch den Weg zum Absoluten vereint sind. Gleichzeitig entsteht hier das Problem des Ich-Gedankens bei Spinoza: Zwar kann er den Einheitsgrund des Individuums angeben, nämlich „daß das Wesen des Menschen aus gewissen Modifikationen der Attribute Gottes besteht".[77] Die Einzigkeit des Individuums sei dadurch gewährleistet, daß seine Form gerade nicht durch die Substanz, die allgemein ist, begründet werde, sondern durch die Verbindung von reflexivem Geist, der der Objekt – und damit der Einzelerkenntnis fähig ist, und Körper sich ergebe. Das menschliche Individuum unterscheidet sich von anderen Individuen der Natur also durch seinen der Selbsterkenntnis fähigen Geist, vermittels dessen der einzelne sich als solcher zu erkennen vermag. Die Vermitteltheit der Erkenntnis aber relativiert deren Genauigkeit. Es muß folglich ein weiteres Kriterium der Selbstbestimmung hinzukommen, um den Menschen als Einzelnen von den natürlichen Individuen zu unterscheiden.

Der Geist des Menschen ist nicht von sich aus zur Selbsterkenntnis fähig. Die Selbstbezüglichkeit des Erkenntnisvermögens hat an der Selbstbezüglichkeit Gottes, der absoluten Substanz, Anteil, „d. h. die verstandesmässige Liebe des Geistes zu Gott ist ein Theil der unendlichen Liebe, mit der Gott sich selbst liebt".[78] Die Teilhabe an der grundlegenden Struktur der göttlichen Substanz ist nach Spinoza das unterscheidende Merkmal zwischen der menschlichen und der natürlichen Individualität. Darin besteht auch die Freiheit des Menschen, daß er die universelle Ordnung als Ganzheit in

[75] B. de Spinoza, Abhandlung über die Berichtigung des Verstandes, Werke, Zweiter Band (ed. K. Blumenstock), Darmstadt 1980, § 38–39 (29).

[76] B. de Spinoza, Abhandlung über die Berichtigung des Verstandes, a. a. O., § 13 (13).

[77] B. de Spinoza, Die Ethik mit geometrischer Methode begründet, a. a. O., II, 10 (177).

[78] B. de Spinoza, Die Ethik mit geometrischer Methode begründet, a. a. O., V, 36 (545).

Gott einzusehen vermag, welches Wissen ihn über die Natürlichkeit der Verbindung von Körper und Geist hinaushebt. Die Individualität des Menschen besteht also darin, daß er relative Substanz zur absoluten Gottes ist und als solche sich selbst objektiv erkennt. Treffend faßt dies Schulz zusammen: „In Spinozas Philosophie tritt die Tendenz, die die Entwicklung der metaphysischen Anthropologie bestimmt, deutlich hervor: das *Aufheben der menschlichen Endlichkeit*. Wenn der Mensch Vernunftträger ist, d.h. wenn er seine Affekte besiegen kann, weil und insofern er sich von der das Ganze tragenden göttlichen Vernunft her zu bestimmen vermag, dann ist er dem Unendlichen viel näher als man in der platonisch-augustinischen Tradition vermeint."[79]

Spinoza stellt mit der Auflösung des Ich-Gedankens in die Objektivität den Gegenläufer zu Hume dar, der die Subjektivität des Ich herausarbeitet. Beide haben die gemeinsame Tendenz, nicht nur eine Erklärung der inneren Logik des Ich-Begriffes zu formulieren, sondern ihn in einem erweiterten Kontext zu begreifen. Der Ich-Gedanke sollte über die ego-logische Engführung zur Affektivität (Hume) einerseits und zur Substantialität (Spinoza) andererseits hinausgeführt werden. Die von Leibniz kritisch aufgegriffene cartesianische Richtung der Bewußtseinslogik, die von der intersubjektiven Verfassung des Ich genauso ablenkt wie von seiner transzendenten Bestimmung, begleiten Hume und Spinoza in ihrer jeweiligen Eigenart, die freilich für sich allein genommen den Blick auf den Ich-Gedanken verzerrte. Rousseaus Vorschlag zur Entzerrung weitet – darin sich mit Hobbes berührend – die Perspektive entschieden auf die soziale und politische Dimension im Ich-Begriff. Bei ihm drängt sich die Kritik am gerade erst im Entstehen begriffenen Individualismus in den Vordergrund und ineins damit die Kritik an der Aufklärungsphilosophie, die den einzelnen Menschen als Mittel- und Quellpunkt der materialen, sozialen und ästhetischen Welt verstehen wollte.

Bei Rousseau finden sich die Beiträge zum Ich-Gedanken über das gesamte Werk verstreut. Eine Systematik der Kritik oder der Darstellung des Ich-Problems empfand man in der neuzeitlichen Philosophie – so scheint es – als unnötig. Allerdings unterscheidet sich der Kontext für Rousseaus Reflexionen über das Ich als Individuum von dem der anderen Aufklärungsdenker, insofern sein Inter-

[79] W. Schulz, Philosophie in der veränderten Welt, 357f. (Hervorhebung von W. Schulz).

esse kultur- und zivilisationstheoretischer Art war.[80] Die Entwicklungsgeschichte des Menschen führt ihn vom Naturzustand, der durch die Identität des Menschen mit allem anderen Lebendigen gekennzeichnet ist, zum Kulturzustand. Die Gesellschaft wird zum Lebensraum des Menschen, wodurch er sich seinem Naturzustand entfremdet. Dem Natur- und dem Kulturzustand liegen unterschiedliche Prinzipien zugrunde: die Eigenliebe (l'amour de soi-même) und die Selbstsucht (l'amour-propre). „Man darf nicht die Selbstsucht und die Eigenliebe durcheinanderbringen. Es sind zwei ihrem Wesen und ihrer Wirkung nach sehr verschiedene Leidenschaften. Die Eigenliebe ist ein natürliches Gefühl. Es hält jedes Tier dazu an, über seine Erhaltung zu wachen. In uns Menschen wird es von der Vernunft geleitet und vom Mitleid gemildert und bringt Menschlichkeit und Tugend hervor. Die Selbstsucht ist nur ein relatives, künstliches, in der Gesellschaft entsprungenes Gefühl. Sie verleitet jedes Individuum dazu, von sich mehr Aufhebens als von jedem anderen zu machen. Sie gibt den Menschen all die Übel ein, die sie sich gegenseitig antun. Sie ist die wahre Wurzel der Ehre."[81] Die Eigenliebe also ist das Prinzip des Naturzustandes des Menschen. Sie zielt, ohne egologisch zu werden, auf seine Selbsterhaltung, indem sie zwischen dem einzelnen Menschen und der Gattung vermittelt. Mit dem Begriff „Gattung" beschreibt Rousseau die vorbewußte Identität des einzelnen mit anderen Lebewesen.[82] In der Gattung fehlt der Vergleich der einzelnen untereinander, folglich auch Konkurrenz und Selbstbestimmung im Sinne der individuellen Abgrenzung der Menschen voneinander. Jeder lebt primär auf sich und seine Erhaltung in der Gattung bezogen. Insofern ist das Prinzip solchen Lebens, die Eigenliebe, „von Natur aus indifferent"[83] und unterliegt keiner Bewußtseinswertung. „Da jeder Mensch als einzelner sich allein zum Zuschauer hat, der ihn beob-

[80] Vgl. dazu als ausgezeichneten Überblick: Cl. Lévi-Strauss, Strukturale Anthropologie II, Frankfurt a. M. 1975, 45–56.

[81] J. J. Rousseau, Über den Ursprung der Ungleichheit unter den Menschen (1755), in: Ders., Schriften zur Kulturkritik (ed. K. Weigand), Hamburg 1983, 61–269, 169 (Anm.).

[82] J. J. Rousseau, Über den Ursprung der Ungleichheit unter den Menschen (1755), a. a. O., 193: „Das erste Gefühl des Menschen war seine Existenz. Seine erste Sorge galt der Selbsterhaltung."

[83] J. J. Rousseau, Emile oder über die Erziehung (ed. L. Schmidts), Paderborn/München/Wien/Zürich [5]1981, 71, auch 211 f.

achtet, als das einzige Wesen im Universum, das sich für ihn interessiert, als der einzige Richter über seine eigenen Verdienste, kann unmöglich ein Gefühl in der Seele keimen, das seine Quellen in Vergleichen hat, die über seinen Horizont hinausgehen."[84] Damit ist Rousseaus Begriff des Individuums umrissen. Natürliche Individualität gründet sich auf das Prinzip der Eigenliebe, durch welches der einzelne sich selbst als Gattungswesen sehen lernt. Das Leben des Individuums besteht in seiner Selbsterhaltung im Kontext der Gattung, mit der es identisch bleibt, solange es sich der ausdrücklichen Reflexion über seinen Zustand in der Gattung enthält.

„Es ist der Verstand, der die Selbstsucht erzeugt. Es ist die Reflexion, die sie stark macht. Sie ist es, die den Menschen sich auf sein Ich zurückziehen läßt."[85] Insofern das Individuum seine Identität durch die Selbstbestimmung gegenüber anderen begreift, löst es sich aus dem vorreflexiven Gattungszusammenhang, zerstört seine ursprüngliche Natürlichkeit und vereinzelt sich. Jetzt entsteht die Notwendigkeit des gesetzlichen Schutzes des einzelnen in der Gesellschaftsordnung, wie ihn auch Hobbes fordert. Durch die Vergesellschaftung der Individuen geraten sie in künstlich geregelte Beziehungen zueinander: „Der Mensch verliert in der Gesellschaft – nach der Beobachtung Rousseaus – weithin jenes in sich ruhende Selbstgefühl, und bedarf, um sich seines Daseins und seines Wertes zu vergewissern, ständig der Mitmenschen."[86] Die ursprüngliche selbsterhaltende Identität des Individuums ist zur relativen Vereinzelung der „Iche" verkommen. Rousseau stellt demnach zwei Tendenzen im Begriff des Individuums gegeneinander: das absolute Individuum (être absolu) als natürliches Gattungswesen und das reflexionsbestimmte soziale oder relative Individuum (être sociale), das ohne Gesellschaftsordnung lebensunfähig wird.

Indem Rousseau auf die vorreflexive Verfassung des Individuums abhebt, relativiert er dadurch die bewußtseinslogische Engführung im Ich-Gedanken entschiedener als Hume und Spinoza. Rousseau ersetzt die Metaphysik des Ich-Begriffes durch die entwicklungsgeschichtlich gefärbte Analyse der Individualität. Durch den Gat-

[84] J.J. Rousseau, Über den Ursprung der Ungleichheit unter den Menschen (1755), a.a.O., 169f. (Anm.).

[85] J.J. Rousseau, Über den Ursprung der Ungleichheit unter den Menschen (1755), a.a.O., 175.

[86] I. Fetscher, Rousseaus politische Philosophie. Zur Geschichte des demokratischen Freiheitsbegriffes. Frankfurt a.M. [4]1984, 71.

tungsgedanken wehrt er den Solipsismus ab. Mit dem Begriff der Geschichte und der Gattung kommt eine wichtige Entdeckung der Aufklärung zum Tragen, der Unterschied zwischen Vernunft und Geschichte. Lessing hatte sich diesem Problem im Zusammenhang der Glaubensreflexion gestellt und war zu dem Schluß gekommen, daß Geschichte und Vernunft nicht vermittelbar sind. Bei Rousseau findet sich das Thema im Spannungsfeld von Natur und Gesellschaft/Kultur wieder. Er nimmt den Bruch nicht als absolut gegeben hin, sondern führt die Kategorie der Entwicklung ein, über die eine Vermittlung zwischen beiden Bereichen denkbar wird.

Gegen Ende des achtzehnten Jahrhunderts erreicht die philosophische Beschäftigung mit dem Ich-Gedanken hohe Komplexität. Einerseits drängt die bewußtseinslogische Ich-Theorie im Anschluß an Descartes auf eine Neubestimmung der Reflexionstheorie, um subjektivistischen und objektivistischen Verkürzungen zu entgehen. Positiv gesagt: Der Ich-Begriff muß in der logischen Spannung von Subjektivität und Objektivität gefaßt werden. Andererseits machen Denker wie Locke, Hume und Rousseau darauf aufmerksam, daß das Ich als Subjekt nicht ohne seine geschichtliche Entwicklung gedacht werden kann. Insofern wird allerdings der Ich-Gedanke immer auch an seinem konkreten objektiven Niederschlag zu messen sein: am Zusammenhang der Individualgeschichte mit der Universalgeschichte, welche zunehmend als Geschichte der gesellschaftlichen Kulturen verstanden wird. Die Philosophie der Aufklärung thematisiert also in der Frage nach dem neuen Selbstverständnis des Menschen, wie sie von der Renaissance angeregt war, nicht nur die Auseinandersetzung mit der Ideenwelt des Mittelalters, die zur Entdeckung der Geschichtlichkeit führte. Auch die Philosophie selbst als Subjekt dieser Auseinandersetzung wird zum Problem. Der Reflektierende gerät durch seine Denkbarkeit in Distanz zu sich selbst. Seine gegebene Identität wird in das bislang als objektiv vermutete Spannungsgefüge von Subjektivität und Objektivität hineingezogen; denn er entdeckt sich selbst als Partei in der Auseinandersetzung mit dem neuen Selbstverständnis des Menschen. Der Aufklärungsprozeß ergreift jetzt die Subjekte, die ihn vorantreiben, selbst. Für die philosophische Theorie des Ich-Gedankens deutet dies einen Wechsel in der Reflexionsebene an.

5. DAS ICH ALS TRANSZENDENTALE VERNUNFT – ZUR TRANSZENDENTALPHILOSOPHISCHEN THEORIE DES ICH-BEGRIFFES

Philosophische Ideen entwickeln sich zusammen mit der Realgeschichte. Übergänge oder Brüche in der Chronologie der Ereignisse spiegeln sich immer auch auf der Ebene der Ideen wieder. So war an der bislang dargestellten Geschichte des Ich-Gedankens in der Philosophie zu beobachten, wie sich die Reflexion in der Auseinandersetzung zwischen dem erreichten Stand der Theorie und der neuen Denk- oder Erfahrungslage schärfte. In der Antike führt die Entdekkung der Natur zur Selbstbestimmung des Menschen. Er entreißt sein Denken der mythischen Bilderwelt und tritt in der griechischen Tragödie selbst verstärkt als Handelnder auf. Es ist die Entstehung der antiken Polis, die den einzelnen in Auseinandersetzung mit den Strukturen der Gesellschaft, des Rechtes, der Moral zur Selbstbestimmung als Form der Selbsterhaltung zwingt. Der Ich-Gedanke differenziert sich unter dem Einfluß des Sophismus in seine beiden Grundformen: Platon präzisiert die Subjektivität zur Reflexionsform; Aristoteles setzt die logische Struktur der Subjektivität mit dem metaphysischen und sozialen Universum in Beziehung; so entsteht die Begriffsform der Individualität. Beide Grundformen schwingen in der Philosophie der späten Antike aus. Was von der antiken philosophischen Aufklärung bleibt, ist die Einsicht, daß das individuelle und subjektive Bewußtsein das Wertverhältnis zwischen Mensch und Welt bestimmt und diesen zur schöpferischen Weltgestaltung freisetzt. Erst in der Renaissance entdeckt man diesen Stand der Bestimmung des Ich-Begriffes wieder. Das gegenüber dem kirchlich-restriktiven Mittelalter neu erwachte Selbstgefühl drückt sich in der Kunst, in der Wirtschaftspolitik vornehmlich der italienischen Stadtstaaten aus, indem sich das wissenschaftliche Weltbild aus den dogmatischen Bindungen befreite. Die Selbstgeltung des einzelnen, die aus den kreativen Fähigkeiten bezogen wurde, rief eine neue Welle auch philosophischer Aufklärung hervor. Deren Fragen an das individuelle Ich unterschied sich von der Antike. Es war nicht mehr der mythologisch-ganzheitliche Kosmos, gegenüber dem es sich zu behaupten galt. Die Theonomie des christlichen Denkens, die Weltbild und Gesellschaft gleichermaßen durchzog, stellte ein klar umrissenes Gebäude dar, das durch die aristotelische Begrifflichkeit sogar argumentativ auftrat. Das Individuum hatte sich demgegenüber als selbständig darzustellen. Die neuzeitlichen Denksysteme entwickeln deshalb zunächst die Form der Subjektivität weiter. Ohne die Grundlagen der logischen Selbstgewißheit bei Descartes oder Leibniz hätten Locke oder Hume den einzelnen nicht in Beziehung zur Gesellschaft bringen können, ja hätte sich der Ich-Gedanke nicht aus der Umklammerung durch die christliche Metaphysik kaum gelöst. Sicher trugen die Wolffsche Schulphilosophie wie auch die Literaten der Aufklärungszeit – Voltaire und Lessing seien stellvertretend genannt – dazu bei, daß sich das Selbstgefühl des Individuums auf der Grundlage der logischen Bewußtseinstheorien ausbreitete. Dennoch: Eine systematische Theorie des Ich-Begriffes fehlte. Ein Grund dafür war die mangelnde Aufmerksamkeit der Philosophen für ihr eigenes Geschäft. Die Erkenntnistheorie, die Grundlagenphilosophie, die Ethik waren noch nicht miteinander verbunden. Insofern verfügte man am Ende des achtzehnten Jahrhunderts über kein zusammenhängendes System der Philosophie, das einerseits mit der geschlossenen philosophisch-theologischen Dogmatik des Christentums hätte konkurrieren und andererseits einen so vielschichtigen Begriff wie den des Ich hätte analysierbar und darstellbar machen können. Es ist ideengeschichtlich interessant, daß mit Kants Formulierung des transzendentalen Prinzips, auf das die Systeme Fichtes, Schellings und Hegels mehr oder weniger gelungen zurückgreifen, der Begriff des Ich zu einem Zentralthema der philosophischen Arbeit wird. Deshalb verläßt diese Darstellung die chronologische Reihe und schildert im Folgenden die verschiedenen Theoriekomplexe, die zum Ich-Gedanken entwickelt wurden.

5.1 I. Kant: Die synthetische Anschauung des Ich im Verstand

Es muß noch einmal gesagt werden: Daß es zu einer philosophisch ausgeführten Theorie des Ich-Begriffes kam, war eine Folge der Formulierung des transzendentalen Prinzips durch I. Kant. Ohne die Transzendentalphilosophie Kants und Fichtes wäre die Philosophie des sog. Deutschen Idealismus und der Romantik kaum denkbar. Denn das transzendentale Prinzip betrifft in seiner

Systemwirkung den Ich-Gedanken bereits in seinem Ansatz mit. Worin nun bestand Kants Einsicht, die die kopernikanische Wendung der Philosophie einleitete?

Kant führt die in der Aufklärungsphilosophie unvermittelte Spannung zwischen Geschichte und Vernunft auf die Erkenntnistheorie zurück, indem er „von dem Unterschiede der reinen und empirischen Erkenntnis“[1] handelt. Die Wahrheit erfahrungsmäßiger, empirischer und vernünftiger Erkenntnis wird nicht durch eine metaphysische Axiomatik festgeschrieben, sondern klärt sich nach Kant in der Analyse der Akte, durch welche Erkenntnis gewonnen wird. Demnach bedarf jede Metaphysik der Begründung in der Erkenntnistheorie, wenn sie Rechenschaft über die Wahrheit ihrer Aussagen ablegen soll. Diese Aufgabenstellung erweitert die Erkenntnistheorie über die bloße Analyse der Wahnehmungsakte hinaus bis zur Aufstellung eines vollständigen Systems aller Prinzipien, derer sich der Verstand bei der Erkenntnisgewinnung bedient. Das Ergebnis der Analyse des Erkenntnisaktes wird die „Architektonik der reinen Vernunft“ sein, d.h. „die Einheit der mannigfaltigen Erkenntnisse unter einer Idee. Diese ist der Vernunftbegriff von der Form eines Ganzen, sofern durch denselben der Umfang des Mannigfaltigen sowohl, als die Stelle der Teile untereinander, a priori bestimmt wird“.[2] Das aber bedeutet: die klassischen Grenzen zwischen Erkenntnistheorie und Metaphysik als Systemganzen verfließen; Erkenntnisgewinnung und Erkenntnisbegründung stehen bei Kant in einem inneren Zusammenhang. Damit verändert sich auch die Stellung des Erkennenden zum Objekt seines Erkennens und – darin rundet sich die Transzendentalität der Philosophie – zum Vorgang des Erkennens, von welchem der Erkennende immer mitbetroffen ist. Allgemein formuliert ergibt diese Einsicht das transzendentale Prinzip: „Ich nenne alle Erkenntnis transzendental, die sich nicht sowohl mit Gegenständen, sondern mit unserer *Erkenntnisart* von Gegenständen, insofern diese a priori möglich sein soll, überhaupt beschäftigt.“[3] Transzendentales Denken bezieht also den Standpunkt des Reflektierenden in den Reflexionsakt ein

[1] I. Kant, Kritik der reinen Vernunft (ed. R. Schmidt). Hamburg 1976, B 1; abgek.: KrV.

[2] KrV, B 860.

[3] KrV, B 25. (Hervorhebung von C. R.) Vgl. auch: I. Kant, Prolegomena zu einer jeden künftigen Metaphysik (ed. K. Vorländer), Hamburg 1976, A 293.

und vermag deshalb Rechenschaft über alle Momente der Reflexion zu geben[4] und zwischen den apriorischen Prinzipien, die den Akt der Reflexion bedingen, und dessen inhaltlichen Gegebenheiten zu unterscheiden. So werden die Objekte in die subjektive Struktur des Verstandes eingearbeitet.

Die in der Wahrnehmungsanalyse gewonnene transzendentale Denkform wendet Kant nun auf den Verstand selbst an, um das Subjekt in seiner konstitutiven Beziehung zu den Objekten zu bestimmen. Eine besondere Form dieser Beziehung, die sich ergibt, wenn das Subjekt sich auf sich selbst als Objekt bezieht, ist die Ich-Struktur des Bewußtseins. Kant führt seine Überlegungen über das cartesianische „Cogito-sum" hinaus, indem er die Selbstbezüglichkeit des Subjekts im Bewußtseinsakt verankert und als Grundstruktur für alle Subjekt-Akte erkennt. Descartes hatte die Reflexivität des Subjekts nur bedingt mit der objektiven Welt (res extensa) vermitteln können. Kants Analyse der Selbstbezüglichkeit liefert den Grund dafür: Die Reflexivität bestimmt nicht nur die immanenten Funktionen des Bewußtseins, sondern ist die Grundform, durch welche hindurch dem Erkennenden die innere wie die äußere Welt, also Subjektivität *und* Objektivität zugänglich sind. In der reflexiven Grundform des Bewußtseins sieht Kant die Form des Ich-Gedankens. „Das: Ich denke muß alle Vorstellungen begleiten können; denn sonst würde in mir etwas vorgestellt werden, was garnicht gedacht werden könnte, welches ebensoviel heißt, als die Vorstellung würde entweder unmöglich, oder wenigstens für mich nichts sein. Diejenige Vorstellung, die vor allem Denken gegeben sein kann, heißt Anschauung. Also hat alles Mannigfaltige der Anschauung eine notwendige Beziehung auf das: Ich denke, in demselben Subjekt, darin dieses Mannigfaltige angetroffen wird. Diese Vorstellung aber ist ein Aktus der Spontaneität, d.i. sie kann nicht als nur der Sinnlichkeit gehörig angesehen werden. Ich nenne sie reine Apperzeption ... oder auch ursprüngliche Apperzeption, weil sie dasjenige Selbstbewußtsein ist, was, indem es die Vorstellung Ich denke hervorbringt, die alle anderen muß begleiten können, und in allem Bewußtsein ein und dasselbe ist, von keiner weiteren begleitet werden kann. Ich nenne auch die Einheit derselben die transzenden-

[4] Vgl. dazu: C. Riedel, „Transzendentaler Realismus" und Transzendentalphilosophie, in: Franzisk. Stud. 64 (1982), 81–83. Ders., „Transzendentalphilosophie", „transzendental", in: Wörterbuch des Christentums, 1274–1276.

tale Einheit des Selbstbewußtseins, um die Möglichkeit der Erkenntnis a priori aus ihr zu bezeichnen."[5]

Was genau ist das Ich im Sinne Kants? Unter dem Ich ist derjenige spontane Akt des Bewußtseins zu verstehen, durch den das Subjekt sich als die Einheit aller Bewußtseinsvorgänge (Wahrnehmung, Anschauung, Vorstellung als Leistungen des Verstandes) erkennt. Diesen Einheitsakt des Bewußtsein nennt Kant die Identität, das Selbst.[6] Nun ist sich das Selbst in seiner Identität nicht einfachhin gegeben, sondern konstituiert sich in den Akten des Bewußtseins als begleitende Anschauung dieser Akte. Demnach ist das Selbst wie auch das Objektbewußtsein reflexiv strukturiert; es ist Selbst-Bewußtsein. „Ich bin mir also des identischen Selbst bewußt, in Ansehung des Mannigfaltigen der mir in den Anschauungen gegebenen Vorstellungen, weil ich sie insgesamt *meine* Vorstellungen nenne, die *eine* ausmachen."[7] Im Selbstbewußtsein vollzieht sich das Ich als Identität der Subjektivität und der Objektivität.

Kant entwickelt in der ›Critik der reinen Vernunft‹ die formale Struktur des Aufbaus des Ich-Gedankens für das Bewußtsein. Dessen wesentliche Aufgabe besteht in der Stiftung der Identität (Einheit) der Bewußtseinsakte.[8] Damit wird die Subjekt-Komponente im Ich-Gedanken zwar in ihrer transzendentalen Form erhellt, aber zugleich lediglich „die einfache und für sich selbst an Inhalt gänzlich leere Vorstellung: Ich" gegeben, insofern das Ich als „bloßes Bewußtsein, das alle Begriffe begleitet",[9] erscheint. Der Kritik des reinen Formalismus des Ich-Begriffes bei Kant aber ist durch den Hinweis zu begegnen, daß dabei der Kern dessen übersehen ist, was Kant unter dem Terminus „transzendental" versteht, nämlich die Grundform der subjektiven wie der objektiven Welt festzuschreiben.[10] Zum andern reichern sich die formalen Ausführungen Kants durch die Überlegungen zur „praktischen Vernunft" inhaltlich an.

Weil im Selbstbewußtsein Subjektivität und Objektivität miteinander vermittelt sind, umfaßt es auch die Prinzipien und Bedin-

[5] KrV, B 132.

[6] KrV, B 133–136.

[7] KrV, B 135 (Hervorhebungen von I. Kant).

[8] Vgl. kritisch dazu: M. Frank, Die Unhintergehbarkeit von Individualität, 56ff.

[9] KrV, B 404.

[10] Vgl. KrV, B 158 (Anm.): „Das, Ich denke, drückt den Aktus aus, mein Dasein zu bestimmen."

gungen für die praktische Verwirklichung des Ich. Auf der formalen Ebene des Ich-Gedankens spiegelt sich die Realität im Begriff wieder. Insofern ist der Ich-Gedanke bei Kant nicht streng idealistisch, als ob das Ich sich seine Welt selbst entwürfe. Kant differenziert zwischen der reinen idealistischen Konstruktion der Realität durch das Bewußtsein und dem im Bewußtsein begrifflich rekonstruierten Wissensbild der Wirklichkeit, zu welchem immer auch das Dasein des Bewußtseins gehört. „Die Vernunft, als das Vermögen der Prinzipien, bestimmt das Interesse aller Gemütskräfte, das ihrige aber sich selbst. Das Interesse ihres spekulativen Gebrauchs besteht in der Erkenntnis des Objekts bis zu den höchsten Prinzipien a priori, das des praktischen Gebrauchs in der Bestimmung des Willens in Anschauung des letzten und vollständigen Zwecks."[11] Das Selbstbewußtsein ist demnach prinzipiell praktisch, wenn ihm auch seine praktischen Prinzipien nur formal zugänglich sind. Daraus ergibt sich: Den realen Vollzug des Selbstbewußtseins als Ich wissen wir wieder nur im Begriffsbild. Das aber löscht die konkrete Realität des Vollzuges selbst nicht aus. Aus *erkenntnistheoretischen* Gründen heraus behauptet Kant deswegen den Vorrang der theoretischen Vernunft gegenüber der praktischen.[12]

Es geht im folgenden also um das „Vermögen, jene [Gegenstände, C. R.] (der Erkenntnis derselben gemäß) *wirklich zu machen*, d. i. es mit einem Willen zu tun, welcher eine Kausalität ist, sofern die Vernunft den Bestimmungsgrund derselben enthält, da sie folglich kein Objekt der Anschauung, sondern (weil der Begriff der Kausalität jederzeit die Beziehung auf ein Gesetz enthält, welches die Existenz des Mannigfaltigen im Verhältnisse zueinander bestimmt) als praktische Vernunft, *nur ein Gesetz* derselben anzugeben hat".[13] Im Willen geht der theoretische Begriff zur Realität über. Bedingung des Übergehens ist die Kausalität,[14] da diese den Zusammenhang

[11] I. Kant, Kritik der praktischen Vernunft (ed. K. Vorländer), Hamburg 1974, 216; abgek.: KpV.

[12] KpV, 216–217.

[13] KpV, 160 (Hervorhebung von I. Kant).

[14] Kant bestimmt das Gesetz der Kausalität als „das Verhältnis von Ursache und Wirkung" (KrV, B 234), welches Verhältnis die Bedingung der Veränderung ist. Das Verhältnis der Veränderung aber ist eine objektive Folge von Erscheinungen, die nach einem „vorher" und einem „nachher" geordnet werden kann. Davon unterscheidet sich das subjektive oder *logi-*

der konkreten Erscheinungen untereinander herstellt, indem sie die Realitätsmomente auf die Ordnung des Verstandes bezieht. Liefert der theoretische Begriff des Ich dessen *Selbst-Erkenntnis* (Selbstbewußtsein), so formuliert der praktische Begriff des Ich das Gesetz seiner *Selbst-Verwirklichung*. Dieses Gesetz ist nun näher zu bestimmen.

Zuerst: es kann nicht das Naturgesetz sein: denn dieses legt den Willen von vornherein fest, so daß ihm keine Freiheit der Entscheidung bleibt. Der Übergang von der Einsicht zur Verwirklichung wäre dann nicht einsichtig, sondern automatisch und unterläge nicht der Bestimmung durch das Bewußtsein. Das Naturgesetz macht Verstand und Willensbestimmung überflüssig und ist als „Naturnotwendigkeit" der Freiheit „kontradiktorisch entgegengesetzt".[15] Soll also die Freiheit, d. h. die Bestimmbarkeit des Willens durch das Bewußtsein (Vernunft), erhalten bleiben, muß das Gesetz zwar den Bestimmungsgrund des Willens abgeben; es muß aber nicht die Bestimmung des Willens sein. Dem Bestimmungsgrund gegenüber bleibt der Wille frei, weil das Ich trotz der Einsicht in die Notwendigkeit des Gesetzes sich dennoch gegen dieses entscheiden kann. Durch das Gesetz entsteht so die Forderung zur Willensbestimmung; denn es formuliert den Grund, der eine bestimmte Entscheidung sinnvoll macht. Mit der Formulierung des Grundes aber ist die Bestimmung nicht auch schon vollzogen. So schließt Kant: „Das Wesentliche aller Bestimmung des Willens durchs sittliche Gesetz ist: daß er als freier Wille, mithin nicht bloß ohne Mitwirkung sinnlicher Antriebe, sondern selbst mit Abweisung derselben und mit Abbruch aller Neigungen, sofern die jenem Gesetze zuwider sein könnten, bloß durchs Gesetz bestimmt werde."[16] Der Zweck des Handelns des Ich besteht demnach in der Bestimmung des Willens nach dem sittlichen Gesetz, in der Verwirklichung des „Unbedingt-Guten".[17] Stimmt die Gesinnung des Ich mit dem Sittengesetz überein, was die Abweisung aller sittlich negativen Neigungen und aller Unlustgefühle einschließt, erhebt diese Übereinstimmung

sche Verhältnis, wenn die Folge der Erscheinungen durch die Ordnungsfunktion des Verstandes hergestellt wird (KrV, B 238). Letzteres nennt Kant auch Regel (KrV, B 238–240).

[15] KpV, 169.

[16] KpV, 128.

[17] KpV, 131. Die Theorie des Handlungszweckes untersuchte Kant in: I. Kant, Kritik der Urteilskraft (ed. K. Vorländer), Hamburg 1974, 284 ff.

das Ich als Person zu seinem inneren Wert. Der moralische Personwert bezieht das Gefühl der Achtung für das moralische Gesetz auf die Person selbst.[18] Im Begriff der Persönlichkeit zeigt sich die Erweiterung des formalen Ich-Begriffes bei Kant zum praktischen. Im Ansatz des Wertbegriffes in der Persönlichkeit wird das Ich durch das Gefühl der Achtung zu anderen Personen in Beziehung gebracht. Kant legt damit in seiner ›Critik der praktischen Vernunft‹ den Grund für eine Theorie der Interpersonalität, deren Basis das moralische Gesetz darstellt.[19] Deutlicher noch wird dies in Kants ›Religionslehre‹, wenn er die Idee des Sittengesetzes mit der Persönlichkeit identifiziert: „Die Idee des moralischen Gesetzes allein, mit der davon unzertrennlichen Achtung, kann man nicht füglich eine Anlage für die Persönlichkeit nennen; sie ist die Persönlichkeit selbst."[20] Kant entwickelt den Person-Begriff nicht mehr aus der theologischen Spannung von Natur und Gnade, sondern leitet ihn aus dem Begriff der Sittlichkeit ab.

Kant gewinnt aus der transzendentalen Fassung des Selbstbewußtseins den Begriff der Person dadurch, daß er die Möglichkeit der Vermittlung des freien Willens mit dem Sittengesetz entwickelt. In der Verwirklichung dieser Vermittlung im Kontinuum von Raum und Zeit setzt sich das formale Subjekt in die Objektivität nicht nur für sich selbst, sondern – durch das Gefühl der Achtung bezeichnet – auch für die anderen. Anders, als H. Krings behauptet,[21] findet sich der Ansatzpunkt für den Begriff der Individualität bereits bei Kant, wenn ihn auch J. G. Fichte in seinem System der Transzendentalphilosophie erst zur Entfaltung bringen wird. Grundlage für

[18] KpV, 130. Kant spricht in diesem Fall von „vernünftiger Selbstliebe" (KpV, 129), welche im Unterschied zu Rousseau, der sie dem Menschen ursprünglich zuschreibt, die Reflexivität des Bewußtseins voraussetzt.

[19] Vgl. die berühmte Formulierung: „Handle so, daß die Maxime deines Willens jederzeit zugleich als Prinzip einer allgemeinen Gesetzgebung gelten könne" (KpV, 54). Grundlage dafür ist die Willensbestimmung nach dem moralischen Gesetz. Wirkung dieser Willensbestimmung ist das wechselseitige Gefühl der Achtung, die die Personen füreinander hervorrufen.

[20] I. Kant, Die Religion innerhalb der Grenzen der bloßen Vernunft (ed. K. Vorländer), Hamburg ^{8}1978, 18f.

[21] H. Krings, System und Freiheit, Freiburg i. Br./München 1980, 113: „Sofern die Einheit des Bewußtseins nicht nur als transzendentales Ich gedacht wird, sondern in einer raumzeitlichen Leiblichkeit als geschichtliche Identität erfahren wird, begründet sie das System der Individualität."

Kant wie für Fichte ist das transzendentale Ich, das entgegen der herrschenden Meinung nicht nur formal gefaßt ist, sondern die Bedingungen geschichtlicher Verwirklichung in sich enthält. Kant jedenfalls führt – und das ist das neue in seinem Denken – den Ich-Gedanken über die Spannung von formal-logischer Subjektivität und individualer Objektivität, wie sie sich gegen Ende der Aufklärungsepoche abzeichnete, hinaus, indem er diese Spannung als Dialektik des Selbstbewußtseins aufweist. Dadurch vermag das Ich so gedacht werden, daß es in reflektierter Selbstbestimmung für andere als Person erfahrbar wird.

5.2 J. G. Fichte: Die transzendentale Theorie des Ich als Einheit von Subjekt und Individuum

J. G. Fichte entwickelt auf der Grundlage seines transzendentalen Systems die erste umfassende Theorie des Ich-Gedankens. Da er für alle Teilbereiche seiner Philosophie immer das Grundprinzip der Totalität des Systems voraussetzt, ist zusammen mit dem Ich-Begriff Fichtes der Begriff seines philosophischen Systems, der Wissenschaftslehre, zu entwickeln. Um deren geeignete Fassung rang Fichte während seiner gesamten philosophischen Laufbahn. Erst nach 1801 scheint sie ihm in der Totalität ihrer Prinzipien verfügbar zu sein. Deshalb wird sich die nun folgende Darstellung am Entwicklungsstand der Wissenschaftslehre vor allem in der sog. Spätphilosophie Fichtes orientieren.[22]

Fichte geht in der Bestimmung und Anwendung der durch Kant gefundenen Form des transzendentalen Philosophierens, das sich aus der Vernunfteinheit von Subjektivität und Objektivität heraus vollzieht, entscheidend über diesen hinaus, wenn er die Prinzipien der Vernunft selbst untersucht und diese als Bild des Absoluten erkennt. Dabei will die Wissenschaftslehre weder nur die methodische Analyse der objektiven Welt noch lediglich eine Strukturbeschreibung des Subjekts sein. Sie läßt die Formen und Prinzipien der subjektiven und objektiven Realität nicht nebeneinanderstehen oder bringt sie in einfache kausale Abhängigkeit, wie es dualistische Philosophien in der

[22] Eine umfassende Darstellung der Transzendentalphilosophie Fichtes liegt nicht vor. Als hervorragende Einführung aber kann gelten: R. Lauth, J. G. Fichtes Gesamtidee der Philosophie, in: Ders., Zur Idee der Transzendentalphilosophie, Salzburg 1965, 73–123.

unvermittelbaren Aufspaltung von Bewußtsein und Dasein oder Geist und Körper versuchen. Vielmehr strebt sie eine über die Objektivität der Subjekt- und Objektstrukturen hinausliegende Synthese an, welche die einzelnen Strukturen rechtfertigt. Die Herstellung dieser Synthese, die zugleich der systematische Zusammenhang der Wissenschaftslehre als der vollständigen Einheit aller Wissensprinzipien ist, vollzieht sich nun so, daß die Konstruktion der Teilmomente wechselweise mit deren Konstitution aus der rechtfertigenden Einheit angesehen werden kann. Noch konsequenter als bei Kant ist der Reflektierende in den Reflexionsvorgang einbezogen – so weit nämlich, daß er seinen eigenen Reflexionsstandpunkt im Systemzusammenhang der Philosophie mitentstehen sieht. „Diese Wissenschaft ist nicht vorwärts folgernd in einer einfachen Reihe, gleichwie in einer Linie, nach dem Gesetz der Consequenz ...; sondern sie ist allseitig und wechselseitig folgernd, immer aus einem Centralpunkte aus nach allen Punkten hin, und von allen Punkten zurück, gleichwie in einem organischen Körper."[23] Fichtes vertiefte Fassung des transzendentalen Prinzips führte ihn zur Aufstellung des vollständigen prinzipiellen Systems der Wissenschaftslehre und der auf sie aufbauenden Transzendentalphilosophie.[24] Betrachten wir ihre wichtigsten Strukturmomente.

Kant hatte in seiner ›Critik der reinen Vernunft‹ den Ideen der reinen Vernunft (Begriff der Seele, der Welt und Gottes) regulativen Charakter für den Gebrauch des Verstandes zugestanden.[25] Dadurch entzog er sich der Analyse der Vernunft. Genau das aber

[23] J. G. Fichte, Darstellung der Wissenschaftslehre aus den Jahren 1801/02 (ed. R. Lauth, u. a.), Hamburg 1977, 18.

[24] J. Widmann, Johann Gottlieb Fichte, Berlin/New York 1982; C. Riedel, Transzendentalphilosophie, in: Wörterbuch des Christentums, 1275 f.

[25] KrV, B 672: „Ich behaupte demnach: die transzendentalen Ideen sind niemals von konstitutivem Gebrauche, so, daß dadurch Begriffe gewisser Gegenstände gegeben würden, und in dem Falle, daß man sie so versteht, sind es bloß vernünftelnde (dialektische) Begriffe. Dagegen aber haben sie einen vortrefflichen und unentbehrlich notwendigen regulativen Gebrauch, nämlich den Verstand zu einem gewissen Ziele zu richten, in Aussicht auf welches die Richtungslinien aller seiner Regeln in einen Punkt zusammenlaufen, der, ob er zwar nur eine Idee (focus imaginarius) ist, d. i. ein Punkt ist, aus welchem die Verstandesbegriffe wirklich nicht ausgehen, indem er ganz außerhalb der Grenzen möglicher Erfahrung liegt, dennoch dazu dient, ihnen die größte Einheit neben der größten Ausbreitung zu schaffen."

erkannte Fichte als notwendige Aufgabe für die Begründung und Rechtfertigung der Philosophie aus einem absoluten Prinzip. Die Vernunft selbst ist transzendental und in ihrem Prinzipiengefüge erkennbar. Fichte wählt dafür den Strukturterm „Als-Form“, der zeigt, wie in der Vernunft Subjektivität und Objektivität aufeinander bezogen (Disjunktivität) und zugleich vorgängige Einheit (Apriorität) sind: „In ihr, ihrer wesentlichen Einheit sind die zwei Glieder: was heißt dies: wie können zwei innerlich Eins werden. Antw. durch ein Als: sie sind als solche im Verhältniß: Sie, die Relation ist sich selber nur in dieser Relation, u. als drittes, denn sie ist ja das zweite als ihr Verhältniß, denn sie ist nichts anderes: sie ist sich dem nach auch immer in der Form des Als.“[26] Die Vernunft ist also ein Beziehungsgefüge (Nexus) und sieht sich in der Analyse selbst als solches an. Der Reflexionsakt, in dem die Vernunft sich selbst weiß, bringt folglich ein zweites, sekundäres Bild seines eigenen (primären) Vollzuges hervor. Durch die Konstruktionsarbeit der Vernunft entsteht demnach nicht unmittelbar der Gehalt der Vernunft, sondern ein Bild dieses Gehaltes und zugleich des Konstruierens dieses Bildes. Der Bildgehalt geht also aus den Prinzipien des Bildes hervor. Das sekundäre Bild, das die Vernunft von sich hat, ist keine einfache Wiederholung ihrer selbst. Vielmehr: in dieser Überlegung differenziert sich die Selbstbewußtseinsformel Kants. Er hatte das Selbstbewußtsein als die Vermittlung von Subjektivität und Objektivität in der Selbstanschauung des Verstandes bestimmt. Fichte beobachtet nun, daß diese Vermittlung nicht ein einfaches, objektives Wissen des Bewußtseins von sich selbst ist. Er analysiert genauer: Das Selbstbewußtsein bildet sich auf der Ebene der Vernunft als die Beziehungseinheit (Disjunktion) von Subjekt und Objekt ab. Sein Bild enthält also drei Momente, die ineinander verschränkt sind: einmal den objektgerichteten Wissensvollzug, zum zweiten das subjektive Wissen von diesem objektiven Wissen und als drittes Moment die Identität des objektiven und des subjektiven Wissens, welche selbst als Wissen erscheint. Genau das ist die Beschreibung des Aktes der Ich-Setzung.[27] In Fichtes eigenen Worten: „Jenes

[26] J. G. Fichte, Wissenschaftslehre 1805 (ed. H. Gliwitzky), Hamburg 1984, 10r2 (39).

[27] F. Bader, Die Mehrdeutigkeit der drei Grundsätze in Fichtes ›Grundlage der gesamten Wissenschaftslehre‹ von 1794/95: K. Hammacher, u. a. (Hrsg.), Erneuerung der Transzendentalphilosophie im Anschluß an Kant und Fichte, Stuttgart/Bad Cannstatt 1979, 12–20.

Gesez hat als absolutes Soll eine doppelte Kausalität: es erschafft schlechthin ein freies Ich [Objektivität des Ich, C. R.]: u. in diesem u. durch seine Freiheit erschafft es ein, jenes voraussetzendes sich selbst schaffen [Subjektivität des Ich, C. R.]: Jenes aber ist der wahre Zweck u. dieses nur das Mittel. Realität des Ich, als der Erscheinung [Einheitsbild des Ich, C. R.] ... Ein Ich, als Ich [Selbstbewußtsein, C. R.], ist es freilich nur in der Anschauung; von welcher das Gesez nicht abhängig ist: das rein übrig bleibende vom Ich ist daher nur dies, daß Freiheit sey, ausser ihm, deswegen, u. damit diese sich verstehe, als Bild Gottes."[28]

Damit befinden wir uns im Zentrum der Fichteschen Wissenschaftslehre und zugleich seiner Ich-Theorie. Vergegenwärtigen wir uns noch einmal Fichtes philosophische Absicht. Er wollte ein prinzipiell vollständiges System der Philosophie aufstellen, begründen und rechtfertigen. Jedes Einzelthema, wie der Ich-Gedanke, muß in der Totalität der Transzendentalphilosophie rekonstruiert werden. Es ist also die Beziehung des Ich zum absoluten Prinzip herzustellen, das als solches zugleich Prinzip der Philosophie und des Lebens ist. Bedingung der Möglichkeit dieser Relation ist die Erscheinung des absoluten Prinzips, die nicht einfach objektiv gegeben sein kann. Sie muß als Erscheinung von der Vernunft einzusehen sein. Transzendental gewendet: Die Vernunft hat sich als Wissen dieser Erscheinung so zu konstruieren, daß ihre Konstruktion gleichzeitig als Rekonstruktion ihrer Bedingtheit durch die Erscheinung des Absoluten abgebildet wird. Hier begegnen wir erneut der „Als-Form" als Strukturzusammenhang zwischen der objektiven Selbstgegebenheit des Bewußtseins und seinem subjektiven Wissen davon, als das es sich erkennt. Das Ich (Selbstbewußtsein) weiß sich demzufolge nicht einfach als Vernunft. Sein Wissen geht darüber hinaus. Es weiß sich in der Erscheinung des absoluten Prinzips mitgesetzt – unter einer dadurch absoluten Bedingtheit und einem ebensolchen Anspruch stehend. Fichte nennt das: „Sollen". „Offenbar ist in dem Soll eine innere Selbstconstruction ausgedrückt: ein inneres, absolutes, rein qualitatives sich selber Machen, und auf sich selber Ruhen."[29] Die Systematik des „Sollens"-Begriffes eröffnet den universalen Nexus, in dem der Ich-Gedanke steht, wenn er wie bei Fichte transzendental gedacht wird. Denn im

[28] J. G. Fichte, Wissenschaftslehre 1805, 43r4–43vO (150f.).

[29] J. G. Fichte, Die Wissenschaftslehre, Zweiter Vortrag im Jahre 1804 (ed. R. Lauth, u. a.), Hamburg 1975, 167f.

„Sollen" gründet die Aktivität des Ich, die das Absolute mittels seiner Erscheinung im Ich hervorruft, indem es als materiale Erscheinung die Bedingung für die Ich-Setzung (Machen) und als formale Erscheinung das Prinzip für die Ich-Bestimmung (Ruhen) darstellt. „Zufolge der Vorstellung des Soll oder seiner Bestimmung, soll das Ich wollen; dieses Soll soll ihm als Grund des Willensaktes im Bewußtsein vorschweben."[30]

Fichte setzt das Sollen, das bis jetzt formal als Aufforderung des Absoluten an das Ich bestimmt ist, in Beziehung zum Willensakt. Damit lenkt er die Reflexion auf ein neues Moment in der Struktur der Vernunft. Diese wurde als Wissensakt angesehen, in welchem sich das Bewußtsein in die Disjunktion von Objektwissen und Selbstbewußtsein differenzierte, wobei die Disjunktion selbst als Bild des Absoluten erschien. Zweierlei ist an der formalen Fassung der Vernunft anzumerken, wenn sie sich als Ich setzen soll: die Reflexivität der Vernunft darf keine automatische Gesetzmäßigkeit sein; folglich bedarf es über die prinzipielle Wissensstruktur der Vernunft hinaus der Möglichkeit zur Verwirklichung des Gewußten, auf's Ganze gesehen der Vernunft selbst. Wieder trifft man auf das alte Problem des Übergangs von der theoretischen Einsicht, die den Subjekt-Begriff ausmacht, zum praktischen Leben. Platon führte die Idee der Selbsterhaltung des geistigen Subjekts gegenüber der Flüchtigkeit der physischen Welt als verbindendes Glied ein. Aristoteles zog die Frage nach der Vermittlung von theoretischer und praktischer Vernunft zum Problem der sittlichen Verantwortung aus. Er sieht das Subjekt von seinen Handlungsmöglichkeiten her und fordert die überlegte Bestimmung des Willens der einzelnen Menschen durch metaphysische und soziale Normen. Der Begriff des Individuums ist geboren. Das Begriffspaar Subjekt und Individuum bezeichnet durch die gesamte Entwicklung des Ich-Gedankens in der Philosophie hindurch die Spannung in den Theorien über das Ich. Bei Fichte wird sie erstmals im System nicht nur erarbeitet, sondern sogar gefordert! Wenn die Vernunft sich als „ichliche" Subjektivität verwirklichen soll, dann muß ihre Struktur das Prinzip der Verwirklichung enthalten. D. h. die Vernunft selbst ist nicht nur als theoretisches Selbstbewußtsein disjunktiv, sondern scheidet sich im Wissen ihrer selbst in ein Prinzip der Einsicht und eines des Handelns. Fichte konstruiert – das wird hier deutlich – aus der Einheit der Ver-

[30] J. G. Fichte, Das System der Sittenlehre (1812), in: J. G. Fichte, Fichtes Werke, Bd. XI, Berlin 1971, 26: abgek.: SW XI.

nunft, weil er diese selbst als Bild faßt. Kant mußte die Vernunft in der regulativen Funktion für den Verstand belassen, da er aus der Dreiheit die Vernunftvermögen (theoretisch, praktisch, urteilend) lediglich den erkenntnistheoretischen Primat der reinen Vernunft abzulesen vermochte;[31] er setzte die Vernunft entgegen seiner eigenen Bestimmung von Transzendentalität des Denkens dogmatisch an. Entsprechend bleibt der Personbegriff bei ihm in Verstand und Wille gespalten. Diese Spaltung aber ist nicht eine in voneinander unabhängige Vernunftvermögen, sondern sie beschreibt das Beziehungsgefüge der Vernunft, die ja nicht zuerst einsieht und dann ihre Einsicht verwirklicht. Disjunktion bedeutet Unterschiedenheit in der Einheit und nicht – wie Hegel im Begriff der Dialektik ableiten wird – Einheit der Unterscheidungen. Das hieße, daß die Unterscheidungen für sich existierten und dann in einer zusätzlich existierenden Einheit zu vermitteln wären. Fichte denkt – bildlich gesprochen – in einem Punkt, Hegel in einem Dreiecksverhältnis. Die Unterschiedenheit ist der Einheit weder zeitlich noch logisch vor- oder nachgeordnet: Disjunktion, d. h. die „Als-Form" ist die gleichförmige/gleichzeitige Struktur der Totalität der Prinzipien. Erst wenn die Prinzipienebene verlassen wird, treten – prinzipiell bedingt und aus ihnen ableitbar – Hierarchien der Wissens- und Realwelt auf, die aber unabhängig von ihrer jeweiligen konkreten Gestaltung auf der Prinzipienebene miteinander zusammenhängen. Deshalb kann Fichte über die Wissenschaftslehre sagen: „Sie ist eine genetische Einsicht des Daseins überhaupt, Wissenschaft des Daseins."[32]

Kehren wir zum Ausgangspunkt zurück: Gefordert war, wenn die Vernunft sich als Ich in der Einheit von Subjektivität und Individualität verwirklichen soll, ein Prinzip dafür. Dieses darf kein eigenständiges Vernunftvermögen im Sinne Kants sein. Es muß sich vielmehr in der Reflexion als Disjunktionsmoment des Wissensaktes ergeben: gemeint ist der Wille „als ein absolut freies Übergehen von Unbestimmtheit zur Bestimmtheit, mit dem Bewußtsein desselben".[33] Der Willensakt vollzieht sich nach Fichte nicht im Sinne der einfachen Wahl; er steht unter den Bedingungen der Vernunft,

[31] KpV, 216: „Wenn praktische Vernunft nichts weiter annehmen und als gegeben denken darf, als was spekulative Vernunft für sich aus ihrer Einsicht darreichen konnte, so führt diese das Primat."

[32] J. G. Fichte, Die Thatsachen des Bewußtseins (1813), in: SW IX, 567.

[33] J. G. Fichte, Das System der Sittenlehre nach den Prinzipien der Wissenschaftslehre (1798) (ed. M. Zahn), Hamburg [2]1969, 154 f.

durch welche er Bestimmtheit erlangt. Ohne das Bewußtseinsmoment wäre der Wille ein blinder Trieb, der das Subjekt in objektiver Abhängigkeit auf die Realität orientiert. „Beim Wollen abstrahire ich schlechthin von allem ausser dem gewollten, alles andere gebe ich auf ... Das Wollen ist Concentration des ganzen Menschen mit seinem ganzen Vermögen auf einen Punct.“[34] Der Wille fällt also nicht mit dem Bewußtsein auseinander; andernfalls bliebe die von Fichte angesprochene „Concentration des ganzen Menschen“ aus. Voraussetzung des Willens ist das Wissen, daß ich es bin, der will. Ohne das Selbstbewußtsein erscheint ein bestimmter Wille unmöglich. Anders: der Wille verlangt die Reflexivität des Subjekts.

Die Bindung des Willens an die Vernunft bedingt des weiteren auch seine Objektgerichtetheit. „Das Ich inwiefern es will, gibt als Intelligenz sich selbst das Objekt seines Wollens, indem es aus mehreren möglichen eins wählt; und die Unbestimmtheit, welche die Intelligenz anschaut und begreift, erhebt zu einer gleichfalls gedachten und begriffenen Bestimmtheit.“[35] Das Selbstbewußtsein ist auf sich selbst und zugleich auf Objekte bezogen. Seine Objektivität war primär dadurch bestimmt, daß es selbst Inhalt seines Wissensaktes ist. Das Selbstbewußtsein schaut sich selbst an. Welches Bild gewinnt das Selbstbewußtsein in der Selbstanschauung? *Erstens* ist es sich faktisch gegeben, d.h. sein Dasein ist die Form der Anschauung. Das entspricht dem Begriff des transzendentalen „Verstandes“ bei Kant. *Zweitens* erkennt es sich als Wissen seines Daseins. Es vollzieht sich als Bewußtsein. Das bezeichnete Kant mit dem Terminus „Ich denke“. Was also in den beiden inhaltlichen Momenten der Selbstanschauung des Selbstbewußtseins bislang gewonnen ist, entspricht dem cartesischen „Cogito, sum“, der Struktur der Subjektivität. Nun ist *drittens* der Akt der Selbstanschauung ein Akt des Selbstbewußtseins. Dieses gerät, wenn es sich selbst zum Objekt wird, in seiner Bildform („Als-Form“) vor sich. Es erscheint sich auch als Bild seines Selbstvollzuges. Das ist der von Fichte mehrfach angesprochene Einheits- oder Konzentrationspunkt des Bewußtseins. Damit schafft er sich in der Analyse die Bedingungen für die sekundäre Bestimmung der Objektivität, nämlich der dem Selbstbewußtsein oder der Vernunft „äußerlichen“ Objekte. Die objektive Faktizität des eigenen Daseins aber ist dem

[34] J. G. Fichte, Wissenschaftslehre nova methodo (1798/99) (ed. E. Fuchs), Hamburg 1982, 126.

[35] J. G. Fichte, Die Sittenlehre (1798), 155.

Selbstbewußtsein unableitbar. Sie darf mit der Rekonstruierbarkeit des Daseins in der transzendentalen Vernunftanalyse, welche die Form des Daseins für das Wissen erstellt, nicht verwechselt werden. Insofern zeigt sich jetzt: die Objektivität ist selbst disjunktiv. Sie ist zugleich Vorhandenheit und Aufforderung zur Rekonstruktion durch die Vernunft. Jetzt, da die objektive Welt in ihrer Beziehung auf das Ich festgestellt ist, schließt sich der Gang der Reflexion: in ihr war ja die Gestaltung der Beziehung von Sollen und Willensvermögen zu zeigen. Das Sollen war formal als Aufforderung des Absoluten an die Vernunft bestimmt. Nun trifft der Reflektierende diese Aufforderung in der Objektivität an. Das bedeutet,[36] die objektive Welt ist wie die Vernunft ein Bild des Absoluten und darin das Sollen in seinen vielfältigen Ausformungen. Im Sollen ist die Objektivität als Aufforderung an die Vernunft zur Bestimmung ihres Willens gesetzt. „Als Grund nun der freien Selbstbestimmung und dadurch der Welt nimmt der voraussgesetzte Begriff an die Form des Soll, des Gesetzes an die Freiheit."[37]

Der Wille des Ich ist nach Fichte kein blinder Trieb oder die pure Notwendigkeit, auch wenn er unter einem „Gesetz" steht. Zwei Scheinvorstellungen des Willens sind damit abgewiesen: der nachfolgend bejahende oder vorausgeprägte (manipulierte) Wille des Determinismus einerseits, andererseits die reine, ungebundene und dadurch sittlich nicht verantwortete Willkür. Der Wille des Ich im transzendentalen Sinn ist ein freies Vermögen, welches durch das „Gesetz" des Sollens zur Aktivität aufgefordert ist. Insofern das Sollen als materiale Erscheinung des Absoluten gegenüber der formalen, der Vernunft, auftritt, erscheint der Wille sittlich positiv zur

[36] Vgl. die späten Wissenschaftslehren Fichtes, z.B.: die Ausführungen in der Wissenschaftslehre von 1805: „Ausser der inneren Form noch eine äussere Form des Begriffs [materiale Erscheinung des Absoluten, C.R.]: d.h. dasjenige, was er, nicht als enthaltend das unmittelbare Existiren Gottes, u. in diesem Verschmelzen mit ihm, sondern als Begriff, und dadurch daß er Begriff ist, ist [Erscheinung in der ‚Als-Form', C.R.]. Diese Form läßt sich erschöpfend, u. zwar aus Einem Punkte (denn sonst hat die Wissenschaft nicht streng systematische Form) angeben: u. so einsehen, welche Gestalt jenes Eine Reale [das Absolute, C.R.] in derselben, u. ihr zufolge annehmen müste. Dies giebt nun die Ableitung aller möglichen besondren Bestimmungen des Wissens des Mannigfaltigen, das noch nicht an sich, sondern nur als mannigfaltig gebrochne Form des Einen, ein Mannigfaltiges ist" (Wissenschaftslehre 1805, 23v2–24r0 [94f.]).

[37] J. G. Fichte, Die Sittenlehre (1812), in: SW XI, 29.

Bestimmung der formalen Freiheit des Ich aufgefordert. Inhalt dieser Bestimmung ist der Vollzug der realen Ich-Setzung. Darin besteht der Ur-Akt, der das Ich das konkret existierende Selbstbewußtsein sein läßt: die willentliche Bindung der subjektiven Freiheit an ein konkretes materiales Sollen. Das Ich erscheint dadurch als reale Person. „Die Grundanschauung aller Wirklichkeit ist aber die Ichform. Ist nun der Grundcharakter der Wirklichkeit Mannigfaltigkeit, so ist das Ich auch ein Mannigfaltiges, und wirklich ist es kein Ich als Eines, sondern es sind nur Iche."[38] In der Realitätsform des Ich ist zugleich auch seine Individualität gegeben. Zwei Bedingungen liefert Fichtes Analyse dafür: die Freiheit des Wissens gegenüber dem Sollen und die damit verbundene Differenz in der materialen Beziehung des Subjekt-Bewußtseins auf die objektive Daseinsgestalt im Leib.[39] Dabei ist Fichtes synthetisches Denken zu beobachten. Denn das unterscheidend Individuelle entspannt sich im Wechselspiel zwischen der Selbstsetzung des Ich als Realexistenz, worin formal die disjunktive Mannigfaltigkeit der Individuationen mitgesetzt ist, und der Bestimmtheit durch die Selbstsetzung anderer, auf die zu antworten das Individuum durch das Sollen aufgefordert ist. „Aber Freiheit, als Freiheit ist nur beschränkt durch andere Freiheit, und wirklich sich äussernde. Also es ist Bedingung des Wissens vom Wissen, der Selbstwahrnehmung, als Princip aller anderen Wahrnehmung, daß ausser der freien Äusserung des Individuums, noch andere freie Äusserungen, und vermittelst derselben, noch andere freie Substanzen in der Sinnenwelt wahrgenommen werden. Wechselwirkung durch wirkliche Äusserung des freien Handelns ist Bedingung des Wissens. Jeder weiß von seinem Handeln nur inwiefern er vom Handeln andrer weiß ... Die Intelligenz ist in sich selbst, und in der innersten Wurzel, als existent, nicht Eine, sondern ein Mannigfaltiges; ein Reich u. System von Vernunftwesen."[40] Fichte überwindet mit der Ableitung der intersubjektiven Bedingtheit des Ich-Gedankens auch die Probleme von Hobbes, Locke und Rousseau, die, nachdem der einzelne bewußtseinslogisch bestimmt war, die Gesellschaft vor dem einzelnen zu retten versuchten. Fichtes Philosophie des Ich dagegen verfällt weder dem

[38] J. G. Fichte, Die Thatsachen des Bewußtseins (1812), in: SW IX, 546.

[39] R. Lauth, Die transzendentale Naturlehre Fichtes nach den Prinzipien der Wissenschaftslehre, Hamburg 1984, 140–160.

[40] J. G. Fichte, Darstellung der Wissenschaftslehre von 1801/02, 203–204.

egologischen Kult des Solipsismus noch der Problematik der sozialen Unvermitteltheit des Individuums. Er zeigt, wie sich das Individuum nur in der Wechselbedingtheit mit der intersubjektiven Gemeinschaft bestimmt, die sich auf der Grundlage der Legalität als Staat und auf der der liebenden Interpersonalbeziehung als Reich Gottes konstituiert.

Mit der Transzendentalphilosophie Fichtes erreicht die Entwicklung des Ich-Gedankens einen systematischen Stand, kraft dessen er nachdrücklich zum Thema philosophischer Reflexion wird. Die doppelte Bewegung der transzendentalen Methode führte zur Verschränkung der Strukturmomente des Ich-Begriffs, Subjekt und Individuum, wie zur Analyse ebender Verschränktheit. Dadurch ergaben sich umfassende Aufhellungen über die inneren Prinzipien des Selbstbewußtseins, das sich unter dem Anspruch findet, sich als Bild des Absoluten zu verwirklichen. Dem Begriff der Verwirklichung wird sogleich die einfache Objektivität entzogen, indem Fichte seine Bedingtheit durch die Erscheinung des Absoluten als materialen Aufrufs an die Vernunftwirklichkeit rekonstruiert. Das bedeutet, daß das Selbstbewußtsein zusammen mit den Ur-Bedingungen seiner realen Selbstsetzung im Erscheinungszusammenhang des Absoluten steht, womit sich der Anspruch zur Verwirklichung konkret als Bestimmung der Beziehung zwischen Vernunft und raum-zeitlicher Wirklichkeit innerhalb des Erscheinungsnexus beschreiben läßt. Indem Fichte die Prinzipien der Vielheit, nämlich die physikalische und biologische Naturordnung in Grundzügen ableitet, kann er zeigen, wie das Ich sich als Individuum im geschichtlichen Beziehungsgefüge mit anderen Individuen setzt. Daß diesen Beziehungen unterschiedliche Qualitäten zukommen und damit auch differenzierte Normenzusammenhänge entstehen, ergibt sich aus der Synthese von Subjektivität und Individualität im freien Willensakt, der sich – das ist für die Transzendentalphilosophie Fichtes der alles entscheidende Bezugspunkt – immer unter der Bedingtheit des Absoluten (also als kontingent) vorfindet. Die Gesamtwirklichkeit, die Natur, der Mensch und seine sozialen Systeme, die Kultur und – wie längst in der modernen transzendentalen Philosophie in Anschluß an Fichte zu zeigen wäre – die Technik ist konstituiert aus der Ur-Beziehung zum einen absoluten Prinzip (Gott). Diese Konstitution zu rekonstruieren, ist die moralische und letztlich religiöse Aufgabe, die die einzelne Person nach Fichte für sich und dadurch für die Gesamtwirklichkeit zu leisten vermag. Wenn die Individuen sich in dieser Ur-Beziehung bestimmen, verwirklichen sie zusammen mit dem persönlichen Lebenssinn ein Teilmoment des Gesamtprojekts Geschichte.[41]

5.3 Das Ich als transzendentale Subjektivität nach E. Husserl

Die Transzendentalphilosophie Fichtes löste zunächst – wohl wegen der systematischen Weiterführung des Denkens Kants – eine Art Initialzündung aus. Hinter die Ich-Analyse Fichtes, die auch die individuelle Vernunft präzise als Selbstbewußtsein denkbar machte, konnte man nicht zurück. Sicher kam die Möglichkeit des rationalen Individualismus dem Zeitinteresse an der sittlichen Persönlichkeit durch die wiederentdeckte sog. klassische Antike, am ästhetischen Genie im Sturm und Drang und dadurch motiviert dem beginnenden Bildungsbürgertum der Spätaufklärung entgegen. Zugleich keimt die romantische Idee der Innerlichkeit langsam auf. Ideengeschichtlich betrachtet spiegeln Kant und Fichte eine Übergangszeit zwischen der rationalen Aufklärung mit ihren Anfängen in der Renaissance, die mit der transzendentalen Theorie des Selbstbewußtseins den Ich-Gedanken abrundete, und der romantischen Wendung zur Innerlichkeit, die auf die radikale Vereinzelung des Ich hindrängte. Die positive Auseinandersetzung mit Fichtes Denken wurde durch den Vorwurf der einseitigen Rückführung der Philosophie auf den Ich-Begriff abgelöst. Seine späten Wissenschaftslehren beachtete das philosophische Publikum kaum. Schelling, Hegel und romantische Intellektuelle wie Hölderlin, Schlegel und Novalis orientierten sich an der frühen Wissenschaftslehre von 1794/95 und lehnten deren Ich-Begriff als „leeres Ich“ ab, in welchem „nichts zu sehen [ist] als das Moment des Selbstbewußtseins, des selbstbewußten Insichseins“.[42] So bestimmte vor allem Hegels Urteil und Rezeption der Transzendentalphilosophie Fichtes deren weitere Wirkung. Dennoch blieb der transzendentale Gedanke nicht ausschließlich in den dialektischen Philosophien des neunzehnten Jahrhunderts präsent. Er wurde im sog. Neukantianismus (Cohen,

[41] R. Lauth, Der Begriff der Geschichte nach Fichte, in: Phil. Jahrbuch 72 (1965), 353–384; J. Widmann, Johann Gottlieb Fichte, 178–229.

[42] G. W. F. Hegel, Vorlesungen über die Geschichte der Philosophie III, in: Theorie-Werkausgabe (ed. E. Moldenhauer, K. M. Michel), Bd. 20, Frankfurt a. M. 1978, 414.

Natorp, Cassirer)[43] und durch E. Husserl weitergeführt, der ausdrücklich den Ich-Gedanken, die „phänomenologische Egologie"[44], in den Mittelpunkt seiner transzendentalen Phänomenologie stellte.

Vergleicht man den Ausgangspunkt Husserls mit dem Fichtes, fällt die Beschränkung der Phänomenologie Husserls auf das reine Bewußtsein auf. So betrachtet er das Projekt der ›Cartesianischen Meditationen‹ als die konsequente Transzendentalisierung der Bewußtseinstheorie von Descartes, „der vor der größten aller Entdekkungen steht, sie in gewisser Weise schon gemacht hat, und doch ihren eigentlichen Sinn nicht erfaßt, also den Sinn der transzendentalen Subjektivität".[45] Das Interesse an einer Reinigung der Theorien zum Bewußtsein war sicher durch die Psychologisierungen motiviert, die der Bewußtseinsbegriff am Ausgang des neunzehnten Jahrhunderts erfahren hatte.[46] So versuchte beispielsweise P. Natorp das Ich zwar als „das subjektive Beziehungszentrum zu allen mir bewußten Inhalten"[47] darzustellen, das sich von allen anderen Bewußtseinsinhalten aber dadurch unterscheidet, daß es nicht wieder im Objektsinn Gegenstand des Bewußtseins zu sein vermag. Die Bewußtheit des Ich von sich selbst ist eine „Grundtatsache der Psychologie"[48] und als solche der Reflexionsanalyse nicht zugänglich. Husserl will diesen Vermengungen von Reflexion und Psychologi-

[43] F. W. Graf, Neukantianismus, in: Wörterbuch des Christentums, 875 f.

[44] E. Husserl, Cartesianische Meditationen. Eine Einleitung in die Phänomenologie (ed. E. Ströker), Hamburg 1977, 32.

[45] E. Husserl, Cartesianische Meditationen, 26.

[46] E. Husserl, Logische Untersuchungen, Zweiter Band: Untersuchungen zur Phänomenologie und Theorie der Erkenntnis, 1. Teil, Tübingen [5]1968, 345–363: „In der Psychologie ist von Bewußtsein und ebenso von Bewußtseinsinhalten und Bewußtseinserlebnissen [...] hauptsächlich viel die Rede im Zusammenhange mit der Sonderung der psychischen und physischen Phänomene, womit auf der einen Seite die zum Bereich der Psychologie, auf der anderen die zum Bereich der physischen Wissenschaften gehörigen Phänomene bezeichnet sein sollen. Mit der Frage der Sonderung hängt das uns gestellte Problem, den Begriff des psychischen Aktes nach seinem phänomenologischen Wesen zu umgrenzen, sehr nahe zusammen" (ebd., 345 f.).

[47] P. Natorp, Allgemeine Psychologie nach kritischer Methode, (ohne Erscheinungsort) 1912, 11.

[48] P. Natorp, Allgemeine Psychologie nach kritischer Methode, 13.

sierung dadurch entgehen, daß er sich auf das reine Bewußtsein zurückzieht. Als Methode der Reduktion benennt er die Epoché: „Durch die phänomenologische epoché reduziere ich mein natürliches menschliches Ich und mein Seelenleben – das Reich meiner psychologischen Selbsterfahrung – auf mein transzendentalphänomenologisches Ich, das Reich der transzendentalphänomenologischen Selbsterfahrung."[49] Die Welt wird also strikt von der Bewußtseinsreflexion ausgeschlossen. Das Verhältnis von natürlichem und reinem Ich soll allein durch die Analyse der Struktur des „transzendentalen Ego"[50] geklärt werden.

Um das „transzendentale Ego" zu erreichen, muß von der für das Ich äußeren Welt abgesehen werden. Dies ist keine grundsätzliche Verabschiedung der Objektivität, sondern in Analogie zum cartesianischen Zweifelsprozeß methodische Notwendigkeit, insofern das Ich die Selbstreflexion als individuelles, konkretes beginnt. Für Husserl ist also eine Voraussetzung der Reflexion, daß das Ich, soll es Gegenstand der Reflexion werden, sich im Strom der Erlebnisse des Bewußtseins vorfindet. Darin entdeckt es sich als „identische[s] Ich, das als Bewußtseinstätiges und Affiziertes in allen Bewußtseinserlebnissen lebt und durch sie hindurch auf alle Gegenstandspole bezogen ist".[51] Die erste Einsicht der Reduktion besteht in der Ich-Identität im Fluß der Bewußtseinserlebnisse. Husserl betont, daß diese Identität keineswegs leer, sondern durch eine dauernde Willensentscheidung zu sich selbst und gegen die verändernden Erlebnisse bedingt sei. Eben in der Kontinuität der Stellungnahme des Ich zu den Veränderungen besteht sein „personaler Charakter".[52] Die erste Erfahrung des Ich von sich selbst ist monadisch: sie umfaßt das gesamte Bewußtseinserleben, in welchem das „transzendentale Ego" beschlossen liegt. Soweit das Ergebnis der ersten Reduktion.

Was aber hat sich für den Reflektierenden selbst verändert, insofern die Transzendentalität der phänomenologischen Methode das in der Reflexion aktive Ich mitbetrifft? Indem der Reflektierende

[49] E. Husserl, Cartesianische Meditationen, 27.

[50] E. Husserl, Cartesianische Meditationen, 66.

[51] E. Husserl, Cartesianische Meditationen, 67f. Vgl. auch: Th. Seeblom: Die Bedingungen der Möglichkeit der Transzendentalphilosophie. E. Husserls transzendental-phänomenologischer Ansatz dargestellt im Anschluß an seine Kant-Kritik, Bonn 1961, 67f.

[52] E. Husserl, Cartesianische Meditationen, 69.

sein eigenes Ich in seinem inneren Beziehungsgefüge als die durchhaltende Identität in der Veränderlichkeit der Bewußtseinserlebnisse begreift, löst er die Faktizität der Erlebnisse in Möglichkeiten für sein „transzendentales Ego" auf. Denn die strukturelle Eigenheit dieses „Ego" erscheint als die Bedingung für die bestimmte, durch dieses zugelassene Faktizität. Nichts anderes als das betrifft das konkrete Ich als Wirklichkeit, was durch das „transzendentale Ego" in seiner Seinsgeltung bestätigt wird. Auf die strukturellen Möglichkeiten dieses „Ego" umgebrochen bedeutet das: deren Wahrnehmung ist eine von aller Faktizität gereinigte Struktur, das „‚Eidos' Wahrnehmung ... dessen ‚idealen' Umfang alle idealiter möglichen Wahrnehmungen als reine Erdenklichkeiten ausmachen".[53] Unter diesen „eidetischen", also strukturell möglichen Wahrnehmungen findet sich auch die Selbstwahrnehmung des „Ego". Auf der Ebene der reinen Struktur verflüchtigt sich das von Husserl als Identität in der Veränderlichkeit festgehaltene Ich selbst zum „Eidos". Er macht das „Eidos-Ego", die reine Erdenklichkeit des Ich, zur apriorischen Bedingung für das „transzendentale Ego", dessen Rückbeziehung auf seine Erdenklichkeit als deren „Selbstvariation"[54] beschrieben wird. Die zweite Reduktion führt also zur reinen Möglichkeit als apriorischer Struktur des Ich.

Die Herkunft der strukturellen Ebene der Erdenklichkeit bleibt bei Husserl unbefragt: sie erscheint als gegeben. Auch das Problem, wie das „transzendentale Ego" zur Selbstbestimmung aus dem „Eidos Ego" kommt oder wie die eidetische Ebene mit der Individualität des Ich zusammenhängt, wird nicht analysiert. Husserl stellt dazu fest: „Die transzendentale Reduktion bindet mich an den Strom der Bewußtseinserlebnisse und an die durch ihre Aktualitäten und Potentialitäten konstituierte Einheit. Es scheint nun doch selbstverständlich, daß solche Einheiten von meinem Ego unabtrennbar sind und somit zu seiner Konkretion selbst gehören."[55] Zwar mag dieses Evidenzargument für die Tatsache des konkreten Daseins des Ich-Bewußtseins hinreichen; dennoch bleibt die Frage nach der Konstitution anderer Individuen und der Welt für das „transzendentale Ego". In der Systematik Husserls gesprochen geht es um die Transzendenz des Fremd-Ich und der Umwelt. Letztere kann nur dadurch für das Ich gesichert entstehen, wenn deren Kon-

[53] E. Husserl, Cartesianische Meditationen, 72.
[54] E. Husserl, Cartesianische Meditationen, 74.
[55] E. Husserl, Cartesianische Meditationen, 91 f.

stitution in der „ichlichen“ Sphäre verbleibt. Denn allein in der Reduktion der Phänomene auf die eidetische Ebene im „Ego“ ist ja eine Begründung ihrer Faktizität möglich. Nun zeigte sich, daß das „Eidos-Ego“ nur in der strikten Rücknahme des einzelnen Ich aus der Welt (sogar der Bewußtseinserlebnisse) gewonnen wird. Umgekehrt kann die Welt als Transzendenz nur um den Preis des Solipsismus-Vorwurfes aus dem monadischen Ich heraus entworfen werden. Da dieser Entwurf eine rein subjektive Gestaltung aus der eidetischen Sphäre wäre, gelänge es nicht, ihm intersubjektive Seinsgeltung zu geben. Husserl versucht der Gefahr des konstruktivistischen Idealismus dadurch zu entgehen, daß er die Konstitution der Welt in die intersubjektive Sphäre verlagert.

Dies ist möglich, weil das Einzel-Ich sich nur methodisch und nicht radikal auf seine innere Struktur reduzierte, so daß es der Objektivität der Welt verhaftet blieb. Die Reduktion auf das Eigene des Ich verlangte lediglich die Abstraktion von der fremdkonstitutiven Leistung des Bewußtseins, durch die sich mein Ich in die verändernde Beziehung zum Erlebnisstrom bringt. Die Veränderlichkeit wird nun im Zustand der phänomenologischen Bewußtheit des Ich von seinem Wesen anders bewertet als vor der Reflexionserfahrung. Ihr entspringt die Konstitution des „alter ego“, die sich im Wechsel zwischen den konstitutiven Leistungen des „transzendentalen Ego“ und dem Erlebnisstrom vollzieht: „Der ‚Andere‘ verweist seinem konstituierten Sinne nach auf mich selbst, der Andere ist Spiegelung meiner selbst, und doch nicht eigentlich Spiegelung“.[56] Die Spannung im „alter ego“ baut das Ich durch die Konstitution der Leiblichkeit und die Einfühlung in den anderen ab, durch welche dieser zum „Fremd-Ich“ wird. Die strukturelle Andersheit, die in der ichlichen Konstitution geschaffen wird, konkretisiert sich darin, daß der Andere in der transzendentalen Einfühlung als objektive Weltgegebenheit entsteht. Denn diese vermittelt den anderen in „wirklicher Originalität“,[57] wobei die Seele des anderen nur bedingt zugänglich wird. Das soll nach Husserl aber nicht bedeuten, daß die physische Objektivität des anderen die intersubjektive bedingt. Denn Voraussetzung der Konstitution des „psychophysischen Menschen als Weltobjekt“[58] ist der egologische Entwurf des „alter ego“ als struktureller Andersheit. Erst für diese Gemeinschaft von

[56] E. Husserl, Cartesianische Meditationen, 96.
[57] E. Husserl, Cartesianische Meditationen, 127.
[58] E. Husserl, Cartesianische Meditationen, 110.

„Fremd-Ichen" baut sich die Objektivität der Welt als intersubjektive Erfahrung auf.[59]

Husserls Theorie des „transzendentalen Ego" hat mit der Fassung des Ich-Gedankens, wie Fichte sie entwickelte, wenig zu tun. Beabsichtigte Fichte die Polarisierung zwischen Subjektivität und Objektivität durch den Nachweis der Disjunktivität der Vernunft („Als-Form") in ein materiales Bild des Absoluten (Sollen) und dessen formales Bild (Selbstbewußtsein) aufzulösen und zu zeigen, daß die Gesamtwirklichkeit auf der Ebene der Prinzipien in einem grundlegenden Nexus aller Disjunktionspole verflochten ist, versuchte also Fichte aus der transzendentalen Disjunktionseinheit der Vernunft-Wirklichkeit heraus zu reflektieren, so setzt Husserl diesem Projekt gerade die Polarisierung in einen struktural anmutenden Idealismus und einen damit unvermittelten Objektivismus entgegen. Denn die Beziehung zwischen der eidetischen Ich-Struktur, einer rein formellen Subjektivität, und der konkreten Wirklichkeit für diese Subjektivität wird auch durch die Theorie des Fremd-Ich nicht hergestellt. Diese Tendenz zur strukturalen Formulierung des Ich-Gedankens setzt sich in der Philosophie des zwanzigsten Jahrhunderts fort, wenn auch ohne Berufung auf die transzendentale Phänomenologie Husserls.

5.4 Zur Selbstbeziehung als Ich-Struktur

Die Strukturalisierung des Ich-Gedankens verlief seit Husserl nicht bruchlos; denn das philosophische Interesse veränderte sich stark. Neben den durch F. Nietzsche angeregten Versuchen, die Metaphysik durch die existentiale (Heidegger) oder durch eine hermeneutische (Gadamer, Ricoeur) Selbstauslegung des Daseins auf dem Hintergrund des allgemeinen Seins zu verabschieden, entwickelte sich durch die Mathematisierung der exakten Wissenschaften bedingt[60] ein neues Selbstverständnis der Philosophie. Sie sah sich an-

[59] Vgl. zur Theorie der Intersubjektivität bei Husserl die Standardarbeit von M. Theunissen, Der Andere. Studien zur Sozialontologie der Gegenwart, Berlin/New York ²1977, 89–116.

[60] Für das erste Drittel des Jahrhunderts zeigt die Tendenz zur mathematischen Formalisierung E. Cassirer, Das Erkenntnisproblem in der Philosophie und Wissenschaft der neueren Zeit, Vierter Band: Von Hegels Tod bis zur Gegenwart, Darmstadt 1973, 9–222. Den Übergang zur logischen

gesichts der Grundlagenforschung der Theoretischen Physik, der Logischen Theorie der Mathematik und der biologischen Erkenntnistheorie nicht nur einem veränderten wissenschaftlichen Weltbild konfrontiert, sondern darüber hinaus einem erstaunlich abstrakten Begriff der Wissenschaften von sich selbst und von der Methodik, mit der sie ihr Weltbild begründeten. Die Grundlagenforschung der exakten Wissenschaften schien die Philosophie in ihrer Weltbildfunktion ersetzen zu können. Wissenschaftlicher Alltag ohne seinen wissenschaftstheoretischen Begriff war unmöglich geworden. Um sich selbst als Wissenschaft zu behaupten, mußte die Philosophie darangehen, ihre eigene Wissenschaftstheorie zu entwickeln. Auf diese Weise kam von verschiedenen Seiten her der Wissenschaftler selbst als Subjekt in den Blick. Die alte erkenntnistheoretische Spannung von Subjekt und Objekt, die intersubjektive Abhängigkeit der Geltung wissenschaftlicher Aussagen, die ethische Verantwortung der Forschung und allerneuestens die Frage nach Künstlicher Intelligenz angesichts hochspezialisierter Datenverarbeitungssysteme[61] führte zur Analyse des Ich-Gedankens zurück. Dabei untersucht man vor allem die Äußerungsmöglichkeiten des Ich in der Sprache. Die Frage nach dem Zusammenhang des grammatikalischen Subjekts der Sprache mit dem transzendentalen Selbstbewußtsein[62] wird diskutiert. Inwieweit ist die sprachliche Verwendung von Subjekt-Ausdrücken Zeichen für geistige Konstitutionsabläufe des Ich-Gedankens?

Bereits Wittgenstein hatte die logische Theorie des Zeichens mit der Frage nach der bewußtseinstheoretischen Struktur des Subjekts verbunden, wenn er formuliert: „Es scheint so, als wäre nicht die logische Identität von Zeichen und Bezeichnetem nötig, sondern nur eine interne, logische Relation zwischen beiden."[63] Diese Relation ist nun auf den Fall anzuwenden, daß das Subjekt eines Satzes

Theorie der Mathematik und der exakten Wissenschaften stellt dar: W. Stegmüller, Hauptströmungen der Gegenwartsphilosophie, 3 Bde., Stuttgart 1969 ff.

[61] Vgl. dazu: D. R. Hofstatter, Gödel, Escher, Bach, ein Endlos Geflochtenes Band, Stuttgart ²1985, 397–419, 632–674, 720–724.

[62] W. Schrader, Sprachanalytische und transzendentalphilosophische Ich-Theorie, in: K. Hammacher (Hrsg.), Der Transzendentale Gedanke. Die gegenwärtige Darstellung der Philosophie Fichtes, Hamburg 1981, 107–119.

[63] L. Wittgenstein, Tagebücher 1914–1916, in: Werkausgabe, Bd. 1, Frankfurt a. M. ²1986, 108.

„Ich" heißt. Dabei entsteht folgendes Problem: Das grammatikalische „Ich"-Subjekt des Satzes muß nicht notwendig mit dem Sprecher des Satzes übereinstimmen. Wie unterscheidet sich aber die Subjektivität des Sprechers vom grammatikalischen Subjekt des Ich-Satzes? Der Sprecher setzt sich im Sprechakt als Ich-Subjekt voraus. Zugleich aber soll die Unterscheidung vom – ebenfalls einen Sprecher bezeichnenden – grammatikalischen „Ich" intendiert sein. Nach Wittgenstein wäre zu untersuchen, inwiefern der Sprecher als Subjekt in der Ich-Rede seinem Ich gegenübertreten kann, und ob im „Ich-Term" eine solche Verobjektivierung des Ich-Bewußtseins angezeigt wird.[64] Dabei trifft dem frühen Wittgenstein zufolge die Analyse auf „das metaphysische Subjekt, die Grenze (nicht ein Teil) der Welt". Darin bestehe „das philosophische Ich".[65]

Mit dieser Unzugänglichkeit des Ich als Grenze der Welt und damit im grammatikalischen Sinne „Unaussprechbaren"[66] gibt sich die Referenztheorie nicht zufrieden. Sie beruft sich auf zwei Wurzeln. Die Problemstellung der Selbstbezüglichkeit von Ich-Aussagen übernimmt sie aus der Tradition nach Descartes, Kant und Fichte. Für den Lösungsweg beruft man sich auf eine wichtige Unterscheidung der späten Philosophie Wittgensteins. Er weist nämlich darauf hin, daß man den *Subjektgebrauch* vom *Objektgebrauch* der Sprachterme des Ich-Feldes unterscheiden müsse. In der Objektform eröffnet der Ich-Term als Satzsubjekt die Möglichkeit, objektive Zustände des Sprechers zu beschreiben. Die Aussagen beziehen sich zuerst auf das grammatikalische Subjekt des Satzes, welches durch sich auf das Subjekt des Sprechers verweist. Das ist der Referenzfall. Das Subjekt des Sprechers unterliegt objektiver Referenz, da der Ich-Satz *über* das sprechende Subjekt berichtet. Die Tatsache, die berichtet wird, ist am Sprecher überprüfbar. Beim Objektgebrauch des Ich-Terms wird also das Ich-Subjekt gegenständlich dargestellt. Anders liegt das Problem beim Subjektgebrauch des Ich-Terms. Hier stellt sich Selbstreferenz ein, insofern das grammatikalische Ich die Identität mit dem Ich des Sprechers voraussetzt. Der ganze Satz bezieht sich als komplexes Zeichen auf den Ich-Sprecher. Eine solche Selbstzuschreibung ist „als Manifestation von Wissen von sich selbst bzw. Selbstbewußtsein (self-

[64] L. Wittgenstein, Tagebücher 1914–1916, 175–181.

[65] L. Wittgenstein, Tagebücher 1914–1916, 177.

[66] L. Wittgenstein, Tractatus logico-philosophicus, in: Werkausgabe, Bd. 1, Frankfurt a. M. ^{2}1986, 6.41, 6.45, 6.5, 6.53.

awareness)"[67] zu verstehen. D.h. die referentielle Struktur von Ich-Sätzen gibt Aufschluß über die logische Struktur des diesen Sätzen zugrundeliegenden Selbstbewußtseinsaktes. Da in solchen Akten der Reflektierende sich seine Reflexion selbst zweifelsfrei zuschreibt, weil alle Prädikate der Zuschreibung vom Sprecher direkt auf sich selbst als Subjekt bezogen sind, ergibt sich das Selbstbewußtsein als ein Akt der logischen Identität von Subjekt und zugeschriebenen Objekten, oder rein logisch gesprochen: Prädikaten. Dabei gewinnt man die eigene Objektivität: „Wissen über sich selbst ist Wissen über den Gegenstand, der man ist, über das menschliche Lebewesen, das man ist."[68] Zugleich aber erfaßt man die eigene subjektive Dimension, insofern die „anderen Formen der Referenz nur aufgrund der Selbstreferenz möglich sind".[69] Insofern greifen die Referenztheorien des Ich-Gedankens die transzendentale Idee des Ich-Begriffes auf: sie setzen ihn nämlich als teilkonstitutiv für das Bild der Wirklichkeit an, auf das wir uns in der Sprache dauernd beziehen. Die Objektivität der zugrundeliegenden Erkenntnis besteht dabei nicht allein in der wissenschaftstheoretisch begründeten methodischen Nachprüfbarkeit, sondern auch in der Einsicht in die reflexive Struktur des Selbstbewußtseins, welches jedes Individuum in eine prinzipielle Beziehung zum Ganzen der Wirklichkeit bringt. Das aber ist die Grundbedingung für die Entstehung ethischer Verantwortung des einzelnen Menschen. „Weltverhältnis und Selbstverhältnis müssen aus Strukturgründen gleichursprünglich ins Dasein kommen."[70] Auch hier wäre im Sinne der Transzendentalphilosophie Fichtes das Prinzip der Materialität von Welt- und Selbstverhältnis als Willensbestimmung gegenüber dem Sollensanspruch des Absoluten zu zeigen. Diese synthetische Leistung Fichtes erreichte keines der nachfolgenden transzententalen Systeme. Bereits Hegel suchte nach einer anderen Möglichkeit die logische Subjektivität mit der Objektivität zu vermitteln, da er die Disjunktion in der ursprünglichen Einheit der Vernunft-Wirklichkeit, wie sie Fichte gedacht hatte, nicht nachvollzog.

[67] S. Shoemaker, Selbstreferenz und Selbstbewußtsein, in: P. Bieri, Analytische Philosophie des Geistes, 215.

[68] G. M. E. Anscombe, Die erste Person, a. a. O., 238.

[69] S. Shoemaker, Selbstreferenz und Selbstbewußtsein, a. a. O., 220.

[70] D. Henrich, Fluchtlinien, Frankfurt a. M. 1982, 149.

6. DIE DIALEKTIK DES ICH-GEDANKENS

In der Auseinandersetzung mit der Bewußtseinstheorie Kants und Fichtes wurde der Gedanke der Einheit der Vernunft und des Selbstbewußtseins zum Problem der Identität umgebildet, wie der Gegensatz von Subjektivität und Objektivität zu vermitteln sei. Schelling entwickelt seine Philosophie der Identität ausgehend von Fichtes Analyse der „Ich-Setzung" in der ›Grundlage der gesammten Wissenschaftslehre‹.[1] Fichte beschrieb dort die Einheit des Ich als Einheit des Selbstbewußtseins, in der sich das Ich als Subjekt auf sich selbst als Objekt bezieht. Schelling vernachlässigt das aktive Moment der Selbst-Beziehung im Ich. Er stellt die Beziehungs-Einheit als logisches Verhältnis der Identität dar: „Nur das, was durch sich selbst ist, gibt sich selbst die Form der Identität, denn nur das, was schlechthin ist, weil es ist, ist seinem Seyn nach durch Identität, d.h. durch sich selbst, bedingt."[2] Nun zeigte sich, daß die im Ich gesetzte Identität von Subjekt und Objekt selbst subjektiv ist, weil das Ich in ihr seine Freiheit als „unbedingtes Setzen aller Realität in sich selbst durch absolute Selbstmacht"[3] wahrnimmt. Diesen Subjektivismus löste Schelling dadurch auf, daß er das subjektive Prinzip „in die Materie selbst"[4] hineinsetzt. Daraus ergibt sich für ihn der Begriff der Natur, die zur „objektiven Ideal-Realität"[5] wird. Durch die Reflexivität entsteht in der objektiven Natur das Moment der Subjektivität. Umgekehrt bedingt letztere in der Selbstsetzung des Ich seine Objektivität. In der Struktur der Identität nun, welche die

[1] J.G. Fichte, Grundlage der gesamten Wissenschaftslehre als Handschrift für seine Zuhörer (1794/95) in: J.G. Fichte, Gesamtausgabe der Bayerischen Akademie der Wissenschaften (ed. R. Lauth, H. Jacob): Band I, 2, Stuttgart/Bad Cannstatt 1965.

[2] F.W.J. Schelling, Vom Ich als Princip der Philosophie, in: Ders., Schriften von 1794–1798, Darmstadt 1980, 29–124, 58.

[3] F.W.J. Schelling, Vom Ich als Princip der Philosophie, a.a.O., 59.

[4] F.W.J. Schelling, Darstellung meines Systems der Philosophie, in: Ders., Schriften von 1801–1804, Darmstadt 1981, 1–108, 43.

[5] F.W.J. Schelling, Darstellung meines Systems der Philosophie, a.a.O., 44.

Subjektivität (Ichidentität) und die Objektivität (Naturidentität) für einander geltend macht, entsteht die Vermittlungseinheit der Vernunft-Totalität, des höchsten Prinzips. „Ich nenne Vernunft die absolute Vernunft, oder die Vernunft, insofern sie als totale Indifferenz des Subjektiven und des Objektiven gedacht wird.“[6]

Für die weitere Entwicklung des Ich-Gedankens hat Schelling damit eine Trittspur ausgelegt. Die Disjunktivität in Fichtes Wissenschaftslehre ermöglichte es, den Ich-Begriff als Synthese von Subjekt und Individuum zu denken. Deren Umformulierung durch Schelling zur Theorie des Ausgleichs von subjektiver und objektiver Identität in der Vernunft[7] mußte zur Auflösung des Momentes der Individualität führen, denn die Indifferenz von Identitäten verhindert den Gedanken der konkreten Verwirklichung der Vernunft im einzelnen. Deshalb spielt der bewußtseinslogische Ich-Gedanke in Schellings Spätphilosophie keine Rolle mehr. Seine Identitätsphilosophie aber dürfte Hegel wesentliche Anregungen für die Entwicklung dessen Systems gegeben haben.[8]

6.1 Die Dialektik des Selbstbewußtseins nach G. W. F. Hegel

Der Ich-Gedanke ist auch bei Hegel aus der systematischen Stellung, die ihm Fichte im Begriff der Vernunft als Mittelpunkt der Wissenschaftslehre gegeben hatte, verdrängt. Hegel führt beim Übergang von der Seele zum Bewußtsein in der ›Enzyklopädie der philosophischen Wissenschaften‹ den Begriff des Ich folgend ein: „Zwar ist die Seele, insofern sie Subjektivität oder Selbstischkeit ist, schon an sich Ich. Zur Wirklichkeit des Ich gehört aber mehr als die

[6] F. W. J. Schelling, Darstellung meines Systems der Philosophie, a. a. O., 10.

[7] Vgl. zur Beziehung zwischen Fichtes und Schellings Denken: R. Lauth, Die Entstehung von Schellings Identitätsphilosophie in der Auseinandersetzung mit Fichtes Wissenschaftslehre, Freiburg i. Br./München 1975.

[8] Vgl. dazu: O. Pöggeler (Hrsg.), Hegel, Einführung in seine Philosophie, Freiburg i. Br./München 1977, 33–42; H. Timm, Fallhöhe des Geistes. Das religiöse Denken des jungen Hegel, Frankfurt a. M. 1979. Systematische und historische Aspekte der Abhängigkeit Hegels von Fichte und Schelling untersucht R. Lauth, Hegels spekulative Position in seiner „Differenz des Fichteschen und Schellingschen Systemes der Philosophie“ im Lichte der Wissenschaftslehre, in: Kant-Studien 71/4 (1981), 430–489.

unmittelbare, natürliche Subjektivität der Seele; denn das Ich ist dies Allgemeine, dies Einfache, das in Wahrheit erst dann existiert, wenn es sich selbst zum Gegenstande hat, wenn es zum Fürsichsein des Einfachen im Einfachen, zur Beziehung des Allgemeinen auf das Allgemeine geworden ist. Das sich auf sich beziehende Allgemeine existiert nirgends außer im Ich."[9] Der Begriff des Ich entfaltet sich nach Hegel im Kontext der Theorie des Selbstbewußtseins[10] in mehreren Stufen: Die wirkliche Seele vollzieht sich als Identität von Subjektivität,[11] welche die unmittelbare Einheit der Seele angibt, und der Leiblichkeit, die als Prädikat der Subjektivität deren Äußerlichkeit bezeichnet. Insofern sich die Seele selbst als solche bestimmt, bringt sie sich in Beziehung zu sich selbst. Die Seele reflektiert sich, d.h. sie erhebt sich zu ihrem allgemeinen Begriff: sie wird zum Bewußtsein. Als Bewußtsein hat sie ihre Subjektivität hin zur Allgemeinheit überwunden, wodurch sie zum Ich wird. Der Begriff des Ich umfaßt also zunächst die Allgemeinheit, in der die Unmittelbarkeit der Subjektivität in der Reflexion negiert ist. Das aber bedeutet, daß die für die Seele charaktistische Identität der unmittelbaren Selbstgegebenheit und der Leiblichkeit auf der Stufe des Ich in die Selbstgewißheit des Ich aufgehoben ist. „Ich als diese absolute Negativität ist an sich die Identität in dem Anderssein; Ich ist es selbst und greift über das Objekt als ein an sich aufgehobenes über, ist eine Seite des Verhältnisses und das ganze Verhältnis."[12]

Was kennzeichnet das Ich als Bewußtsein? Wenn das Ich seiner selbst gewiß sein soll, muß es sich als Allgemeinheit erkennen; zugleich sondert es sich in dieser Erkenntnis, in der es sich auf sich selbst als Allgemeinheit bezieht, als Einzelnes ab. Denn das bestimmte Ich ist zwar das reflexive Allgemeine, aber in der Reflexi-

[9] G. W. F. Hegel, Enzyklopädie III (Werke 10), § 412 (p. 198).

[10] G. W. F. Hegel, Phänomenologie des Geistes (Werke 3), 144: „In diesen drei Momenten ist erst der Begriff des Selbstbewußtseins vollendet: a) reines ununterschiedenes Ich ist sein erster unmittelbarer Gegenstand. b) Diese Unmittelbarkeit ist aber selbst absolute Vermittlung, sie ist nur als Aufheben des selbständigen Gegenstandes, oder sie ist Begierde. Die Befriedigung der Begierde ist zwar die Reflexion des Selbstbewußtseins in sich selbst oder die zur Wahrheit gewordene Gewißheit. c) Aber die Wahrheit derselben ist vielmehr die gedoppelte Reflexion, die Verdoppelung des Selbstbewußtseins." Diese Verdoppelung nennt Hegel „Negation des Selbstbewußtseins als dessen eigene Andersheit".

[11] G. W. F. Hegel, Wissenschaft der Logik II (Werke 6), 272.

[12] G. W. F. Hegel, Enzyklopädie III (Werke 10), § 413 (p. 199).

vität nicht nur Allgemeinheit. Sonst würde es jeder positiven Gewißheit entleert. Indem das Ich sich als reflexive Allgemeinheit vollzieht, setzt es sich als Einzelnes. Dieses Einzelsein des Ich ist ohne die Allgemeinheit nicht denkbar, da die Reflexivität des Allgemeinen die Selbsterkenntnis des Ich voraussetzt. Der Ich-Begriff auf der Stufe des Bewußtseins umfaßt demnach die Unbeschränktheit des Ich durch die Äußerlichkeit, die als die formelle Identität von Einzelheit und Allgemeinheit zu verstehen ist. Es ist das „einfach Subjektive".[13]

Das Bewußtsein nun trägt in sich die Anlage des Objektes. Als formelle Identität muß das Ich sich, „das Subjekt des Bewußtseins",[14] auf sein Objekt hin fortbestimmen. Das Objekt nötigt das Ich als Subjekt zur Bestimmung seines Verhältnisses zu seinem Objekt, wodurch das Ich die Gewißheit seiner selbst, also das Bewußtsein, zur Wahrheit erhebt. Dies ist dann möglich, wenn das Ich selbst zum Gegenstand wird. In der Bestimmung seines Verhältnisses zum Objekt macht das Ich als Bewußtsein sich selbst zum Objekt, so daß das Objekt nicht mehr äußerer Gegenstand des Bewußtseins ist, sondern sich dem Bewußtsein verinnerlicht. Das Bewußtsein wird sein eigenes Objekt. Selbstbewußtsein entsteht. Wie verhält sich dieses nun zum Ich, das ja als Subjekt des Bewußtseins sein eigenes Objekt geworden ist? Hier unterscheidet sich Hegel wesentlich von Fichte. Während Fichte im Selbstbewußtsein eine Disjunktion zwischen dem Einheitsakt, in welchem das Ich sich in der Totalität seiner Prinzipien frei vollzieht, und dem verobjektivierten Wissen des Ich als aufgestelltem Bild dieses Einheitsaktes einführt, kann für Hegel das Ich nur Gegenstand des Selbstbewußtseins sein;[15] auch wenn er auf Fichtes Formel aus der Wissenschaftslehre 1794/95 zurückgreift. Dort gibt Fichte die Identität des Selbstbewußtseins mit der Strukturformel „A = A" oder „Ich bin Ich" an.[16] Auch Hegel bezeichnet das Selbstbewußtsein als „Ich = Ich", solange es sich als „abstrakte Freiheit, reine Idealität"[17] ver-

[13] G. W. F. Hegel, Enzyklopädie III (Werke 10), § 413 (p. 200).

[14] G. W. F. Hegel, Enzyklopädie III (Werke 10), § 415 (p. 202).

[15] G. W. F. Hegel, Enzyklopädie III (Werke 10), § 417 (p. 204), § 423 (p. 212); ders., Phänomenologie des Geistes (Werke 3), 145.

[16] J. G. Fichte, Grundlage der gesamten Wissenschaftslehre (1794/95), 256 f. Vgl. dazu die Analyse F. Baders, Die Mehrdeutigkeit der drei Grundsätze in Fichtes ›Grundlage der gesamten Wissenschaftslehre‹ von 1794/1795, a. a. O., 12–19.

[17] G. W. F. Hegel, Enzyklopädie III (Werke 10), § 424 (p. 213).

steht. Allerdings bedeutet das bei Hegel, das Ich ist unmittelbar dem Selbstbewußtsein gegeben, hat also keine *bewußte* Beziehung auf sich selbst. Insofern ist das Ich nicht das Selbstbewußtsein, sondern nur dessen Gegenstand, weshalb es nur für die äußere Betrachtung, nicht für sich selber frei ist. Es handelt also unwillkürlich und nicht – wie nach Fichte – aus der freien Bestimmung des Willens durch die Einsicht.

Das Selbstbewußtsein entfaltet sich zu seinem Wesen nun in drei Stufen. Als erstes muß das Selbstbewußtsein zur Reflexivität kommen. Dies vollzieht sich – wie auf der Ebene des Bewußtseins – durch die Bestimmung seines Verhältnisses zum Objekt. Dies ist sein eigenes Sein. Insofern es in der Bestimmung seines Seins dieses selbst wird, sich also ins Objekt setzt, verinnerlicht es sein Sein und damit seine eigene Objektivität. „Aber durch diese Aufhebung des Objektes hebt ... das Subjekt auch seinen eigenen Mangel, sein Zerfallen in ein unterschiedsloses Ich = Ich und in ein auf ein äußerliches Objekt bezogenes Ich auf und gibt ebensosehr seiner Subjektivität Objektivität, wie es sein Objekt subjektiv macht."[18] Das erinnert an die Indifferenz der subjektiven Objektivität (Naturidentität) und der objektiven Subjektivität (Ichidentität) in Schellings absoluter Philosophie. Nur läßt Hegel diese Indifferenz nicht auf sich beruhen, sondern treibt den Begriff dialektisch weiter. Das Ich als Selbstbewußtsein vollzieht diese Vereinigung mit seiner Objektivität subjektiv. Andererseits erhält das Objekt, das Sein des Ich, dadurch subjektive Struktur; hegelianisch gesprochen: die Objektivität vermag nun *für sich* zu sein.[19] Die Reflexionssituation stellt sich nun folgend dar: Das selbstbewußte Ich entwirft in der Bestimmung seines Objekts die Bedingung für dessen Selbstständigkeit. Vom Objekt her betrachtet ist diese Selbständigkeit faktisch, also unmittelbar. Diese Faktizität der Objektivität für sich selbst muß in den Begriff gebracht werden, damit dem Ich ein anderes Ich gegenübersteht. „Ich schaue in ihm als Ich mich selbst an, aber auch darin ein unmittelbar daseiendes, als Ich absolut gegen mich selbständiges

[18] G. W. F. Hegel, Enzyklopädie III (Werke 10), § 427 (p. 217).

[19] G. W. F. Hegel, Wissenschaft der Logik II (Werke 6), 407–409. Hegel bestimmt die Objektivität des „anundfürsichseienden Seins des Begriffes" als den Begriff, „der die in seiner Selbstbestimmung gesetzte Vermittlung zur unmittelbaren Beziehung auf sich aufgehoben hat" (408). Es wird an dieser Stelle vom Standpunkt des Objekts her beschrieben, was oben aus dem Blickwinkel der Subjektivität dargestellt war.

anderes Objekt."[20] Das andere Ich ist meine eigene Objektivität – für sich selbst gedacht. Hegel formuliert mit diesen Überlegungen auf der Reflexionsebene die Bedingung der Vielheit. Das einzelne Ich hebt sich in der Anerkennung seiner Objektivität als Selbständigkeit als einzelnes auf und unterscheidet sich von einem anderen Ich. Für Hegel entsteht sogleich durch die freie Gewährung der Anerkennung das Ordnungsverhältnis „der Herrschaft und Knechtschaft",[21] welches erst im allgemeinen Selbstbewußtsein aufgehoben wird. Ist das Ich zur „einfache[n] Identität der Subjektivität des Begriffs und seiner Objektivität und Allgemeinheit"[22] gekommen, ist das Ich also im Sinne Hegels Vernunft geworden, gelingt ihm die Anerkennung des Anderen als gleiches Selbstbewußtsein in Unterschiedenheit. Das Ich begreift sein Objekt als anderes Ich und kann in diesem Begriff als „reines Ich"[23] angesehen werden.

Hegel entwickelt seinen Ich-Begriff auf der Ebene der Reflexion des Geistes, auf die sich das Selbstbewußtsein, wenn es zur Vernunft kommt, erhebt. Die Struktur des vollendeten Ich-Gedankens ist die des Selbstbewußtseins, das sich als dialektische Einheit des seiner selbst bewußten objektiven Bewußtseins und des seiner als Objekt bewußten subjektiven Bewußtseins versteht. Daraus ergeben sich zwei verschiedene Stufen des Selbstbewußtseins: Einmal ist die Vermittlung von Subjektivität und Objektivität noch nicht als solche wieder im Bewußtsein, so daß Selbstbewußtsein die einfache Bedingung des faktischen Anderen ist. Erst, wenn das Selbstbewußtsein zum bewußten Begriff seiner selbst als Vermittlungseinheit gekommen ist, vermag es das andere, objektive Ich auch als ebendiese Einheit zu sehen. Es unterscheidet sich nun vom anderen einerseits dem Begriff nach, indem es dem anderen Ich ebenfalls Selbständigkeit zuerkennt; andererseits ist es mit dem Anderen im Begriff vermittelt, insofern dieser die allgemeine Struktur des selbstbewußten Ich enthält. Der Andere bleibt lediglich dem Begriff nach für das Ich relevant, nicht aber seiner Bestimmung nach. Er wird nicht wie bei Fichte zum Aufruf (Sollen) an das Ich, sich in eine durch den Anderen als Person bedingte Beziehung zu setzen (Interpersonalität). Diesem Befund entspricht die Beobachtung, die übrigens K. Marx

[20] G. W. F. Hegel, Enzyklopädie III (Werke 10), § 430 (p. 219).
[21] G. W. F. Hegel, Enzyklopädie III (Werke 10), §§ 433–435 (p. 222–226); ders., Phänomenologie des Geistes (Werke 3), 145–155.
[22] G. W. F. Hegel, Enzyklopädie III (Werke 10), § 438 (p. 228).
[23] G. W. F. Hegel, Enzyklopädie III (Werke 10), § 438 (p. 229).

bereits machte,[24] daß Hegel zu einem mit seiner Theorie des Selbstbewußtseins auf niederer Systemebene vermittelten Begriff des Individuums kommt.

Nach der ›Phänomenologie des Geistes‹ entsteht die Individualität in der Beobachtung der Natur durch die allgemeine Vernunft. Sie trifft im Reich des Organischen auf das „Leben überhaupt",[25] das durch Zahl, organische Gestaltung bestimmt ist, aber keine vernünftige Systemform verwirklicht. Hegel sieht darin die Individualität des natürlichen Lebens, die dem Selbstbewußtsein, das sich in seiner Beziehung auf die natürliche Realität beobachtet, als „unmittelbare sinnliche Gegenwart des individuellen Geistes"[26] aufgeht. Ausdrucksmittel des Individuums ist die Tat, welche ihm seine Welt gibt. So beschreibt Hegel das Verhältnis der Individualität zum Selbstbewußtsein: „In der ersten Gestalt der Vernunft war das Selbstbewußtsein sich reine Individualität, und ihr gegenüber stand die leere Allgemeinheit. In der zweiten hatten die beiden Teile des Gegensatzes [Selbstbewußtsein und Allgemeinheit, C. R.] jeder die beiden Momente, Gesetz und Individualität, an ihnen: der eine aber, das Herz[27] war ihre unmittelbare Einheit, der andere ihre Entgegensetzung."[28] In der beobachtenden Form der Vernunft äußerte sich das Selbstbewußtsein demnach im Tun als einzelnes, ohne sich zum Begriff seines Seins als Individuum zu erheben. Dadurch bleibt ihm die Einsicht in die Allgemeinheit verwehrt, die nach Hegel die Geistform darstellt. Indem das Selbstbewußtsein von der Beobachtung seiner Beziehung zur natürlichen Wirklichkeit zur Verwirklichung seiner selbst voranschreitet, bestimmt es sein Verhältnis zur Allgemeinheit dadurch, daß es das Gesetz entdeckt, das die Aufhebung seiner Individualität zugunsten des konkreten Allgemeinen notwendig macht. „In dieser einzelnen Aufopferung wird zugleich die Individualität an dem Weltlaufe vertilgt."[29] Das Individuum ist, weil es durch seine „ichliche" Struktur mit der Allgemeinheit vermittelt ist, dadurch zwar in seinem Vollzug bestimmt; seine Bestimmung

[24] K. Marx, Die Frühschriften (ed. S. Landshut), Stuttgart 1971, 42 f.

[25] G. W. F. Hegel, Phänomenologie des Geistes (Werke 3), 224 f.

[26] G. W. F. Hegel, Phänomenologie des Geistes (Werke 3), 240.

[27] Hegel sagt kurz vorher: „Das Individuum vollbringt also das Gesetz seines Herzens: es wird allgemeine Ordnung" (Phänomenologie des Geistes [Werke 3], 277).

[28] G. W. F. Hegel, Phänomenologie des Geistes (Werke 3), 283.

[29] G. W. F. Hegel, Phänomenologie des Geistes (Werke 3), 284.

tritt ihm aber, insofern es sich nicht als Geist vollzieht, lediglich im objektiven Gesetz entgegen.[30] In dem Maße nun, in dem sich das Individuum als Ich begreift, entdeckt es sich als die gesetzgebende Vernunft selbst. Damit wird die Individualität auf ihre Spitze gebracht, denn sie erscheint jetzt „als allgemeines Selbst“[31]. Wenn aber das Individuum sich selbst als Ich bestimmt hat, ist seine Individualität in die Allgemeinheit des Selbstbewußtseins als Teilmoment aufgehoben. Die Allgemeinheit erhält in dieser Aufhebung der Individualität Selbständigkeit: das Individuum wird in der Aufhebung Bewußtsein seiner selbst. Das Selbstbewußtsein verwirklicht sich selbständig in der Dialektik von Individualität und Allgemeinheit. „Die wahre Selbständigkeit besteht allein in der Einheit und Durchdringung [Dialektik der Aufhebung, C. R.] der Individualität und Allgemeinheit, indem ebensosehr das Allgemeine durch das Einzelne erst konkrete Realität gewinnt, als das einzelne und besondere Subjekt in dem Allgemeinen erst die unerschütterliche Basis und den echten Gehalt seiner Wirklichkeit findet.“[32] Freilich bedeutet die Tatsache, daß das Individuum zum Selbstbewußtsein kommt, noch nicht, es könne sich als Vernunft in seinem Verhältnis zum Absoluten bestimmen, wie es im Begriff des Ich möglich ist. Die Form der Individualität vermag sich nur durch die Aufhebung der Konkretheit zum Geistverhältnis erheben. Hegel überwindet in seiner Theorie des Ich-Gedankens den Dualismus zwischen den konkreten Realisierungsformen des Individuums und der prinzipiellen Struktur des Subjekts nicht. Er übersieht bei aller Differenziertheit der Dialektik des Einzelnen und Allgemeinen[33] das Bedingungsverhältnis, das zwischen Prinzipienebene und Realität besteht.

[30] Vgl. dazu Hegels Ausführungen zum Ideal der Individualität, in: Ders., Vorlesungen über die Ästhetik I (Werke 13), 206–208.

[31] G. W. F. Hegel, Phänomenologie des Geistes (Werke 3), 311. Auch: Ders., Wissenschaft der Logik II (Werke 6), 474–480.

[32] G. W. F. Hegel, Vorlesungen über Ästhetik I (Werke 13), 237.

[33] Vgl. dazu: H. Huber, „Das Absolute ist der Geist“ in: F. W. Graf, F. Wagner (Hrsg.), Die Flucht in den Begriff. Materialien zu Hegels Religionsphilosophie, Stuttgart 1982, 228–246, 232–237.

6.2 Von der Subjektivität zum konkreten einzelnen

Für Hegel war das Subjekt ohne seinen dialektischen Gegenpol (Allgemeinheit) als individuelles Selbstbewußtsein nicht denkbar. Von der Allgemeinheit, der logischen Form des Geistes her, erhält das Subjekt seine Form, in welcher allein es sich als Selbstbewußtsein zu bestimmen vermag. An der Bestimmung seiner selbst hängt für das Selbstbewußtsein die Möglichkeit zur Selbständigkeit, zur Individualität. Diese kommt niemals zum Wissen ihrer selbst, wenn sie sich nicht in der dialektischen Vermittlung zur Allgemeinheit weiß. Weil diese Beziehung zum Allgemeinen bei Hegel übermächtig gezeichnet wurde, wirkt die Individualität gegenüber dem geiststrukturierten Selbstbewußtsein abgewertet. Das bewußtseinstheoretische Subjekt steht in Hegels Ich-Gedanken im Vordergrund.

Sein Interesse an der Subjektivität freilich verwundert nicht. Hegels Gedankenwelt hängt, auch wenn seine Faszination am Begriff das nicht mehr unmittelbar spüren läßt, von der Romantik ab. Immerhin gehörte er in den Kreis um Hölderlin, lehrte er in Jena, wo die Brüder Schlegel, Schleiermacher und nicht zuletzt Schelling wirkten. Von der romantischen Begeisterung Hegels zeugen seine ersten theologisch orientierten Schriften,[34] in denen er den „Überstieg von der moralischen Subjektivität zur korporativen Liebeslogik aller Gottesfreunde“[35] zu denken versuchte. Hegel arbeitete also auch an der romantischen Grundaufgabe der Vermittlung der Subjektivität mit dem Allgemeinen. Nur: während er diese Vermittlung im Begriff entwickelte, setzte das Denken der Romantiker im Bereich der religiösen Erfahrung an. Dabei erfährt das Christentum mythische Umdeutungen, indem es zu Einsetzungen des Dionysos in die Christusgestalt, zu Typisierungen von Maria im Kontext der Hl. Mutter (Kybele, Semele) in den griechisch-römischen Mysterienkulten kommt.[36] Genau in der Absicht, einen neuen *allgemeinen Mythos* zu schaffen, liegt die andere, romantische – durchaus nicht schwärmerische – Art des Protestes gegen die Bemächti-

[34] H. Nohl (Hrsg.), Hegels theologische Jugendschriften, Frankfurt a. M. 1966.

[35] H. Timm, Fallhöhe des Geistes. Das religiöse Denken des jungen Hegel, Frankfurt a. M. 1979, 140.

[36] M. Frank, Der Kommende Gott. Vorlesungen über die Neue Mythologie, 9–23.

gung des Subjekts durch den allgemeinen Begriff. Die romantischen Denker wollen es dagegen mit einem nicht analytischen, wenn auch konstruierten Ganzen versöhnen. Wie wirkt sich das auf die philosophische Weiterentwicklung des Ich-Begriffes aus?

Zunächst ist festzuhalten: Die neuzeitliche Aufklärung erreichte in den Systemen Fichtes und Hegels, insofern die Philosophie erstmalig konsequent über sich selbst reflektierte, einen neuen Höhepunkt. Das reflektierende Subjekt entdeckte sich als selbstbewußtes Ich. Was sich im Bereich der Philosophie in der theoretischen Selbstreflexion ergab, zeigte sich in der Literatur und der Politik im Genie-Gedanken, der dem künstlerischen Individuum, wie es die Renaissance gestaltet hat, die „Dimension des Geschichtlich-Allgemeinen“[37] verleiht. Allerdings keimte auch der Zweifel an solcher Übermacht des Allgemeinen – sei es in der Form des Begriffs oder in der des Mythischen. Er drückte sich im Mißtrauen gegen die solchermaßen verstandene Subjektivität aus, zumal das Allgemeine auch als Möglichkeit haltlosen Abgrundes für das Ich entdeckt wurde.[38] In diese Stimmung hinein spricht S. Kierkegaard seinen Gedanken von der „Kategorie des Einzelnen“ aus – gleichermaßen als Kontrapunkt gegen die Hegelsche Übermacht des Begriffs wie auch als Zuspitzung jener ästhetischen Einsamkeit des Ich, wie sie sich im Niedergang der Romantik ankündigte.

Den unmittelbaren Gegenspieler entdeckt Kierkegaard folglich nicht in der Romantik, obwohl sein Thema, die dialektische Verteidigung der Innerlichkeit des Menschen, durchaus romantisch wirkt. Er begreift sein Denken als eine Auseinandersetzung mit Hegel. Diesem wirft er vor, er habe vergessen, „was es heißt, Mensch zu sein, nicht was es heißt, Mensch überhaupt zu sein, zu so etwas kriegt man wohl sogar die Spekulanten mit, sondern was es heißt, daß du und ich und er, wir alle, jeder für sich, Menschen sind“.[39] Der Grund für die Auslassung der Existenz bei Hegel sei seine

[37] J. Schmidt, Die Geschichte des Genie-Gedankens, Bd. 1, Darmstadt 1985, 192.

[38] J. Schmidt, Die Geschichte des Genie-Gedankens, Bd. 2, Darmstadt 1985, 19–33: „So ist der Wahnsinn definiert als ein chaotischer Abgrund des Solipsismus. In ihm dreht sich das Ich wie im Feuerkreis, haltlos, weil bezugslos, nur noch ... dem Gestaltlos-Elementaren ausgeliefert“ (ebd., 32).

[39] S. Kierkegaard, Unwissenschaftliche Nachschrift, in: Ders., Philosophische Brosamen und Unwissenschaftliche Nachschrift (ed. W. Diem, W. Rest), München 1976, 254 f.

Reflexionsweise: „Der Weg der objektiven Reflexion macht das Subjekt zum Zufälligen und dadurch Existenz zu etwas Gleichgültigem, Verschwindendem.“[40] Gerade die Existenz aber, das konkrete Menschsein ist es, was Kierkegaard mit dem Begriff des Individuums verbindet. Er geht den anderen Weg der Reflexion und setzt im existierenden Menschen an, der sein Dasein nicht im Sinne der Allgemeinheit des Geistes bedenkt, sondern dessen Innerlichkeit zu zeigen ist. Kierkegaards „subjektive Reflexion nach innen“ wirkt dabei insoweit unromantisch, als er die Innerlichkeit gerade nicht mythologisch gespiegelt wieder verallgemeinert, sondern sie bleibt tatsächlich Reflexion, d.h. den Denkenden selbst ins Spiel bringendes Denken.

„Der Mensch ist Geist. Aber was ist Geist? Geist ist das Selbst. Aber was ist das Selbst? Das Selbst ist ein Verhältnis, das sich zu sich selbst verhält, oder ist das am Verhältnis, daß das Verhältnis sich zu sich selbst verhält: das Selbst ist nicht das Verhältnis, sondern daß das Verhältnis sich zu sich selbst verhält.“[41] Im Unterschied zur bisherigen Tradition des Ich-Gedankens steht für Kierkegaard fest, daß der Mensch Selbstbewußtsein *ist*. Dieses „ist“ muß ernst genommen werden. Es stellt keinen Zustand im Sinne der phänomenologischen Struktur Husserls dar; vielmehr ist es konkretes Vollziehen: es ist Akt. Bewußt spricht Kierkegaard deshalb von Verhältnis, das sich auf sich selbst bezieht. Wieder wendet er die Aussage zum Akt des Vollzugs: das Selbst ist nicht die Struktur der Reflexivität des Verhältnisses, sondern das aktive Sich-Beziehen. Die Aufgabe des philosophischen Begreifens besteht also nicht darin, eine objektive Strukturbeschreibung des Selbstbewußtseins zu liefern. Kierkegaard will den Modus, die Art des Aktes des Selbstbewußtseins in die Reflexion bringen: „Objektiv wird akzentuiert: *was* gesagt wird: subjektiv: *wie* es gesagt wird.“[42] Als solches Selbst existiert der Mensch, welche Existenz er auch dann nicht aufgibt, wenn er sein Dasein zu begreifen versucht. „Es ist die Aufgabe des subjektiven Denkers, sich selbst in Existenz zu verstehen.“[43] Wenn er sich so versteht, trifft er in der Reflexion auf sich selbst als einzelnem Dasein. Er erkennt darin die Grundform der Existenz. Das Exi-

[40] S. Kierkegaard, Unwissenschaftliche Nachschrift, a. a. O., 333.

[41] S. Kierkegaard, Die Krankheit zum Tode, Frankfurt a. M. ²1986, 13.

[42] S. Kierkegaard, Unwissenschaftliche Nachschrift, a. a. O., 345 (Hervorhebungen von S. Kierkegaard).

[43] S. Kierkegaard, Unwissenschaftliche Nachschrift, a. a. O., 519.

stieren als einzelner bleibt auch in der Bestimmung des Selbstbewußtseins als Verhalten zu sich selbst unvermittelt mit dem Allgemeinen – oder, wie man auch sagen könnte, mit dem Prinzipiellen. Kierkegaard wirft in der Reflexion das Reflektieren selbst auf die Einsicht der Einzel-Existenz zurück, das sich nur aus seiner Innerlichkeit, nicht aus der Spannung mit einem absoluten Prinzip zu begreifen vermag. Insofern wird der einzelne zur Kategorie des Denkens und zur Bestimmung des Lebens. „‚Der Einzelne' ist die Kategorie, durch welche, in religiöser Hinsicht, die Zeit, die Geschichte, das Geschlecht hindurch muß." Es ist nur möglich, „durch diesen Engpaß ‚der Einzelne' hindurchzudringen, durch welchen jedoch, wohl zu merken, niemand dringt ohne der Einzelne zu werden".[44] Wie aber wird die Subjektivität des Menschen durch die Kategorie des Einzelnen bestimmt?

Kierkegaard verbindet den Begriff mit der Existenz dessen, der ihn anwendet, und dem Vollzug dessen, was er aussagt. Insofern heißt Bestimmung auch immer Verwirklichung. Der Mensch als Subjekt wird zum einzelnen, indem er auf das Ziel hinstrebt, sich als Existierender zu entfalten. Dieses Streben kommt nie zu einem Ende, solange der Mensch lebt. „Die Existenz selbst, das Existieren ist Streben",[45] wodurch das einzelne Subjekt zum Individuum wird. Denn in seinem Streben nach der Steigerung seines Selbst[46] gerät er vor das Allgemeine, das ihn zur Versöhnung auffordert. Diese darf nun keine Selbstvermittlung im Sinne Hegels sein, sondern ist nur als der paradoxe Glaube möglich, „daß der Einzelne höher steht als das Allgemeine".[47] Das Allgemeine veranlaßt das Individuum, sich als einzelnem Geltung zu verschaffen, so daß es sich isoliert und sich dem Allgemeinen gegenüberstellt. In diesem Akt erfährt es seine Macht gegenüber dem Allgemeinen, dem es „als der Einzelne übergeordnet ist": es erfährt, „daß der Einzelne als der Einzelne in einem absoluten Verhältnis zum Absoluten steht".[48] Durch dieses Verhältnis ist das Individuum ethisch geworden, weil „die Freiheit sich vor sich selbst in der Möglichkeit zeigt".[49] Das Individuum erkennt

[44] S. Kierkegaard, Der Einzelne, zit. nach W. Oelmüller, u. a., Philosophische Arbeitsbücher 7, Diskurs: Mensch, München/Wien/Zürich 1985, 179f.

[45] S. Kierkegaard, Unwissenschaftliche Nachschrift, a. a. O., 222.

[46] S. Kierkegaard, Die Krankheit zum Tode, 75–78.

[47] S. Kierkegaard, Furcht und Zittern, Frankfurt a. M. 1984, 50.

[48] S. Kierkegaard, Furcht und Zittern, 51.

[49] S. Kierkegaard, Der Begriff der Angst, Frankfurt a. M. 1984, 102.

die Herausforderung, immer wieder in Richtung auf seine Existenz aus den sich ergebenden Möglichkeiten zu wählen. Diese Erfahrung der Freiheit macht dem einzelnen genauso Angst, wie die Tatsache, daß ihm sein Selbstbewußtsein nicht aufgeht.[50] Dieses nämlich ist ja die Bedingung dafür, daß das Individuum sich als Selbst erkennt – und das heißt, seine Innerlichkeit. „Dieses Selbstbewußtsein ist deshalb Tun, und dieses Tun wiederum die Innerlichkeit."[51]

Mit diesen Überlegungen schließt sich der Ich-Gedanke Kierkegaards zu einem Ganzen. Zugleich offenbart sich das Problem dieses auf den einzelnen zurückgeführten Ich-Begriffes: Er läßt den anderen nicht wirklich zu. Weil Kierkegaard alles daran setzte, das bei Hegel gegenüber dem „allgemeinen Selbstbewußtsein" dialektisch fast bis zur Vernichtung aufgehobene Individuum im Begriff des existierenden einzelnen zu retten, kann sich dieses allein in der Wahrnehmung der Momente seiner Innerlichkeit (Angst, Furcht, Verzweiflung) gestalten. Dabei darf es seinen Willen nicht gebrauchen, wenn er nicht durch die innere Freiheit und im absoluten Verhältnis zu Gott völlig bestimmt bleibt: „Sobald der Wille danach [nach dem Weltgeschichtlichen, C. R.] zu schielen beginnt, beginnt das Individuum unsittlich zu werden ... Eine in Wahrheit große ethische Individualität würde ihr Leben so verbringen: sie würde sich selbst nach äußerstem Vermögen entwickeln, dabei vielleicht große Wirkung im Äußeren hervorbringen, aber dies würde sie gar nicht beschäftigen ... Er [der Einzelne, C. R.] würde also durch einen Willensentschluß darüber unwissend bleiben und noch im Tode würde er nicht wissen wollen, daß sein Leben eine andere Bedeutung gehabt hätte als die, die Entwicklung seiner Seele ethisch verarbeitet zu haben."[52] Eine derartige Engführung im Begriff des Individuums auf die Innerlichkeit, von der zudem die strukturelle Subjektivität abgehalten ist, mußte Reaktionen hervorrufen. Denn Kierkegaard verdeutlichte freilich die bei Fichte grundgelegte Selbstmächtigkeit des Ich in Blick auf die ethische Existenz – aber um den Preis des Verlustes der Intersubjektivität. Soweit der Wille nicht gänzlich unterschlagen wird, ist er auf die Orientierung des Subjekts auf seine ethische Existenz hin ausgerichtet. Was das Individuum kreativ schafft, ist das Ethos der Rettung seiner selbst vor dem Untergang in der Allgemeinheit. Darin klingt – von Kierke-

[50] S. Kierkegaard, Der Begriff der Angst, 40–43, 75–101.
[51] S. Kierkegaard, Der Begriff der Angst, 131.
[52] S. Kierkegaard, Unwissenschaftliche Nachschrift, a. a. O., 267–268.

gaard vielleicht unbeabsichtigt[53] – die romantische Tendenz des Genies mit, die F. Nietzsche verändert und zugleich zu Ende bringt.

6.3 Die Erlösung des Ich-Gedankens von der Reflexivität

„Die Dialektik ist die Kunst, die uns veranlaßt, entfremdete Vermögen zurückzuerobern. Alles zieht sich auf den Geist als Motor und Produkt der Dialektik zurück, oder zum Selbstbewußtsein, oder selbst zum Menschen als Gattungswesen. Wenn aber unsere Vermögen an sich selber ein reduziertes Leben und verstümmeltes Denken beinhalten, was nützt es uns dann, sie zurückzuerobern oder ihr wirkliches Subjekt zu werden?"[54] Die Frage von Deleuze umreißt sehr genau die Thematik der folgenden Ausführungen zum Ich-Gedanken bei Nietzsche. Werfen wir einen Blick zurück auf Hegel. Er versuchte durch die dialektische Methode die Indifferenz zwischen dem Subjekt-Begriff und dem Natur-Begriff, wie Schelling sie konstruierte, wieder in eine beschreibbare Struktur zu bringen. Letztlich bestand darin Hegels Versuch, das transzendentale System Fichtes kritisch zu überwinden, in welchem er die Dialektik des subjektiv „Ichlichen" und des philosophischen Wahren nicht bewältigt sah.[55] Die Philosophie Fichtes komme nicht zum wahren Begriff: ihre Form sei zwar abstrakt und konstruierend, ihre Struktur aber nicht dialektisch, was in der Reduktion der Wissenschaftslehre auf das Prinzip des Ich begründet liege. Hegel stellte dem das System der Dialektik des Geistes entgegen, in welchem das Allgemeine andauernd das Einzelne „zurückerobert". Ein Vorwurf, den Kierkegaard an Hegel richtet. Indem Kierkegaard den einzelnen vom Allgemeinen dergestalt freisetzt, daß dieses in der bewußten und zugleich konkreten Innerlichkeit überwunden wird, gewinnt der Ich-Begriff eine auf dem Weg zur reflexiven Selbstbestimmung fast schon vergessene Dimension zurück, die Selbsterhal-

[53] Vgl. Kierkegaards Gedanken zur Angst des Genies, das die Gefahr erst im Moment der Gefahr entdeckt, sich ängstigt und sofort wieder zur Selbstsicherheit zurückkehrt. Diese verwehrt ihm die Möglichkeit zu Religiosität, also zum absoluten Verhältnis, zum Ethischen: S. Kierkegaard, Der Begriff der Angst, 92–95.

[54] G. Deleuze, Nietzsche. Ein Lesebuch, Berlin 1979, 23.

[55] G. W. F. Hegel, Vorlesungen über die Geschichte der Philosophie III (Werke 20), 392.

tung – jetzt in der Form der Verantwortung des einzelnen. Noch ist es möglich, den einzelnen angesichts der geschichtlichen Verantwortung zu entlasten, wenn auch diese Versuche durch den Marxismus scharf kritisiert wurden.[56] Die totalisierenden Systeme der Philosophie und der romantische Mythos, beides übernimmt für das Subjekt die Verantwortung. Dennoch – dafür zeichnet Hegel verantwortlich – läßt sich, wenn Dialektik zur universellen Struktur erklärt wird und damit auch der konkrete Prozeß des Daseins solcherart erfaßt werden kann, die Geschichtlichkeit als Form des Daseins nicht mehr abweisen. Dies wirkt sich auf den Ich-Gedanken aus: denn der einzelne besteht nicht mehr nur für sich als innerliches Selbst, sondern zeitigt sich in der Kontinuität des geschichtlichen Prozesses als diskontinuierliches Moment, welches diesen Prozeß dadurch, daß es ihn auf sich bezieht, in die Subjektivität setzt.[57] Das aber heißt: das Subjekt deutet die Geschichte. Dabei trifft es auf seine Verantwortung in der Geschichte, deren Objektivität durch den subjektiven Bezug auf das Individuum aufgehoben ist. Das von Hegel aufgestellte Verhältnis zum Allgemeinen konkretisiert sich durch Kierkegaards Kategorie des Einzelnen hindurch in der Frage nach der geschichtlichen Schuld des Individuums – eine Frage, die in der Analyse der Möglichkeit von Philosophie nach Auschwitz (Th. W. Adorno)[58] kulminierte und zur „Bombenmeditation" (P. Sloterdijk)[59] sich aufgesteigert hat. Worum also muß es ideengeschichtlich auch gehen, wenn von Subjekt und Individuum die Rede ist?

Jetzt, in den Ausklang des neunzehnten Jahrhunderts hinein, schreitet die Aufklärung zur Vergeschichtlichung des Ich-Begriffs

[56] K. Marx, Das Elend der Philosophie, in: Ders., Frühschriften, a. a. O. 514: „Solange sie die Wissenschaft suchen und nur Systeme machen, so lange sie im Beginn des Kampfes sind, sehen sie im Elend nur Elend, ohne die revolutionäre umstürzende Seite darin zu erblicken, welche die alte Gesellschaft über den Haufen werfen wird. Von diesem Augenblick an wird die Wissenschaft bewußtes Erzeugnis der historischen Bewegung, und sie hat aufgehört, doktrinär zu sein, sie ist revolutionär geworden."

[57] H. M. Baumgartner, Kontinuität und Geschichte. Zur Kritik und Metakritik der historischen Vernunft, Frankfurt a. M. 1972, 301–312.

[58] Th. W. Adorno, Negative Dialektik, Frankfurt a. M. 1975, 354–358. Adorno wirft Hegel das Nichtbeachten eines wesentlichen Verlustes im Begriff der Individualität vor, nämlich „den an Verbindlichkeit, jener Kraft zum Allgemeinen, in der erst Individualität zu sich käme" (ebd., 344).

[59] P. Sloterdijk, Kritik der zynischen Vernunft, Erster Band, 252–261.

weiter. Die Struktur der Reflexivität des Subjekts, seine Verflechtung mit dem Allgemeinen, und die Selbstbestimmung des Subjekts als Individuum, seine Freiheit zum willentlichen Handeln erhellen im Ich-Gedanken ein weiteres Moment: die Verantwortung des Ich gegenüber der Geschichte, die eine Geschichte auch der gesellschaftlichen Lebensformen ist. Von daher wird das Selbstbewußtsein zunehmend mehr infrage gestellt: es bedarf der Entlastung, gerade weil es sich als einzelnes in seiner Verantwortung erfährt. Schopenhauer, den Nietzsche als seinen Lehrer bezeichnet, gibt dem Problem der Selbsterhaltung eine veränderte Richtung, wenn er sie als „tägliche errungene kärgliche Erhaltung dieses Daseins selbst"[60] anspricht. Grundlage dieser sehr konkreten Fassung des Begriffs ist seine Vorstellung des Ich vom Leib her. Dieser ist zwar in Selbsterfahrung durch die Vorstellung vermittelt, also nie nur natürlich bewußt. Aber als Ausdruck des Willens wird der Leib zum „Monogramm"[61] für den Irrtum des bewußten, glücklichen Lebens. Denn über den Leib ordnet sich das Ich, d. h. der Wille zum eigenen Leben, in die Natur ein. Was bisher als Ich oder Subjektivität behandelt wurde, entpuppt sich nach Schopenhauer als animalischer, blinder Wille. Die Welt des Ich wird zum „Tummelplatz gequälter und geängstigter Wesen, welche nur dadurch bestehen, daß eines das andere verzehrt".[62] Selbsterhaltung im Kontext der Subjektivität ist gleichbedeutend mit Egoismus des Willens. Dieser wird nur durch die Verabschiedung des Ich überwunden, insofern dadurch die animalische Natürlichkeit des Menschen abgelegt wird. Erst wenn der Mensch die egozentrische Haltung der Reflexion verneint, dringt er zum wahren Selbst vor, das Ruhe und Freiheit verleiht. Erst jetzt spürt der Mensch „Schmerzlosigkeit, Ungehudeltsein, Ruhc und Muße".[63] Selbsterhaltung bedeutet also, den natürlichen Willen als „alte Bewußtlosigkeit"[64] zu beschränken und damit die Welt der Vorstellung abzubauen, so daß die Negativität der Welt durch die Negation der Subjektivität behoben wird.

Die Umkehrung Schopenhauers, den Menschen vom Leib her zu sehen, was zur Kritik der reflexiven Struktur des Ich-Gedankens

[60] A. Schopenhauer, Die Welt als Wille und Vorstellung, Köln 1961, 1149.
[61] A. Schopenhauer, Die Welt als Wille und Vorstellung, 1210.
[62] A. Schopenhauer, Die Welt als Wille und Vorstellung, 1159.
[63] A. Schopenhauer, Aphorismen zur Lebensweisheit, Frankfurt a. M. 1976, 28.
[64] A. Schopenhauer, Die Welt als Wille und Vorstellung, 1148.

zwingt, vollzieht Nietzsche nach: „Wesentlich: vom Leib ausgehen und ihn als Leitfaden zu benutzen. Er ist das viel reichere Phänomen, welches deutlichere Beobachtung zuläßt. Der Glaube an den Leib ist besser festgestellt als der Glaube an den Geist."[65] Von daher unterzieht Nietzsche den Ich-Gedanken in seiner bewußtseinstheoretischen Ausformung der Kritik. Dabei erinnert an Kierkegaard, daß er den einzelnen der Masse entgegensetzt. Anders als bei Kierkegaard jedoch isoliert sich der einzelne Mensch nicht durch die reflektierende Selbstbestimmung von der Masse. Nietzsche, der ja Altphilologe war, frägt in seine eigene Geschichte zurück und bestimmt „durch ihr Wesen und ihre Folge, ein Gesetz, das Grundgesetz [s]eines eigenen Selbst".[66] Nicht der Blick nach Innen, sondern die Betrachtung der konkreten Geschichte des eigenen Lebens offenbart dem Individuum das Ich, welches es darüber belehrt, daß es sein Dasein nicht aus der Kraft des Selbstbewußtseins, also aus seiner Subjektivität speist; im Gegenteil: sein Wille zur Macht drängt das Leben zur Selbstbestimmung. Das ergibt sich aus der Kritik des Ich als Subjektivität.

„Das direkte Befragen des Subjekts über das Subjekt und alle Selbstbespiegelung des Geistes hat darin seine Gefahren, daß es für seine Tätigkeit nützlich und wichtig sein könnte, sich falsch zu interpretieren."[67] Nietzsche unterstellt also dem Subjekt der Reflexion, daß es diese dahin deute, seine eigene Notwendigkeit zu unterstreichen. Anders gesagt: die Subjektivität unterliegt der Selbsttäuschung über die eigene Wichtigkeit. Kenntlich kann man dies am metaphysischen Weltbegriff machen, der lediglich die Projektion der inneren Welt des Menschen darstellt, „den Willen, den Geist, das Ich".[68] Folgerichtig bestimmt diese Projektion unsere Einschätzung der Realität, in welcher wir nichts anderes als unsere innere Struktur widergespiegelt finden.[69] Das allerdings hat mit der Wahr-

[65] F. Nietzsche, Aus dem Nachlaß der Achtzigerjahre, Werke in sechs Bänden (ed. K. Schlechta), Sechster Band, München 1980, 476 (ähnlich 453), abgek.: Werke.

[66] F. Nietzsche, Unzeitgemäße Betrachtungen, Werke 1, 290.

[67] F. Nietzsche, Nachlaß aus den Achtzigerjahren, Werke 6, 475.

[68] F. Nietzsche, Götzen-Dämmerung, Werke 4, 973.

[69] Nietzsche wendet das Projektionsargument, das L. Feuerbach für die Gotteslehre der Metaphysik entwickelt hatte, auf die Bewußtseinslehre an. Feuerbachs Ausgangspunkt ist die dialektische Beziehung von Gegenstand und Bewußtsein, deren Hegelsche Fassung er umkehrt: Nicht das Bewußt-

heit der Realität nichts zu tun.[70] Die Metaphysik – und als solche versteht Nietzsche auch die Bewußtseinstheorie – entpuppt sich als psychologischer Schein. Nietzsche zeigt im ›Zarathustra‹ den Schein im Ich-Gedanken an der Unterscheidung von denkendem und handelndem Ich. Während das Ich der Reflexion, das Selbst, egozentrisch herrscht und damit das echte Leben behindert, vollzieht das handelnde Ich das Leben. Wenn also das Ich mit dem „Leib und seine[r] große[n] Vernunft“[71] identifiziert wird und sich als

sein bestimmt sich weiter zum Sein, durch das es sich in ein Verhältnis zu den Gegenständen bringt. Vielmehr ist das Bewußtsein bereits durch den Gegenstand bestimmt. Auch das Selbstbewußtsein des Menschen ist gegenständlich: „Bewußtsein ist das ‚Sich-selbst-Gegenstand-Sein‘ eines Wesens“ (L. Feuerbach, Das Wesen des Christentums, in: Ders., Werke in sechs Bänden [ed. E. Thies], 5, Frankfurt a. M. 1976, 23). Daraus folgert Feuerbach: „Der Gegenstand ist sein offenbares Wesen, sein wahres objektives Ich“ (ebd., 21). Er untersucht nun die Religion als Gegenstand des Bewußtseins, die als Einheit von Bewußtsein und Selbstbewußtsein des Menschen bestimmt wird. Insofern sich der Mensch als Subjekt auf den religiösen Gegenstand bezieht, vermag er im Gegenstand – und das ist für die Religion Gott – sich selbst als Subjektivität erkennen. Gott spiegelt also das Selbstbewußtsein des Menschen wider. „Das Bewußtsein Gottes ist das Selbstbewußtsein des Menschen, die Erkenntnis Gottes die Selbsterkenntnis des Menschen“ (ebd. 30). Sieht man darauf, wie Gott dies wird, so ist das nur möglich, weil das Subjekt sich selbst im Ich-Gedanken vergegenständlicht, diese Bewegung der Objektivität aber nicht erkennt. Feuerbach betont nun, daß sich nicht der individuelle Mensch in der Projektion Gottes erkenne, sondern daß sich in ihm das „Bewußtsein der Gattung, daß der Mensch sich nur über die Schranken seiner Individualität erheben kann und soll, aber nicht über die Gesetze, die positiven Wesensbestimmung seiner Gattung“ (ebd., 317), niederschlägt. In Gott sieht das Individuum, wenn es zu kritischem Bewußtsein gelangt, das Gattungsgesetz als seine Natur. „Du bist nur deswegen genötigt, Gott als existierendes Wesen zu denken, weil du von der Natur selbst genötigt wirst, deiner Existenz und deinem Bewußtsein die Existenz der Natur vorauszusetzen“ (L. Feuerbach, Das Wesen der Religion, Werke 4, 88). Feuerbach denkt das Individuum aus dem Begriff der Gattung heraus, da nur im Bewußtsein dieser Dialektik der einzelne für sich selbst zur Unterscheidung zwischen dem Notwendigen und dem Zufälligen gelangt. Diese Unterscheidungsmöglichkeit ihrerseits bedingt die kritische Einsicht des Individuums in seine Bestimmtheit durch die Gattungs-Natur (L. Feuerbach, über das ›Wesen des Christentums‹ in Beziehung auf den ›Einzigen und sein Eigentum‹ [M. Stirner, C. R.], Werke 4, 76 f.).

[70] F. Nietzsche, Nachlaß aus den Achtziger Jahren, Werke 6, 898–903.

[71] F. Nietzsche, Also sprach Zarathustra, Werke 3, 300.

strukturelle Subjektivität aufgibt, verwirklicht es sich als lebendiges Ich. Nietzsche kehrt das Verhältnis von Geist und Leib – ähnlich wie Feuerbach die Dialektik von Gegenstand und Bewußtsein – um: „Der schaffende Leib schuf sich den Geist als eine Hand seines Willens."[72] In diesem Kontext steht Nietzsches Begriff des „Willens zur Macht", der die innere Dynamik des Leib-Ichs prägt: „Der Wille zur Macht bewirkt, daß die aktiven Kräfte bejahen, sogar ihre eigenen Unterschiede bejahen",[73] wie Deleuze feststellt.

Nietzsche befreit also den Ich-Gedanken von der Reflexivität und betrachtet das Ich als den Ausdruck des Willens, der den Mensch bestimmt. Der Mensch entdeckt seine „produktive Einzigkeit als den Kern seines Wesens"[74] und schafft Geschichte, indem er seinen Wert verwirklicht. Im Wertgedanken, der mit seiner Theorie des Übermenschen zusammenhängt, erreicht Nietzsche dann auch die Entlastung des einzelnen angesichts der Geschichte.[75] Von sich aus entwickelt jene als bloßes Werden keinen selbständigen Wert. Sie fordert das Individuum in seiner Verantwortlichkeit nicht heraus. Denn sie ist die Geschichte der Durchschnittlichkeit. Ihr kann aber das herausragende Individuum gegenübertreten, welches seinen Willen zur Gestaltung der Geschichte verwirklicht. Erst das schaffende Individuum vermittelt der Geschichte einen Wert. Denn dieses Individuum trachtet nicht nach kleinlich-alltäglicher Selbsterhaltung (Schopenhauer!), sondern wertet dadurch, daß es sich aus den subjektiven Schranken der gewöhnlichen Moral, der Religion und des reflexiven Selbstbewußtseins befreit, die Geschichte auf. Nietzsche wendet sich in solcher Bewertung des genialen Individuums gegen die endzeitliche Heilserwartung des Christentums genauso wie gegen evolutionären Fortschrittsglauben, den die Theorien Darwins hervorgerufen hatten. „Nein, das Ziel der Menschheit kann nicht an ihrem Ende liegen, sondern nur in ihren höchsten Exemplaren."[76] Von ihnen geht die Entlastung der anderen Menschen aus, wenn auch durch die Unterordnung der Schwächeren unter die höhere Moral des Genies. Darin besteht auch die „Umwertung aller Werte: das ist meine Formel für einen Akt höchster Selbst-

[72] F. Nietzsche, Also sprach Zarathustra, Werke 3, 301.
[73] G. Deleuze, Nietzsche. Ein Lesebuch, 26.
[74] F. Nietzsche, Unzeitgemäße Betrachtungen, Werke 1, 306.
[75] Vgl. W. Kaufmann, Nietzsche. Philosoph – Psychologe – Antichrist, Darmstadt 1982, 112–138, 361–370.
[76] F. Nietzsche, Unzeitgemäße Betrachtungen, Werke 1, 270.

besinnung der Menschheit, der in mir Fleisch und Genie geworden ist".[77]

Nietzsche propagiert im Ich-Gedanken den genialen einzelnen, der sich aus den theoretischen Restriktionen befreit, indem er sein Leben aus dem Willen heraus selbst entwirft. Dieser Entwurf ist immer auch ein Gegenentwurf zur herrschenden Geschichte. Indem das Individuum die gewöhnliche Geschichte und – auf der theoretischen Ebene – seine traditionelle Selbstbestimmung als strukturelle Subjektivität verneint (negiert), setzt es in der Verneinung die Bedingung für die eigene Wert-Welt, die Geschichte des die Alltäglichkeit entlastenden Genies. Ohne die Dimension der Befreiung des Ich-Gedankens von der Reflexivität an der Schwelle zum zwanzigsten Jahrhundert wären einerseits die durch die Rückbeziehung des Menschen in die Natur geprägte Lebensphilosophie, aber auch die anthropologischen Sinn-Entwürfe Schelers oder Gehlens nicht möglich geworden, die das Allgemeine Hegels in den Institutionen der Gesellschaft wiederfinden, zu welchen das Individuum sein Verhältnis neu zu bestimmen hat.

6.4 Der Widerspruch in der Dialektik des Ich-Gedankens

Hegel hatte die Disjunktivität des transzendentalen Ich-Gedankens bei Fichte zur Dialektik von Selbstbewußtsein und Individualität umgeformt. Kierkegaard, wenn auch unter der Verschiebung des Akzents zum individuellen Subjekt, behielt die Reflexivität des Ich-Gedankens bei. Das romantische Denken rettete das Bewußtsein der Spannung zwischen der Struktur der Subjektivität und dem einzelnen Menschen durch die Forderung nach dem alles umfassenden Mythos. Auch die Umkehrung der Dialektik des Selbstbewußtseins bei Feuerbach, der das Bewußtsein durch seinen Gegenstand bestimmt sah, so daß es in der Objektivität seine ursprüngliche Natur zu erkennen vermag, verabschiedete die Reflexivität des Ich-Gedankens nicht. Dennoch fällt auf: Das Interesse an der strukturellen Selbsterhellung des Ich-Begriffes weicht zunehmend mehr der Beschreibung der konkreten Zustände und Äußerungen des Ich. Nicht mehr das innere Wechselverhältnis von Subjektivität und Objektivität im Ich-Gedanken fordert die analysierende Reflexion heraus. Die Reflexion selbst verwies das reflektierende Be-

[77] F. Nietzsche, Ecce homo, Werke 4, 1152.

wußtsein auf die geschichtlichen Bedingungen, die es bestimmen und die es selbst mitbestimmt. Schon bei Fichte drängte sich der Gedanke der Interpersonalität, der sich im absoluten Aufruf der mitmenschlichen Welt an das Ich formierte, mit systematischer Notwendigkeit auf. Fichte brachte ihn – wie Schelling und Hegel mit ihm – lediglich zu abstrakter Konkretheit. Die Staatstheorien oder die Geschichtsphilosophie des frühen neunzehnten Jahrhunderts stehen zu sehr unter dem formalen Begriff der jeweils vorherrschenden philosophischen Systeme. Hier setzt Nietzsche einen Kontrapunkt: „Dies Unter-Regeln-Bringen ist der Wirklichkeit natürlich völlig äußerlich: ... Das Subjekt ist insofern eine ‚Hineindichtung' von Identitäten und Regularitäten in die an sich chaotische Natur",[78] wie Frank feststellt. Nietzsche brennt die Kritik an der Dialektik des Ich-Gedankens in einem Punkt zusammen. Es ist der Leib, es ist der Wille, es ist die Selbstmächtigkeit, es ist das geniale Individuum, welches sich als Ich in die Geschichte hinein ausspricht, indem es die Moral umwertet und die Alltäglichkeit in ihrer Verantwortung für das Ganze entlastet. Die reflektierende Aufklärung des Ich über seine allgemeinen Strukturen schlägt an dieser Stelle um. Entweder der über-ragende Einzelne rettet die Individualität vor ihrer Überforderung durch die Geschichte. Oder es droht der Untergang des Ich-Gedankens. Wo die Geschichte nur noch im Sinne der Aufhebung des Individuums gedacht werden kann, wird das Allgemeine totalitär: die Aufklärung, die den einzelnen Menschen zur Selbstbestimmung befreite, wäre vergessen. Ein Blick in die Veränderungen der Weltsituation, in der Philosophie im zwanzigsten Jahrhundert arbeitet, zeigt die Notwendigkeit der bewußtseinstheoretischen Selbstbestimmung des Menschen, der seine Subjektivität angesichts der Eingeschlossenheit in das soziale System, der Konfrontation mit den Grenzen der empirischen Möglichkeiten, der Überinformation und jetzt auch der elektronischen Mechanisierung des Welt- und Menschenbildes zu bewahren hat. Die Faktizität der Verhältnisse, wie man so schön sagt, also die Objektivität, die der Mensch als seine Geschichte mitschafft, stellt, insofern sie den Widerspruch des Materialen in der Dialektik markiert, einen nachdrücklichen Anspruch an die theoretische Aufklärung. Im philosophischen Ich-Begriff J. P. Sartres drückt sich die beschriebene Situation aus.[79] Man mache sich bewußt, daß im

[78] M. Frank, Die Unhintergehbarkeit der Individualität, 9.

[79] J. P. Sartre, Das Sein und das Nichts, Reinbek 1962. Diese grund-

zwanzigsten Jahrhundert die Theorien zum Ich längst nicht mehr allein Sache der Philosophie sind, sondern in der Anthropologie und den Humanwissenschaften behandelt werden.

Obwohl die Freiheit die Situation des Menschen bestimmt, bringt Sartre sie in seiner Theorie zum Ich-Begriff nur zurückhaltend ins Spiel. Wie Kant und Husserl sieht Sartre das Ich in seiner Beziehung zum Bewußtsein; zugleich unterscheidet er sich darin von den beiden Denkern. Bei Kant war diese Beziehung von Ich und Bewußtsein in der „Als-Form" gefaßt: wenn das Ich sich erkennt, dann sieht es sich im Akt des Erkennens *als* Bewußtsein ein. Auch Husserl verflicht das Ich mit dem Bewußtsein, indem das „transzendentale Ego" das gesamte Bewußtseinserleben umschließt. Sartre nun versteht die Beziehung von Ich und Bewußtsein nicht allein als Verflechtung, sondern zugleich auch als *Distanz*. Die Beziehung zwischen dem Ich und dem Bewußtsein ist dialektisch. „Auf alle Fälle erweist sich das Ich, das am Horizont des ‚Ich denke' erscheint ... nicht als Hervorbringer der bewußten Spontaneität. Das Bewußtsein bringt sich gegenüber dem Ich hervor, geht zu ihm hin, wird es treffen. Das ist alles, was man sagen kann."[80] Was das Ich seiner Form und seinem Akt nach ist, bleibt philosophisch dunkel: denn es kann nicht Gegenstand der objektiven Reflexion werden. „Anders gesagt, das Subjekt kann nicht es selbst sein. Es ist für sich selbst. Es kann auch nicht nicht es selbst sein."[81] Was bedeutet dies?

Sartre unterscheidet zwischen dem Sein oder der Objektivität, die er in Anlehnung an Hegel als „An-Sich-Sein" (être-en-soi) bezeichnet, und dem „Für-sich-Sein" (être-pour-soi), dem Bewußtsein. Objektivität und Bewußtsein sind die beiden Seiten der Existenz. Um deren dialektische Konstitution geht es in der Existentialontologie von ›Das Sein und das Nichts‹. Für die Ich-Theorie interessiert davon soviel: Das Bewußtsein kann nicht durch sich selbst analy-

legende Darstellung der Philosophie Sartres setzt mit der Bestimmung der faktischen Möglichkeit des Bewußtseins an, indem es die Reflexionssituation von der Objektivität des Reflektierenden her sieht. Die vorliegende Darstellung des Ich-Gedankens bei Sartre greift auf dem Hintergrund von ›Sein und Nichts‹ auf kleinere Schriften zurück, was einen Verzicht auf die existentialontologische Debatte bedeutet.

[80] J. P. Sartre, Die Transzendenz des Ego, in: Ders., Die Transzendenz des Ego. Philosophische Essays 1931–1939, Reinbek 1982, 82.

[81] J. P. Sartre, Bewußtsein und Selbsterkenntnis. Die Seinsdimension des Subjekts, Reinbek 1986, 43.

siert werden, sondern ist immer nur über die Objektivität zugänglich. Getrennt von der Objektivität, also als „reines Bewußtsein", verschließt es sich in sich selbst: „Das Bewußtsein ist weder leer noch voll: es braucht weder gefüllt noch geleert werden: es ist ganz einfach Bewußtsein des Objekts."[82] Doch – und hier wendet sich Sartre den Bewußtseinstheorien von Descartes und Husserl zu – das ist nur denkbar, wenn es sich selbst zum Inhalt wird. So entstehen zwei Grade des Bewußtseins: einmal das unreflektierte Bewußtsein, dessen Existenztyp die Form des Bewußtsein von sich ist; zum anderen existiert es als ein „auf ein Bewußtsein gerichtetes Bewußtsein": es erkennt sich selbst in der Form des Objekts.[83] Diese zweite Form ist nach Ansicht Sartres die des „Cogito, sum" bei Descartes, die auch Husserl in seiner Phänomenologie beschrieben hat. Insofern das Bewußtsein zweiten Grades Objekterkenntnis ist, kann auf seiner Grundlage *über* das Ich reflektiert werden. Dabei scheidet sich das Ich seinerseits in zwei Seiten eines Phänomens. Einerseits ist es aktives Ich (Je), also Subjekt der Handlungen. Andererseits erscheint es als passives Ich (Moi), indem es die „ichlichen" Zustände auf sich als Subjekt zurückführt. Logisch gesehen stellt das Ich für Sartre „die Einheit der Zustände und Handlungen"[84] dar. Dadurch ist das Ich transzendent, weil es die Objektivität, die das Bewußtsein bestimmt, auf dieses hin vereint, und zugleich selbst dem Bewußtsein als Objekt erscheint. Handlungen und Zustände sind keine unmittelbaren logischen Formen des Bewußtseins, sondern die Akte der Psyche. „Das Ego erscheint der Reflexion als ein transzendentes, die permanente Synthese des Psychischen realisierendes Objekt."[85] Als solches Objekt existiert das Ich freilich nicht rein für sich selbst, sondern immer nur in Beziehung auf das reflektierende Bewußtsein (zweiten Grades). Für sich selbst bleibt es undurchschaubar.

Der logische Ich-Gedanke also bleibt bei Sartre in sich unvernünftig. Es besitzt eine Innerlichkeit, die analytisch nicht erschlossen zu werden vermag, weil sie sich nicht selbst als Objekt setzt. Die Objektivität des Ich existiert demnach allein im Verhältnis

[82] J. P. Sartre, Bewußtsein und Selbsterkenntnis, 31.

[83] J. P. Sartre, Die Transzendenz des Ego, 46–48; ders., Bewußtsein und Selbsterkenntnis, 30.

[84] J. P. Sartre, Die Transzendenz des Ego, 59.

[85] J. P. Sartre, Die Transzendenz des Ego, 67; ders., Bewußtsein und Selbsterkenntnis, 8.

zum Bewußtsein und nicht wieder im Verhältnis zu sich selbst. Als Objekt des Bewußtseins ist es dem Ich transzendent und deshalb sichtbar: für sich selbst bleibt das Verhältnis verschlossen und virtuell. Sartre hat das im Essay ›Gesichter‹ in eine anschauliche Metapher gebracht: „das Gesicht wirft sich vor sich selbst nach vorn in den Raum und in die Zeit. Wenn man diese Eigenschaft Transzendenz nennt, die der Geist hat, sich zu überschreiten und jedes Ding zu überschreiten: sich selbst zu entgehen, um sich dort zu verlieren, außerhalb seiner selbst, irgendwo, aber anderswo, dann ist es der Sinn eines Gesichts, die sichtbare Transzendenz zu sein."[86] Zu ergänzen ist: das Gesicht aber wird seiner niemals in sich selbst ansichtig. Die logische Dialektik des Ich-Gedankens, „dieses ständige Spiel von Abwesenheit und Anwesenheit"[87], läßt die Innerlichkeit des Ich als Abgeschlossenheit erscheinen.[88]

Inwiefern, so ist zu fragen, zeigt sich im Ich-Gedanken Sartres der Widerspruch zur Dialektik? Er deutete sich bereits in der Objektivität des Ich für das Bewußtsein an. Denn dieses vermag sich nur anhand des Ich-Gedankens selbst zu bestimmen. Das Ich konstituiert sich nicht mehr als selbstreflexive Einheit des Bewußtseins, sondern erscheint als sein transzendentes Objekt. Doch soweit bleibt Sartre der reflexiven Ich-Theorie verpflichtet: nicht als physisches Objekt tritt das Ich der Reflexivität bestimmend gegenüber.[89] Das trennt Sartre von Schopenhauer und Nietzsche, bei denen der Leib Anstoß und Akt der Reflexion ist. Es ist der Andere als Individuum, der mir in der Begegnung Gegenstand wird, an dem „ich" mein Selbstbewußtsein entwerfe. „Der andere ist meiner Existenz unentbehrlich, ebensosehr wie er der Erkenntnis, die ich von mir selber habe, unentbehrlich ist."[90] Mit der Einführung des „Anderen" entsteht der zweite Widerspruch in der Dialektik, die jetzt nicht mehr ohne die Freiheit des Individuums gedacht werden kann, wenn sie nicht zum deterministischen Gesetz werden soll. Das bedeutete einen Rückgriff auf Hegel.

[86] J. P. Sartre, Gesichter, in: Ders., Die Transzendenz des Ego. Philosophische Essays 1931–1939, 333.

[87] J. P. Sartre, Bewußtsein und Selbsterkenntnis, 44.

[88] Vgl. zum Begriff der Subjektivität bei Sartre: M. Theunissen, Der Andere, 193–204.

[89] J. P. Sartre, Das Sein und das Nichts, 302 ff.

[90] J. P. Sartre, Ist der Existentialismus ein Humanismus, in: Ders., Drei Essays, Frankfurt a. M./Berlin 1986, 26.

Bedingung der Freiheit des Individuums ist seine Befreiung von der alleinigen Bestimmung durch die logische Struktur des Allgemeinen. Es muß sich konkret verwirklichen können: es bedarf seiner Geschichte. Nach Sartre bleibt auch dies dialektisch. Einerseits löst sich das Individuum aus der „Allgemeinheit des Menschen“, indem es in der Wahl seine Freiheit zum Entwurf der Existenz wahrnimmt. Andererseits übernimmt das Individuum in der Wahl die Verantwortung für seine Existenz und baut so die Allgemeinheit mit auf.[91] Durch seine Freiheit schafft das Individuum also Geschichte und verschränkt sich zugleich mit ihr, insofern diese als Objektivität seine Urbedingung, der Raum seiner Existenz ist.[92] Der Begriff der Freiheit, durch welchen die Individualität erst beschreibbar wird, mutet deshalb formell an: er enthält die Möglichkeit und die Notwendigkeit zur existentiellen Wahl. Aber er wirkt auch konkret: denn er bedingt die Wirklichkeit der Existenz als Entwurf des konkreten Individuums und nicht bloß der Ich-Struktur. Sartre versucht den Weg zwischen dem gewaltsamen Versuch Nietzsches, das Ich nicht mehr zu denken, sondern nur noch in seiner Willensgeschichte handeln zu sehen, und der Bewußtseinstheorie der transzendentalen Tradition zu bahnen. An seinem Interesse an Begriffen wie Angst oder Haß, an seinem politischen Engagement erkennt man, daß er die Widersprüchlichkeit der Reflexionsdialektik ernstnimmt. Freilich verflüchtigt sich dabei die klassische Theorie des Ich-Gedankens, wie sie die Philosophie in ihrer Geschichte entwickelt hat, immer mehr. Zugleich, wenn die Beobachtung zum Zusammenhang zwischen Ich-Gedanken und Aufklärung stimmt, bedeutet das den vorläufigen Abschluß des geschichtlichen Aufklärungsprozesses. Angesichts der in Mode gekommenen „Post-Moderne“[93] läßt sich nach der Tauglichkeit der ideengeschichtlichen Kategorie „Aufklärung“ angesichts der Vielschichtigkeit des Lebens- und Reflexionszusammenhanges der Gegenwart fragen.

[91] J. P. Sartre, Ist der Existentialismus ein Humanismus?, 26–28.

[92] J. P. Sartre, Ist der Existentialismus ein Humanismus?, 42.

[93] Vgl. dazu: D. Kamper, W. van Reijen, Die unvollendete Vernunft: Moderne versus Postmoderne, Frankfurt a. M. ²1988, 116–120 (Wunsch nach Individualität), 517–524 (Darstellungen und Bilder des Ich).

Exkurs: Bemerkungen zum Ich-Gedanken von S. Freud

Einen, ursprünglich nicht philosophisch gemeinten, mächtigen Impuls lieferte die psychoanalytische Theorie S. Freuds für den Ich-Gedanken. Im folgenden werden lediglich die Hauptelemente der Ich-Theorie Freuds dargestellt; auf die Rezeptions- und Wirkungsgeschichte der freudschen Psychoanalyse in der Psychologie selbst kann nicht eingegangen werden.

Den Ausgangspunkt der Überlegungen Freuds zum Ich-Begriff bildete die klinische Situation der Diagnose und Behandlung psychisch Erkrankter. Die Unterscheidung am Ich-Gedanken in Subjekt und Individuum spielt für ihn zunächst keine Rolle. Vielmehr sollte der psychische Apparat, nämlich wie Bewußtsein, das Vorbewußte und das Unbewußte aufeinander wirken, beschrieben werden. Das Interesse an der Wirkungsweise der menschlichen Psyche und deren Analyse führte Freud zunächst weg von der ontologisch oder erkenntnistheoretischen Sicht des Ich. Er zeigte, daß das Bewußtsein nicht allein die Ich-Erfahrung des einzelnen bestimmt. Er zeigte weiter, daß diese Ich-Erfahrung nicht nur logisch oder seinshaft (ontisch) gestört ist. Freud hatte entdeckt, daß sich in das Bewußtseinsbild, das ein Mensch von sich hat, vorbewußte und unbewußte Momente einmischen. „Bewußt sein ist zunächst ein rein deskriptiver Terminus, der sich auf die unmittelbarste und sicherste Wahrnehmung beruft. Die Erfahrung zeigt uns dann, daß ein psychisches Element, zum Beispiel eine Vorstellung nicht dauernd bewußt ist. Es ist vielmehr charakteristisch, daß der Zustand des Bewußtseins rasch vorübergeht; die jetzt bewußte Vorstellung ist es im nächsten Moment nicht mehr, allein sie kann es unter gewissen Bedingungen wieder werden. Inzwischen war sie, wir wissen nicht was; wir können sagen, sie sei latent gewesen, und meinen dabei, daß sie bewußtseinsfähig war. Auch wenn wir sagen, sie sei unbewußt gewesen, haben wir eine korrekte Beschreibung gegeben. Dieses Unbewußte fällt dann mit latent-bewußtseinsfähig zusammen.“[94] Freud verwendet also den Begriff „Bewußtsein“ in einem nicht-philosophischen Sinn. Mit „Bewußtsein“ beschreibt er einen Zustand der menschlichen Seele, nicht das Reflexionsvermögen, durch welches vermittelt der Mensch sich als Subjekt und als

[94] S. Freud, Das Ich und das Es, in: Ders., Psychologie des Unbewußten (Studienausgabe, Band III), Frankfurt a. M. 1982, 282–330, 283 f.; abgek.: Studienausgabe III.

soziales Individuum erkennt. Dieses Erkennen wird nun durch die Psychoanalyse auf einer neuen Ebene kritisiert. Dabei weitet sich der Bewußtseinsbegriff von der logisch-willentlichen Struktur zum seelischen Geschehen, in welchem sich die trieblichen Mechanismen entfalten. Was Bewußtsein vorstellt, ist längst nicht das Ganze der menschlichen Person, sondern das, was an Vorstellung vom Unbewußten aus zugelassen ist. Was der einzelne von sich selbst weiß, ist das Ergebnis der Wirkungsweise seines psychischen Apparates. Das Bewußtsein nimmt für Freud die Repräsentationsfunktion des seelischen Apparates wahr. Dieser Bewußtseinsbegriff bestimmt nun den Ich-Gedanken: „Wir haben uns die Vorstellung von einer zusammenhängenden Organisation der seelischen Vorgänge in einer Person gebildet und heißen diese Ich derselben. An diesem Ich hängt das Bewußtsein, es beherrscht die Zugänge der Motilität, das ist: zur Abfuhr der Erregungen in die Außenwelt; es ist diejenige seelische Instanz, welche eine Kontrolle über alle Partialvorgänge ausübt, welche zur Nachtzeit schlafen geht und dann immer noch die Traumzensur handhabt. Von diesem Ich gehen auch die Verdrängungen aus, durch welche gewisse seelische Strebungen nicht nur vom Bewußtsein, sondern auch von den anderen Arten der Geltung und Betätigung ausgeschlossen werden sollen."[95] Das Ich repräsentiert die seelischen Vorgänge in der Form des Bewußtseins, indem es über die Zulässigkeit der Vorgänge entscheidet.

Demgegenüber steht der Bereich des Unbewußten; aller Vorgänge also, die durch die „ichlichen" Mechanismen nicht zu Bewußtsein gelangt sind. Dafür übernimmt Freud den Ausdruck „Es". „Ein Individuum ist für uns ein psychisches Es, unerkannt und unbewußt, diesem sitzt das Ich oberflächlich auf."[96] Im Es finden sich die trieblichen Wurzeln der Persönlichkeit. Das Es bestimmt aus der Tiefenschicht der Triebe heraus den individuellen Willen so, daß das „Ich den Willen des Es in Handlungen umzusetzen [pflegt, C.R.], als ob es der eigene wäre".[97] Insofern besteht zwischen Ich und Es eine Spannung, da das Ich das Es zu regulieren versucht. Denn es gilt die beiden Haupttriebe, den Sexualtrieb (Eros) und den Todestrieb miteinander auszugleichen. „Die Entstehung des Lebens wäre also die Ursache des Weiterlebens und gleichzeitig auch des Strebens nach dem Tode, das Leben selbst ein Kampf und Kompromiß zwi-

[95] S. Freud, Das Ich und das Es, Studienausgabe III, 286.
[96] S. Freud, Das Ich und das Es, Studienausgabe III, 292.
[97] S. Freud, Das Ich und das Es, Studienausgabe III, 294.

schen diesen beiden Strebungen."[98] Diesen Kompromiß stellt das Ich in Richtung der Selbsterhaltung der Persönlichkeit her. Dabei ist es selbst wieder durch innere Zielvorgaben bestimmt. Sie faßt Freud im „Über-Ich" oder „Ich-Ideal" zusammen, welche die Form der Selbsterhaltung des Lebens prägen. Im Über-Ich sind nicht nur der soziale „Überbau" oder die Erziehungseinflüsse auf den Menschen verankert, wie es eine statische Ontologie des Bewußtseins nahelegt; das Über-Ich ist auch durch das Es beeinflußt. Gegen die Beziehung des Sexualtriebes auf das Ich selbst (Narzißmus) und die Identifikation des Ich mit Vater und Mutter (Ödipuskomplex) stellt sich das Über-Ich.[99] „Durch seine Aufrichtung hat sich das Ich des Ödipuskomplexes bemächtigt und gleichzeitig dem Es unterworfen. Während das Ich wesentlich Repräsentant der Außenwelt ist, tritt ihm das Über-Ich als Anwalt der Innenwelt, des Es, gegenüber."[100] Das Über-Ich regelt durch seine Funktionen, „die Selbstbeobachtung, das moralische Gewissen, die Traumzensur",[101] die Wirkung der „archaischen Erbschaft"[102] des Es auf das Ich. Dieses steht also in einer doppelten Spannung: einerseits ist es eine Funktion der Triebstruktur, andererseits hängt es von der Kontrolle des Ich-Ideals ab. Beides kann sich verhängnisvoll für das Ich auswirken, dessen Funktion die Angleichung von Innenwelt (Es, Über-Ich) und Außenwelt (Körper, Realität) ist. Der Konflikt der Instanzen des seelischen Gefüges liefert die Grundlage für die Diagnose und die Behandlung der Störungen des seelischen Lebens.

Zweierlei unterscheidet den psychoanalytischen Ich-Gedanken in der Fassung Freuds von dem der Philosophie an der Schwelle zum zwanzigsten Jahrhundert: Freud entwickelt eine *dynamische* Theorie des Ich. In ihr wird das Verhältnis von Bewußtsein und Ich-Begriff umgekehrt. Das Ich ist keine rein logische Synthese des Bewußtseins wie in der Philosophie, sondern das Bewußtsein stellt eine *Funktion* des seelischen Apparates dar, der durch das Ich nach außen repräsentiert wird. Diese Funktion, die Tätigkeiten der in-

[98] S. Freud, Das Ich und das Es, Studienausgabe III, 307.

[99] Vgl. dazu den Abschnitt III (Das Ich und das Über-Ich [Ich-Ideal]) in: S. Freud, Das Ich und das Es, Studienausgabe III, 296–306.

[100] S. Freud, Das Ich und das Es, Studienausgabe III, 303.

[101] S. Freud, Massenpsychologie und Ich-Analyse, in: Ders., Fragen der Gesellschaft. Ursprünge der Religion (Studienausgabe Band IX), Frankfurt a. M. ²1974, 65–134, 102.

[102] S. Freud, Das Ich und das Es, Studienausgabe III, 303.

neren Instanzen der Seele, des Über-Ich und des Es, *zu repräsentieren*, konstituiert das Ich. Es existiert nicht für sich als Träger des seelischen Lebens, sondern es selbst ist die Ausdrucks- und Ausgleichsfunktion der psychischen Instanzen. Daß das Ich als Repräsentationsform der Persönlichkeit verstanden wird, ermöglicht die symbolische Deutung der psychischen Vorgänge. Dennoch beschreiben Freuds Modelle der psychischen Organisation nicht deren strukturellen Zustand, sondern deren Wirkungsweisen, durch welche sich die Persönlichkeit aktuell formt (oder auch verformt). Das Bewußtsein spielt dabei eine untergeordnete Rolle. Insofern kann man von einer Dezentrierung des Bewußtseins bei Freud sprechen. J.P. Sartre beispielsweise wendet sich in seiner Kritik an der Psychoanalyse gerade gegen deren Entflechtung von Bewußtsein und Ich, die sie in den Widerspruch zwischen der logischen Erklärung auf der Grundlage des Bewußtseins und dem unbewußten Verstehen hineintreibe.[103] Dagegen greifen zeitgenössische Denker (P. Ricœur, Frankfurter Schule, J. Habermas) diese Dezentrierung des Bewußtseinsbegriffs und die Erweiterung des Ich-Gedankens um die psychische Dimension als kritischen Impuls der Freudschen Theorie für die Philosophie des Ich-Gedankens auf.

Für Ricœur ist die Entdeckung des Unbewußten, das der Bewußtseinstheorie das „Moment der Armseligkeit"[104] des logischen Ich-Begriffes vor Augen führt, *der* entscheidende Impuls in der Theorie des Selbstbewußtseins; denn durch das Unbewußte wird deutlich, daß die logische Theorie des Bewußtseins die Möglichkeit von Störungen im Konstitutionsvorgang übersieht. Sie können durch den inneren Konflikt der Instanzen des seelischen Apparates genauso hervorgerufen werden wie durch den Mißbrauch der prinzipiellen Freiheit des Subjekts. Will sich der einzelne als Subjekt begreifen, dann entdeckt er neben seiner logischen Konstitution auch

[103] J.P. Sartre, Skizze einer Theorie der Emotionen, in: Ders., Transzendenz des Ego. Philosophische Essays 1931–1939, Reinbek 1982, 282–288. Sartre spricht der Psychoanalyse nicht die Ergebnisse ab. Er kritisiert die theoretische Grundlage: „Wir beschränken uns darauf, ihrer zugrundeliegenden Theorie der psychischen Kausalität jede Gültigkeit abzusprechen." Sartre fordert die Psychoanalytiker auf „offen anzuerkennen, daß alles, was im Bewußtsein passiert, seine Erklärung nur aus dem Bewußtsein erhalten kann" (ebd., 287).

[104] P. Ricœur, Die Interpretation. Ein Versuch über Freud, Frankfurt a.M. 1974, 438.

seine psychologische Seite als „angeschautes Ich, verurteiltes Ich, mißhandeltes Ich".[105] Zugleich offenbart diese Einsicht den Bereich des archaischen Inventars der menschlichen Persönlichkeit (Urvater, Urhorde, Vatermord, Ödipusproblem u.a.), die in einer „Archäologie des Subjekts"[106] zu heben wären. Der subjektive Erkenntnisvorgang setzt also nicht bei den Formen des Reflexionsbewußtseins an, sondern hat „seine Wurzeln in dem als Wunsch und Streben verstandenen Dasein",[107] weswegen er die gesamte, lebendige Persönlichkeit betrifft. Nicht das logische Subjekt, sondern das geschichtliche Individuum wird zum Gegenstand der Einsicht. „Das Wurzeln der Reflexion im Leben kann im reflektiven Bewußtsein nur als hermeneutische Wahrheit verstanden werden."[108] Solche Hermeneutik umfaßte im Sinne Ricœurs auch die Auslegung der negativen Geschichte des Individuums.

Versteht Ricœur Freuds Ich-Theorie als Grundlage einer kritischen Hermeneutik des geschichtlichen Individuums, sehen die Kritische Theorie und in ihrer Nachfolge J. Habermas die Psychoanalyse als Methode einer kritischen Gesellschaftstheorie an. Nach Horkheimer besteht ihre Bedeutung darin, „die psychischen Kräfte und Dispositionen, den Charakter und die Wandlungsfähigkeit der Angehörigen der verschiedenen sozialen Gruppen zu erkennen".[109] Insofern sie die Bewußtseinslage eines sozialen Verbandes auch vom Unbewußten her erhellt, verfügt die Psychoanalyse über ideologiekritische Potenz. Das Individuum durchschaut seine über-ichlichen Besetzungen durch die herrschende Wertordnung und kann sich davon befreien. Die Befreiung des Bildungsprozesses des gesellschaftlichen Individuums aber nimmt Habermas für eine Grundbedingung, die Störungen im sozialen Diskurs zu beseitigen. In der intakten Kommunikationsgemeinschaft erst entstehen die Handlungsmuster zur Bewältigung der Lebens- und Gesellschaftsprobleme, wodurch der gesamte soziale Verband zur Sicherung seiner Identität gelangt. Die ungestörte soziale Identität erleichtert dem Individuum seine eigene Identitätsfindung. Die soziologische Analyse und Rekonstruktion der Funktionsbedingungen von Gesell-

[105] P. Ricœur, Die Interpretation. Ein Versuch über Freud, 458.
[106] P. Ricœur, Die Interpretation. Ein Versuch über Freud, 464.
[107] P. Ricœur, Die Interpretation. Ein Versuch über Freud, 468.
[108] P. Ricœur, Die Interpretation. Ein Versuch über Freud, 469.
[109] M. Horkheimer, Kritische Theorie (Einbändige Studienausgabe), Frankfurt a. M. 1977, 20.

schaft wird so durch die psychologische Analyse und Behandlung des Individuums ergänzt, was dem dialektischen Verhältnis von Individualität und Vergesellschaftung/Geschichtlichkeit Rechnung trägt. Gegen die Systemtheorie will die ideologie- und gesellschaftskritisch sich verstehende Psychoanalyse verhindern, „das Subjekt in einen körperlosen subjektiven Faktor" zu verwandeln.[110] Die Dialektik zwischen konkreter Subjektivität, die imstande ist, sich selbst kritisch zu verstehen, und den sozialen und geschichtlichen Entfaltungsformen, die Identität zu sichern vermögen, bildet so einen möglichen Rahmen für die Bewältigung auch der negativen Geschichte des Subjekts.

110 P. Parin, G. Parin-Matthey, Subjekt im Widerspruch, Frankfurt a. M. 1986, 148.

7. DER ICH-GEDANKE ALS BEDINGUNG DER PHILOSOPHISCHEN REFLEXION

Verstehen mündet in Philosophie, wenn der, der verstehen will, die Spannung zwischen sich selbst als Verstehendem und dem, was er verstehen will, durchreflektiert. Zur Philosphie gehört die Kritik des eigenen Verstehens, deren positive Seite in der Reflexion des Verstehensaktes besteht. Wer den Akt des Verstehens selbst reflektiert, der also beginnt zu philosophieren. Dem strikten Blick auf den eigenen Akt des Philosophierens erscheint dieser ambivalent; denn er zeigt sich dem Philosophierenden als geschlossene Einheit und zugleich scheidet er sich unter der Bedingung der Einheit in das Gefüge seiner Prinzipien. Will der Philosophierende also verstehen, was er vollzieht, wenn er philosophiert, will er den eigenen Akt des Philosophierens verstehen, läßt er sich entsprechend der ambivalenten Erscheinung dieses Aktes auf ein arbeitsreiches Geschäft ein. Was ist zu tun? Zuerst gilt es die Spannung der Ambivalenz von Einheit und Prinzipiengefüge zu halten. Des weiteren ist der Durchvollzug des Prinzipiengefüges angesagt. Auch dieser entdeckt sich in Ambivalenz. Man kann historisch vorgehen und untersucht die Entfaltung der Prinzipien in den Ideen der geschichtlichen Entwicklung der Philosophie. Ohne das systematische Wissen als heuristischen Leitfaden aber saugt einen alsbald der historische Ideenfortgang auf. Der andere Weg aber entpuppt sich bald als trocken. Wer sich in die logische Struktur des Prinzipiengefüges, als welches die Einheit sich in der Reflexion zeigt, hineindenkt, dem verflüchtigt sich die Realität der philosophischen Ideenentwicklung zum Zusammenhang von logischen und strukturellen Formen. Beiden Wegen ist gemeinsam, daß sich der Philosophierende selbst in der historischen oder der logisch-formalen Materialität der Philosophie verliert. Dem entgeht man – philosophie-immanent gedacht – durch das Prinzip des transzendentalen Reflektierens. Man wende die Reflexion im Augenblick des Vollzuges auf sich als Reflektierenden selbst an: dann weiß man sich selbst im Reflektieren. Die Ambivalenz des philosophischen Aktes umgreift also auch den Philosophierenden. Wer verstehen will, versteht immer sich selbst in allem, was er verstehen will, mit. Er ist es ja auch, der sich für die Arbeit des Verstehens entscheidet. Über ein Thema der Philosophie reflektieren heißt deshalb, sich selbst in die Reflexion entschieden mitaufnehmen. Insofern das Ich ein Thema der Philosophie ist, wird der über das Ich Philosophierende sich objektiv in seiner Arbeit mitentdecken und subjektiv auf den eigenen Standpunkt im philosophischen Akt als konkretes reflektierendes Ich achten. Bis diese Einsicht erreicht war – und sie war erst bei Fichte erreicht –, bedurfte es der langen Entwicklung des Ich-Gedankens zu seiner prinzipiellen Selbsterhellung. Seither ist der Ich-Gedanke als Bedingung der Philosophie erkannt. Auch wenn er nicht ausdrücklich thematisiert ist, liegt er der Möglichkeit des Philosophierens als eines selbst-kritischen Reflexionsunternehmens zugrunde. Doch solche Aufklärung fordert auch heraus: Wer als Philosophierender den Ich-Gedanken als Bedingung des Philosophierens ernstnimmt, muß sein eigenes Verhältnis zu dieser prinzipiellen Bedingung des Philosophierens bestimmen. Dadurch relativiert sich das eigene Denkobjekt nicht nur historisch, sondern jetzt auch auf der Ebene des Prinzipiengefüges, als das die Einheit im philosophischen Akte erscheint. Zugleich aber bedeutet das, daß der Philosophierende die Verantwortung erkennt, die er mit dem eigenen Denkprojekt auf sich nimmt. Es geht darum zu fragen, wie er sich als Individuum, als bestimmtes Ich, zur prinzipiellen Bedingung seines philosophischen Aktes verhält. Die theoretische Arbeit wirkt sich praktisch aus. Der im Ich-Gedanken angelegten Forderung nach der Reflexion über den Zusammenhang zwischen theoretischem Projekt und praktischer Wirkung darf der Philosophierende nicht entgehen. Das bedeutet es, wenn man heute von Geschichtlichkeit und öffentlicher Verantwortung der Philosophie spricht. Lauth brachte dies auf den Begriff: „Wie das Begreifen der Philosophie in den Vollzug der Philosophie und in ein wahres Leben führt, so muß der Vollzug des Begreifens des Wesens der Philosophie ... denjenigen, der diese Darlegung aufgenommen hat, in den Vollzug der Erkenntnis und in das rechte Leben führen."[1] Das Verhältnis von Denkprojekt und Lebensprojekt wurde für den Ich-Gedanken in der Philosophie der Gegenwart zum wesentlichen Thema.

Auf die Verhältnisbestimmung des theoretischen Ich-Gedankens zum konkreten lebendigen Ich, der Persönlichkeit, trifft man häufig im Hintergrund der philosophischen Arbeit an den epochal vor-

[1] R. Lauth, Begriff, Begründung und Rechtfertigung der Philosophie, 169.

herrschenden Themen. So ist die Philosophie am Beginn des zwanzigsten Jahrhunderts im wesentlichen mit drei Problemkreisen beschäftigt. Im Zuge der Entwertung der klassischen Metaphysik, wie sie Nietzsche ausgerufen hatte, öffnete sich der Blick für die *Geschichtlichkeit* des menschlichen Daseins. Das Individuum wurde in seiner Subjektivität durch die evolutionstheoretischen Forschungen und durch die philosophische Kritik der prinzipiellen Welt-Ordnung gefährdet. Der Wert des einzelnen Menschen schien auf einmal durch seine naturgeschichtliche Entwicklung infragegestellt. Diese Anfrage an den Menschen als individuelles Subjekt, das in seinem Lebensentwurf den eigenen Wert konstituiert, glaubte man durch die Konfrontation von Naturgeschichte und Kulturgeschichte beantworten zu können. Dazu war es notwendig zu zeigen, wie der Mensch befähigt ist, zu seiner natürlichen Grundlage Stellung zu nehmen. Das ist einmal dadurch möglich, daß die Geschichtlichkeit des Menschen in den Begriff des Individuums mitaufgenommen wird. Der Ich-Gedanke formt sich zur Reflexion des Person-Begriffes um. M. Buber, z. B., greift den Gedanken des „Einzelnen" von Kierkegaard auf und deutet ihn als Voraussetzung für das Eintreten in die Beziehung: „Kierkegaards ‚ein Einzelner werden' ist ... nicht sokratisch gemeint: zum Ziel hat dieses Werden nicht das ‚richtige' Leben, sondern den Eintritt in eine Beziehung. Werden heißt hier für etwas werden, ‚für' im strengen Sinn, der den Umkreis der Person selbst schlechthin transzendiert: eben hergerichtet werden für die Beziehung, in die man nur als der Einzelne, der Eine, eintreten kann, sie, um deren willen es den Menschen gibt."[2] Das Ich bezieht sich also in seiner Vereinzelung auf das Gegenüber, das selbst wieder als Ich anerkannt wird. Dabei fällt die Vermittlung zwischen Ich und Du über die Struktur der Subjektivität aus. „Das Du begegnet mir. Aber ich trete in die unmittelbare Beziehung zu ihm. So ist die Beziehung Erwähltwerden und Erwählen, Passion und Aktion in einem ... Ich werde am Du; Ich werdend spreche ich Du."[3] Damit ergibt sich die für Buber wesentliche Sphäre der Ich-Du-Begegnung, das Gespräch.[4] In ihm drücken sich die beiden, das Verhältnis des Ich zur Welt bestimmenden „Grundworte" aus, das

[2] M. Buber, Die Frage an den Einzelnen, in: Ders., Das dialogische Prinzip, Heidelberg 1973, 215.

[3] M. Buber, Ich und Du, in: Ders., Das dialogische Prinzip, 15.

[4] M. Buber, Elemente des Zwischenmenschlichen, in: Ders., Das dialogische Prinzip, 293–297.

„Ich-Du“, in welchem die Welt als personhafte Mitwelt angenommen wird, die der Versachlichung des Begriffs entgeht. Die objektive Beziehung des Gebrauchs der Welt benennt Buber im anderen Grundwort „Ich–Es“.[5] Aufgabe des Ich ist es nun, seine Individualität als Personalität zu gestalten, wodurch das Grundwort „Ich–Du“, der reine Dialog, zur Grundlage seiner Weltbeziehung wird.[6] Freilich ist der Wert des Ich schwer zu retten, indem man es der Struktur-Analyse entzieht und in den Bereich der phänomenologischen Meditation über seine subjektive und objektive Grundeinstellung zur Wirklichkeit verbringt. Insbesondere setzt Buber nicht in der geschichtlichen Situation des konkreten Ich an, wie es Kierkegaard intonierte und Sartre weiterführte.

Dennoch hatte Buber einen Bereich getroffen, den der Ich-Gedanke entscheidend prägt: die Sprache. Wenn es darum geht, durch das kulturgeschichtliche Selbstverständnis des Menschen die logisch-reflexive Form des Ich-Gedankens zur Konfrontation mit dem naturgeschichtlichen Befund zu befähigen, dann bietet sich die Sprache dafür geradezu an. Deutlich wird dies an M. Heideggers Denken. Zunächst konzipiert er über seine sehr formale Analyse in ›Sein und Zeit‹[7] den Ich-Gedanken von der Seite des Subjektes her. Später dann entdeckt er die Sprache als ausgezeichnete Möglichkeit des Niederschlags der Verschränkung der Weltsphäre und des Entwurfes des subjektiven Daseins, so daß „die Sprache ... als die Welt-bewegende Sage das Verhältnis aller Verhältnisse [ist, C.R.]. Sie verhält, unterhält, reicht und bereichert das Gegen-einander-über der Weltgegenden, hält und hütet sie, indem sie selber – die Sage – an sich hält“.[8] In der Sprache gerät, weil das Wort aus der Verdinglichung der Welt herausführt, der Sprechende in ein verändertes Weltverhältnis: „Der Mensch spricht nur, indem er der Sprache entspricht.“[9] Heidegger setzt dieses Entsprechen dem Verfügen, dem objektiven Gebrauch der Welt gegenüber. Weil der Mensch sich als

[5] M. Buber, Ich und Du, a. a. O., 7f.

[6] Vgl. als Aufriß des dialogischen Denkens: P. A. Schilpp, M. Friedman (Hrsg.), Martin Buber, Evanston, Stuttgart 1963.

[7] M. Heidegger, Sein und Zeit, Tübingen [12]1972. Zum Begriff des Subjekts in der ersten Philosophie M. Heideggers: I. Görland, Transzendenz und Selbst. Eine Phase in Heideggers Denken, Frankfurt a. M. 1981, bes. 47–52.

[8] M. Heidegger, Unterwegs zur Sprache, Pfullingen [6]1979, 215.

[9] M. Heidegger, Unterwegs zur Sprache, 33.

Subjekt gegenüber der Welt durchsetzt, ohne im Denken, das Heidegger vom objektiven Gebrauch der Vernunft unterscheidet,[10] sich als Angehöriger der Welt zu erfahren, gefährdet er sich samt seiner Welt. „Was den Menschen in seinem Wesen bedroht, ist die Meinung, dieses Durchsetzen des Herstellens lasse sich ohne Gefahr wagen, wenn nur andere Interessen, vielleicht solche des Glaubens, in Geltung bleiben."[11] Heidegger geht nicht wie die Referenztheorien von der grammatikalischen Struktur der Sprache aus, sondern sucht hinter der Zeichenebene nach dem Zusammenhang zwischen dem Bezeichneten und dem Bezeichnenden. Beides wird in einem ontologischen Entsprechungsverhältnis aufgefunden, das Heidegger als die Unterscheidung von Welt und Dasein ausgleicht, weil es beide im Sinn aneinander verweist.[12] Verkürzt heißt das: Im Verstehen der Sprache versteht der Mensch sein Dasein, womit der Anknüpfungspunkt zur existentialen Analyse des Daseins bei Heidegger gegeben ist, wo es auch um die Selbstauslegung des Daseins für sich als Existierendes ging. Dieses Existieren vollzieht sich unter der Bedingung der Geschichtlichkeit, die „‚früher' als jede Subjektivität und Objektivität [ist C. R.], weil sie die Bedingungen für dieses ‚früher' darstellt".[13] Was hatte Heidegger erreicht? Der bestimmte Begriff des Ich wurde aus einem strukturellen Hintergrund gedacht, nämlich aus der Geschichtlichkeit und der Sprache. Er behält die Dialektik der Entstehung des Ich-Gedankens bei: Das Dasein konstituiert sich aus allgemeinen Prinzipien. Allerdings haben sie sich verändert. Mutet die Geschichtlichkeit noch als abstraktes Prinzip an, das durch deren Weiterbestimmung zur Geschichte im Entwurf des Daseins konkretisiert wird, so handelt es sich bei der Sprache um ein empirisches Phänomen, auch wenn Heidegger es in seiner Denkweise auf die Ebene des universellen Zusammenhangs von Welt und Dasein hebt. Dabei fällt die Aufhebung der Subjektivität und Individualität im Ich-Gedanken auf. Das Ich gerät zum Dasein, welches sich die Wahrheit seiner Geschichte in der Sprache auslegt.

An Heideggers Fassung des Ich-Begriffs läßt sich der Grundzug des hermeneutischen Antwortmodells auf die Anfragen der exakten Anthropologie und der Metaphysik-Kritik ablesen: Ein umfassender Zusammenhang der Erfahrung wird zur Hintergrund-

[10] M. Heidegger, Holzwege, Frankfurt a. M. [6]1980, 261–263.
[11] M. Heidegger, Holzwege, 290.
[12] M. Heidegger, Unterwegs zur Sprache, 30 f.
[13] M. Heidegger, Sein und Zeit, 419.

struktur erklärt, vor der das Individuum sich verstehen kann. Verstehen erhält doppelte Bedeutung. Einerseits vollzieht es sich als Analyse der Bedingungen, unter denen der Verstehensakt steht, der darin zugleich in seine subjektiven und objektiven Momente auseinanderfällt. Andererseits geht es um die Beschreibung des individuellen Selbstverständnisses, also um die Situationsanalyse des einzelnen. So gewinnt der Auslegungsvorgang seine moralische und politische Dimension im Abgleichen des Lebensvollzuges in den konkreten geschichtlichen und sozialen Bedingungen an der Normativität der jeweils als universell angesetzten Verstehensstruktur. Auf diese Einsicht greift K. O. Apels „transzendentale Sprachpragmatik" zurück. Den universellen Verstehenshintergrund liefert die „ideale Kommunikationsgemeinschaft",[14] die der „Forderung wechselseitiger Anerkennung von Personen als Subjekten der logischen Argumentation"[15] entspricht. Dem einzelnen Subjekt gelingt sein Selbstverständnis, das für die ethische Stellungnahme in der Gesellschaft vorausgesetzt wird, nur im subjektübergreifenden Rahmen einer Argumentationsgemeinschaft. Diese konstituiert sich in der Reflexion der Sprachstrukturen, innerhalb derer ein Diskurs geführt werden kann, welcher den Geltungsanspruch der durch ihn aufgefundenen Normen sichert.[16] Insofern die Teilnehmer an dieser Gemeinschaft sich auf den Diskurs verpflichten wollen, für das Gelingen des Diskurses also eine „Minimalethik"[17] vorausgesetzt werden muß, welche im Vollzug des Diskurses begründet wird, hebt die Kommunikationsgemeinschaft durch ihre „Verständigungshandlungen"[18] die Verstandesfunktionen der klassischen Transzendentalphilosophie auf. Dem einzelnen Subjekt ist die Geltung seiner Selbstauslegung durch die Vermittlung im normativen Diskurs der Kommunikationsgemeinschaft gesichert. So sieht Apel das Individuum einerseits in einen geltungsbegründenden Zusammenhang gestellt, der dem einzelnen Subjektivität verleiht: andererseits garantiert die Subjektivität des Individuums die Idealität der Kommunikationsgemeinschaft. Die pragmatische Hermeneutik in Anschluß an Apel setzt mit ihrer Dialektik in der vorfindlichen

[14] K. O. Apel, Transformation der Philosophie, Bd. 2: Das Apriori der Kommunikationsgemeinschaft, Frankfurt a. M. 1976, 429.

[15] K. O. Apel, Transformation der Philosophie, Bd. 2, 400.

[16] K. O. Apel, Transformation der Philosophie, Bd. 2, 316–357.

[17] K. O. Apel, Transformation der Philosophie, Bd. 2, 357.

[18] K. O. Apel, Transformation der Philosophie, Bd. 2, 356.

sozialen Situation des Individuums an, durch deren Rekonstruktion es seine Subjektivität normativ gesichert empfängt. Der Status der Individualität beschreibt also die Teilnahme an der realen Kommunikationsgemeinschaft, während die Subjektivität für die apriorisch-ideale, d. h. ungestörte Kommunikationsgemeinschaft steht. Über den Gedanken der Normativität nähern sich beide Pole des Ich-Begriffes einander an.

Eine ähnliche anmutende Lösung für die problemerzeugende Dialektik von Subjekt und Individuum schlägt J. Habermas in seiner ›Theorie des kommunikativen Handelns‹[19] vor. Allerdings geht Habermas auf eine andere Perspektive der Kritik der klassischen Bewußtseinstheorie des Ich-Gedankens ein; denn er sieht eine unauflösbare *Verflechtung zwischen dem geschichtlichen und dem gesellschaftlichen Prozeß.* Insofern verläßt Habermas das Modell der Hermeneutik als Selbstauslegung des Subjekts auf dem Hintergrund der Geschichtlichkeit. Vielmehr nimmt er seinen Ausgang vom Antwortversuch der Kritischen Theorie M. Horkheimers und Th. W. Adornos auf die Verdächtigung, Philosophie sei nur die Ideologie der herrschenden Verhältnisse, die Metaphysik des Überbaus. Die Kritische Theorie weist auf die Gefahren der transzendentalen Begründung der Subjektivität hin. Schon Marx hatte in seiner Kritik an Hegel auf den verborgenen Machtanspruch des Individuums „Staat", der Monarchie, hingewiesen, der sich in der Vermittlung der Souveränität der Subjektivität und des individuellen Willens niederschlägt: „Der Monarch ist im Staate das Moment des individuellen Willens, der grundlosen Selbstbestimmung, der Willkür."[20] Die Subjektivität entartet leicht zur nicht hintergehbaren Berufungsinstanz der willkürlichen Individualität. Sie gerät dann zum Subjektivismus, der die sozialisationsfeindliche Egozentrik des einzelnen, wie bei M. Stirner geschehen, rechtfertigt. Das Urteil der Kritischen Theoretiker über die transzendentale Analyse des Ich-Gedankens wirkt vernichtend: „Das Selbst, das nach der methodischen Ausmerzung aller natürlichen Spuren als mythologischer weder Körper noch Blut noch Seele und sogar menschliches Ich mehr sein sollte, bildete zum transzendentalen oder logischen Subjekt sublimiert den Bezugspunkt der Vernunft, der gesetzgebenden Instanz des Han-

[19] J. Habermas, Theorie des kommunikativen Handelns, Zwei Bde., Frankfurt a. M. 1981.

[20] K. Marx, Kritik der Hegelschen Staatsphilosophie, in: Ders., Die Frühschriften (ed. K. Landshut), 44.

delns."[21] Auf der Grundlage der Kritik des reflexionstheoretischen Ich-Begriffes begann die Rekonstruktion der soziologischen Bedingungen, unter denen das Subjekt sich bei der Lebensverwirklichung befindet. Die Konstitutionsverhältnisse kehren sich um. Nicht mehr die Tatsache, daß das Subjekt seine vorgängige Selbstbestimmtheit nicht durchschaut, fördert die vollständige Verdinglichung der Lebenswelt. Anders: Eben weil das Subjekt den Schein der an der Reflexivität gewonnenen Selbstmächtigkeit nicht durchschaut, treibt es sich selbst samt der Gesellschaft in die Objektivität, die sich durch ihren Freiheitsentzug am Individuum unmoralisch gebärdet. Als Beispiele für diesen Prozeß der Entfremdung zwischen dem Status natürlicher Individualität und ideologischer Subjektivität dienen der Kritischen Theorie die Ergebnisse der Psychoanalyse.[22] Der Schein der logischen Vermittelbarkeit der Subjektivität und der Objektivität im identischen Ich ist zu brechen. Horkheimer sagt, daß die „Identität ... in der Zukunft und nicht in der Gegenwart" liege.[23] Nicht die Reflexion, sondern die Gestaltung der sozialen und geschichtlichen Verhältnisse vermittelt das Subjekt mit der Objektivität. Der Gestaltungsprozeß aber muß gegen sich selbst kritisch bleiben, ohne metaphysisch begründete Normen in Anspruch zu nehmen. Was die Kritische Theorie aufhebt, ist die einlinige Reflexivität des Ich auf sich als logischen Konzentrationspunkt der Gesamtwirklichkeit. Was sie fordert, ist die *„Negative Dialektik"* die von der Objektivität herkommend diese in der Verneinung denkbar macht. „Dialektik ist in den Sachen, aber wäre nicht ohne das Bewußtsein, das sie reflektiert: so wenig, wie sie es in sich verflüchtigen läßt."[24] Es geht also nicht um das logische Subjekt, sondern um das leibhaftige Individuum, das zur Arbeit an der Wirklichkeit befähigt ist; darin findet sich das Ich.[25] Habermas erweitert die ideologiekritische Sicht der Subjek-

[21] M. Horkheimer, Th. W. Adorno, Dialektik der Aufklärung, Frankfurt a. M. 1985, 30.

[22] M. Horkheimer, Th. W. Adorno, Dialektik der Aufklärung, a. a. O., 172–177.

[23] M. Horkheimer, Kritische Theorie (Einbändige Studienausgabe), 544.

[24] Th. W. Adorno, Negative Dialektik, 205.

[25] Vgl. zum Gesamtentwurf der Kritischen Theorie: C. F. Geyer, Kritische Theorie. Max Horkheimer und Theodor W. Adorno, Freiburg i. Br./ München 1982, bes. 49–60.

tivität durch die sozial-philosophische Rekonstruktion der Psychoanalyse, welche die Störungen der Dialektik von Individuum und Gesellschaft zu bestimmten Zeitpunkten diagnostizierbar und behebbar machen soll. Dadurch tritt der einzelne wieder verstärkt in den Mittelpunkt des Reflexionsinteresses. Insofern dieser als Subjekt im kommunikativen Handeln, in dem er an den gesellschaftlichen Vorgängen argumentativ teilnimmt, sich auf die Wechselbeziehung zwischen dem sozialen Träger des Kommunikationsvorganges (Gesellschaft) und der individuellen Sprachform einläßt, hat er am „Bildungsprozeß"[26] Anteil. Auch hier entsteht das Problem des Scheins, diesmal als Verzerrung des Diskurses der Subjekte bezeichnet. Erst, wenn die subjektiven Verzerrungen durch die Veränderung der sozialen Bedingungen behoben sind, kann das Subjekt positiv auf den Bildungsprozeß einwirken. Die – im umfassenden Sinn gemeinte – Kulturarbeit in Richtung der idealen, weil ihrer Struktur völlig bewußten Kommunikationsverhältnisse bringt das freie, weil ungestört handelnde Individuum hervor.[27]

Den dritten Versuch, die komplexe Herausforderung der naturwissenschaftlichen Anthropologie zu bestehen, ohne sofort auf die Metaphysik zurückzugreifen, haben wir im Grundriß in den Referenztheorien (vgl. Abschnitt 5.4 der vorliegenden Darstellung) schon dargestellt.

Gegen all diese der Rationalität verpflichteten Modelle des Ich-Gedankens in der Philosophie richtet sich die Irrationalismus-Debatte. Hier wird in Frage gestellt, inwieweit dem Ich eine dauernde reale Struktur entspricht – oder ob nicht vielmehr das Ich lediglich eine Vermutung angesichts der konkreten Akte von Menschen darstellt. Unter Umständen besteht das Ich in der einfachen Tatsache, daß wir, um uns ins Spiel zu bringen, lernen, „das Wort ‚ich' zu gebrauchen, indem wir lernen, an Gesprächen teilzunehmen, mit an-

[26] J. Habermas, Erkenntnis und Interesse, Frankfurt a.M. ^{4}1977, 317–332. Dort weist Habermas nach, daß „nur der Kontext des Bildungsprozesses im ganzen ... bestätigende und falsifizierende Kraft" hat (ebd., 328). Bedingung für die Entfaltung der entstörenden Funktion dieses Prozesses ist die Deutungsarbeit „an der vollzogenen Selbstreflexion" (ebd., 325) des einzelnen im Kontext der Universalgeschichte.

[27] Zum Ich- und Person-Begriff in der gegenwärtigen Philosophie vgl. künftig ausführlich: A. Halder, Der Begriff der Person in der Philosophie der Gegenwart.

deren Menschen zu reden und angeredet zu werden".[28] Hinter diesem Gebrauch noch eine tiefere Ebene entdecken zu wollen, führt dann entweder zur Selbsttäuschung oder zur Einsicht, daß sich hinter dem Terminus „Ich" *nichts* verbirgt. Das betrifft auch den strukturalistischen Versuch, „die Positionen und Funktionen definieren [zu, C. R.] wollen, die das Subjekt in der Verschiedenheit der Diskurse einnehmen"[29] kann. Mehr als die Beschreibung seiner Aktionen wird dem Subjekt nicht zugestanden. Die Frage nach dem Verhältnis von Subjektivität und Individualität ist hinfällig geworden. Wenn, wie wir behaupteten, der Ich-Gedanke eine Bedingung für Philosophie ist, dann wäre mit den letztgenannten Überlegungen deren Ende angekündigt. Zugleich hätte sich die Aufklärung selbst endgültig überholt. Was bleibt, ist freilich nach der Negativität, der Gebrochenheit des Ich, seine Verflechtung in kulturelle und soziale Abläufe zu fragen. Zwar klingen solche Überlegungen in der Kritischen Theorie an. Aber die Systematik des negativen Gebrauchs der Freiheit des Individuums ist noch nicht aufgestellt. Hier ergeben sich Anfragen und Aufgaben für die Zukunft.

[28] H. P. Duerr, Ni Dieu – ni mêtre. Anarchische Bemerkungen zur Bewußtseins- und Erkenntnistheorie, 48.

[29] M. Foucault, Archäologie des Wissens, Frankfurt a. M. ^{2}1986, 285.

REGISTER

Namen

Stichwörter